Schadach

Nordholt

wirklich lieben

von der Kunst, Liebe und Partnerschaft zu bewahren

Michael Mary

Nordholt-Verlag

1. Auflage 1988

2077 Großensee bei Hamburg

Druck: Clausen & Bosse, Leck
Satz: Satzbau Bielefeld
ISBN 3-926967-00-5

Dieses Buch
ist allen Menschen
auf dem Weg der Partnerschaft
gewidmet.

– gelesen –
überdacht –
z.T. für richtig
empfunden –
auf jeden Fall
anzusprechen.

Heidi 6/8.88

Inhalt

Gehören Sie zu den Menschen,

- die Partnerschaften suchen und eingehen, weil Liebe und Lieben Teil ihres Lebens ist?

- die ihre ganze Kraft in eine oder mehrere Ehen oder Beziehungen gegeben haben und am Ende doch nicht fanden, was sie suchten?

- die trotz und wegen all dieser Erfahrungen nach einem besseren Weg der Partnerschaft suchen?

- die ahnen, daß alle Begrenzungen in Partnerschaften im Grunde genommen Begrenzungen in uns selbst sind?

- die sich von ihren Beziehungen mehr versprechen und nach einer höheren Qualität ihrer Partnerschaften streben?

- die glauben, daß Liebe und Freiheit auch zusammen existieren können, und daß es darum geht, beides zu verbinden?

Dann machen Sie mit mir die Reise durch dieses Buch, denn um die Verbindung von Liebe und Freiheit geht es. Wir brechen zu einer Reise auf, die uns zu neuen Erkenntnissen und Erfahrungen mit Liebe und Beziehung führen soll, weil wir uns vom Leben und unseren Partnerschaften mehr versprechen und weil wir ahnen, daß dieses auch möglich ist.

Wir haben lange in der alten Beziehung gelebt und unsere ganze Kraft dafür gegeben, den Vorstellungen von Ehe und Beziehung gerecht zu werden. Wir haben alles versucht, den Rahmen der Ehe auszufüllen, um das zu erhalten, was er uns verspricht: Liebe *und* Sicherheit, Liebe *und* Beständigkeit. Doch die Ehe hat ihr Versprechen nicht gehalten, denn wenn wir Sicherheit gefunden haben, stellen wir fest, daß die Liebe auf der Strecke geblieben ist. Wir haben die Möglichkeiten der Ehe ausgeschöpft.

Wir haben gelernt, daß Liebe und Freiheit nicht zusammen passen, aber gerade in der Enge der Ehe(Beziehung) ist die Liebe allzuoft erstickt. Tief in uns gibt es eine verborgene Weisheit, die uns sagt, daß Liebe und Freiheit ein und dasselbe sind, daß sie nur zusammen existieren können und daß es einen Weg gibt, sie auch in unserem Leben zu verbinden. Wir ahnen, daß es - auch in der Partnerschaft - nur eine Freiheit gibt: die Freiheit, man selbst zu sein.

Was bedeutet es, 'wirklich zu lieben'? 'Wirklich lieben' ist keine Utopie. Wir alle haben diese Erfahrung einmal gemacht. Wirkliche Liebe steht am Anfang fast jeder Beziehung. Sie leitet einen Prozeß ein, in dessen Verlauf wir versuchen, diese Liebe zu halten und zu sichern. Am Ende dieses Prozesses stellen wir dann fest, daß wir die Liebe vertrieben oder zerstört haben.

'Wirklich lieben' ist kein Geheimnis. Aber vielleicht ist es ein Geheimnis, wie man Liebe nicht zerstört, sondern ein Klima schafft, in dem sie sich entfalten kann.

In diesem Buch beschreiben wir den Weg von Beziehungspartnern. Dieser Weg beginnt in Ehen und Beziehungen und zeigt die Ursachen und Zusammenhänge von Partnerschaftsproblemen. Er führt uns weiter durch die Erfahrung vom Zusammensein (dem anderen begegnen) zur Erfahrung vom Alleinsein (sich selbst begegnen). Er führt uns zum Verstehen der Licht- und Schattenseiten unserer Beziehungen und zur Ebene der Seele und des Selbst, wo wir die Geheimnisse der Liebe begreifen. Er zeigt, wie wir mit Hilfe von Visionen unserer Zukunft Hindernisse überwinden können und uns dem Ziel nähern: der Suche nach der eigenen Vollständigkeit und der inneren Vereinigung von Mann und Frau.

Auf diesem Weg bin ich ein Wanderer, dessen berufliche und persönliche Erfahrungen in dieses Buch einfließen. Als Psychologe und Gruppenleiter auf der einen Seite und Beziehungs-Partner auf der anderen Seite setze ich mich mit dem Thema Partnerschaft beruflich und privat auseinander.

Es kam eine Zeit in meinem Leben, da hatte sich meine ganze Aufmerksamkeit dem anderen Geschlecht zugewandt. Eine unerklärliche Anziehung war das, die mich ganz in ihren Bann zog. Ich war fasziniert und wollte *es* wissen. Es, das war das Geheimnis, das

Versprechen, die Sehnsucht, alles, was für mich *damit* zusammenhing. Ich warf mich also hinein in das Abenteuer, und den Rahmen dafür gab mir, was wir Ehe(Beziehung) nennen.

Meine erste große Liebe war ein mehrere Jahre andauernder Himmel: was wir füreinander waren, was wir füreinander taten. Wir entdeckten das weite Feld Sexualität und öffneten unsere Herzen. Wir waren füreinander da. Wir lebten zusammen, schliefen zusammen, entdeckten gemeinsam ein Stück der inneren und äußeren Welt. Wir waren zusammen. Es war für immer, so fühlte es sich an. Das konnte kein Ende haben, unmöglich. Wir fühlten uns eins, untrennbar verbunden, und wir konnten und wollten uns nicht unabhängig voneinander erleben und empfinden. Allein die Vorstellung davon tat weh. Wir wollten uns nah und näher kommen, ohne Ende und immer weiter.

Und doch waren es zwei Seiten, zwei Energien, zwei Menschen, die sich da begegneten. Das wurde um so deutlicher, je länger wir zusammen waren. Wir konnten es nicht übersehen, so sehr wir uns auch bemühten. Ich war ich, und sie war sie. Es gab Begegnung und es gab Distanz. Nach Begegnung drängten und sehnten wir uns, Distanz aber wollten wir unbedingt vermeiden.

Die ersten großen Spannungen entstanden, und immer öfter endeten Konflikte in Streit, Angst und Unverständnis, aber auch in Wut, Haß und in dem Wunsch, den anderen zu verletzen für alles, was er einem antat.

Und was hatten wir einander angetan, was war die Schuld? Nichts anderes, als daß jeder versuchte, zu lieben und doch er selbst zu bleiben. Das war dem Partner nicht recht, denn es barg eine Gefahr: uns war klar, wenn einer nicht mehr mitmachte, wenn einer die Richtung änderte, dann wäre das gemeinsame Glück gefährdet. Es konnte nur gutgehen, wenn.... der andere mitzog.

Wir hatten Vorstellungen entwickelt, denen der andere entsprechen, nach denen er sich richten sollte. Am Partner hatten wir unser Glück festgemacht, und vom Partner wurde auch unser Unglück verursacht - zumindest glaubten wir das damals. Nur wenn Du so und so bist, kann ich glücklich sein. Nur wenn Du das und das machst, kann es gutgehen mit uns.

Zentrum dieses Ringens war das Herz. Zu dieser Zeit war mein Herz offen und auch verletzlich, und trotz oder gerade wegen des Drängens meiner Partnerin war es mir nicht möglich, diese Offenheit zu bewahren, denn mein ganzer Zweck sollte sein, sie zu lieben. Ich verlor jedes Gefühl für mich selbst. Sie wiederum sollte mir entsprechen, für mich da sein und doch nichts von mir wollen. Durch gegenseitige Forderungen und die massiven Versuche, sie einzulösen und durchzusetzen, verletzten wir uns. Vorwürfe und Streitereien begannen ihre zersetzende Tätigkeit.

So fing es an, aufzuhören. Das Ende war - wie der Anfang auch - ein langwieriger, undurchsichtiger Prozeß, in dem uns aus den Händen glitt, was wir so sicher zu besitzen glaubten: Liebe, Respekt und Offenheit füreinander. Was wir mit so viel Kraft und Zuversicht aufgebaut hatten, zerstörten wir mit gleicher Zielstrebigkeit - wenn uns auch unklar blieb, wie das geschah. Innerhalb eines weiteren Jahres hatten wir unsere Liebe soweit ruiniert, daß ich schließlich nur noch einen Ausweg wußte: mich von ihr zu trennen und zu versuchen, mich allein wiederzufinden.

Mein Glaube an die Liebe, oder das, was ich dafür gehalten hatte, erlitt durch diese Ereignisse einen schlimmen Bruch. Zwar hatte ich viele Begegnungen, aber in mein Inneres wollte ich niemanden mehr lassen, ich schützte mich. Kampf und Unfähigkeit, zu verstehen hatten zum Ende unserer Beziehung geführt und damit seltsamerweise genau dorthin, wo wir beide um keinen Preis sein wollten: ins Alleinsein.

In den folgenden Jahren kamen meine Beziehungen selten über die Ebene sexueller Kontakte hinaus, mein Herz blieb mißtrauisch und ich fühlte mich mehr und mehr leer und unbefriedigt. Als ich erkannte, daß ich so nicht weitermachen wollte, begann ich meinen eigenen Selbsterfahrungs-Prozeß. Das war die Zeit, als ich das 'Beziehungsdrama' von der anderen Seite kennenlernte. Zwar hatte ich mittlerweile mein Herz wieder geöffnet, aber plötzlich war ich es, der sehnte, verlangte, zerrte und forderte. Das Spiel hatte sich umgedreht. Ich war auf der verzweifelten Suche nach Erfüllung und nach einer verlorengegangenen Einheit: ich wollte endlich ankommen, endlich ganz sein, endlich eins sein, für immer, und es sollte die Partnerin sein, die mir das gewährte. Glücklicherweise hatte ich mir für diesen Versuch Frauen ausgesucht, die sich selbst behaupten konnten und mich auf mich selbst zurückwarfen.

Nach dem vierten großen Anlauf, nach der vierten 'unglücklichen' Liebe hintereinander, die für mich in Verlassenwerden endete und die mich mir selbst und meiner Einsamkeit überließ, löste sich der zwanghafte Versuch, Einheit und inneren Frieden im und durch den Partner zu erlangen, auf.

Ich hatte begriffen, daß alles, was in meinen Beziehungen geschah, auch von mir geschaffen war, aus meinen Ängsten, aus meinen Sehnsüchten, Hoffnungen und Erwartungen heraus. Die Verantwortung für alle meine Erfahrungen lag bei mir, ich konnte mir nicht länger vormachen, daß der Partner, das Leben oder das Wesen der Liebe für meine Erfahrungen verantwortlich sind. Ich begriff, daß ich Liebe nie verstanden hatte. Ich begriff, daß eine Beziehung auf Dauer nur dann funktionieren kann, wenn sie nicht auf dem Hintergrund von *zusammengehören* und *einssein,* sondern auf dem Hintergrund von individuellem Wachstum und geteilter Liebe steht. Diesen Zusammenhang werde ich im weiteren '(Seelen)Partner' nennen. Den Begriff ,Seele' verstehe ich im einfachen Wortsinn: *als das Innerste eines Menschen.*

(Seelen)Partner ist die Vision einer Beziehung, in der jeder Partner seine Freiheit und Einzigartigkeit behalten und entwickeln kann und dadurch die Möglichkeit bekommt, 'wirklich' zu lieben, denn Liebe ist eine empfindliche Blume, die nur im Klima von Freiheit blüht und nur in diesem Klima überdauern kann. Ich habe mich für den Begriff des (Seelen)Partners entschieden, weil er einen anderen, neuen Schwerpunkt setzt: er betont die Verbindung der Seelen zweier Menschen. Diesen Schwerpunkt hat die Ehe(Beziehung) nicht. Es besteht ein großer Unterschied darin, ob ich mich auf einen Menschen als Ehe(Beziehungs)partner oder als (Seelen)Partner beziehe, ein Unterschied mit Konsequenzen für das Zusammenleben und die Liebe. Natürlich können auch Ehe(-Beziehungs)partner einander (Seelen)Partner sein, denn es geht beim (Seelen)Partner ja nicht darum, bestehende Beziehungen aufzulösen, sondern darum, die Qualität der Partnerschaft zu verbessern.

Wir sind den Vorgängen einer Beziehung nicht hilflos ausgeliefert. Wenn wir die Dynamik der Zwischenmenschlichkeit einmal verstanden haben, sind wir bereit, unsere Vorstellungen von Liebe zu erweitern. Dann lösen sich viele Vorstellungen von Zweisamkeit, die uns behindern, auf.

Ich zeige mögliche Wege der Beziehungspartner auf dreifache Weise. Zum einen gebrauche ich viele Protokolle und Erfahrungsberichte aus der Praxis. Zum zweiten helfen Konzepte, die Vorgänge zwischen Partnern zu verdeutlichen und neue Wege aufzuzeigen, mit ihnen umzugehen. Und zum dritten können Sie anhand der praktischen Übungen eigene Erfahrungen machen.

Sie können mit diesem Buch mehr machen, als es nur zu lesen. Sie können es erfahren. Es kann der Beginn einer Reise zum (Seelen)Partner sein.

Von Ehe und Beziehungen

Ein Mann suchte sein ganzes Leben lang nach der idealen Partnerin. Nur mit ihr wollte er zusammensein. Als er 80 Jahre alt war, fragte ihn ein Journalist nach dem Erfolg seiner Suche. «Ja, ich hatte sie gefunden, damals, als ich erst 40 Jahre alt war. Aber leider suchte auch sie den idealen Partner.»

So wie dem Mann in der kleinen Geschichte ergeht es den meisten von uns. Wir laufen durch die Welt und suchen den idealen Partner, den Richtigen oder die Richtige. Den Partner, der ganz zu uns paßt und mit dem wir für immer eine vollkommene und harmonische Beziehung haben werden.

Wie sieht so ein idealer Partner aus? Er wird unsere geistigen Interessen teilen und gefühlsmäßig mit uns verbunden sein. Er wird uns verstehen und unseren Alltag teilen, im Guten wie im Schlechten. Er wird unser Bedürfnis nach Nähe und sexuellem Kontakt befriedigen. Er wird einen schönen Körper haben. Er wird immer für uns da sein und uns niemals verlassen. Wir werden mit ihm verschmelzen, ihm immer näher kommen und schließlich mit ihm einswerden.

Wir glauben fest daran, daß er irgendwo auf dieser Welt existiert und die ganze Aufgabe nur darin besteht, ihn zu finden. Also gehen wir los und suchen ihn. Irgendwann treffen wir einen Menschen, von dem wir glauben, daß er unserem Ideal ähnlich ist - wir fühlen uns von diesem Menschen wie magnetisch angezogen, und wenn wir dieser Anziehung nachgeben, macht es 'klick' und - wir sind verliebt.

Von nun an verbindet uns etwas Starkes, Unbegreifliches, Spannendes, Unheimliches, Knisterndes, Prickelndes. Eine Kraft, die unser ganzes Wesen in Bewegung bringt und uns in ihrem Bann hält: wir öffnen unser Herz - und plötzlich ist die Welt verändert. Wir sind glücklich, beschwingt, wir singen, lachen, tanzen, wir lieben. Wir blühen auf. Tief in uns beginnt die Hoffnung zu keimen: das ist er, das ist der ideale Partner, auf den ich solange gewartet habe, den ich solange ersehnt habe, nach dem ich solange gesucht habe.

Wenn Sie diese Beschreibung lesen, werden Sie vielleicht sagen, ja, das kenne ich auch von mir, aber ich weiß doch, daß es so einen Partner nicht gibt, daß es sich um Träume und Sehnsüchte handelt. Wissen wir das wirklich? Sind wir uns wirklich der Kraft und des Einflusses bewußt, den unsere Sehnsüchte und Phantasien, unsere Träume und Vorstellungen auf unsere Liebesbeziehungen ausüben?

Betrachten wir, was weiter passiert. Wir sind verliebt, und wenn uns jetzt jemand fragen würde 'seid ihr zusammen?', würden wir noch antworten: 'ich weiß nicht, was daraus wird, ich weiß nur, ich bin verliebt'. Wir treffen uns häufiger, erleben uns und kommen uns langsam näher. Irgendwann kommt dann der Punkt, da fällt eine Entscheidung, da sind wir schließlich überzeugt, das ist ER, das ist SIE, das ist unser idealer Partner. Wenn auch vielleicht nicht alles hundertprozentig zusammenpaßt, wenn auch hier und da mal eine Spannung aufgetaucht ist, das werden wir schon hinkriegen.

Ich meine nicht, daß wir diese Entscheidung bewußt treffen. Vielmehr zeigt die Betrachtung vieler Partnerschaften, denen ich im Laufe meiner Arbeit begegnet bin, daß diese Entscheidung auf einer sehr tiefen und unbewußten Ebene unseres Selbst stattfindet, einer Ebene, die unterhalb von Verstand und Intellekt liegt und die dem Normalbewußtsein verborgen bleibt. Hier liegen die Quellen unserer Gefühle, und diese sind nicht nur *nicht* rational, sie stehen oft sogar in direktem Widerspruch zu unserem Verstand.

Mit dieser Entscheidung ändert sich eine ganze Menge im Verhältnis und Kontakt zum anderen. Auch äußerlich zeigt sich die tief innen getroffene Entscheidung. Wir sprechen davon, daß 'wir jetzt zusammen sind', daß 'wir ein Paar sind' oder 'eine Beziehung angefangen haben'. Vielleicht ziehen wir auch in eine gemeinsame Wohnung, oder wir heiraten.

Bisher haben wir uns nur getroffen, wenn wir spontan das Bedürfnis danach verspürten, jetzt leben wir zusammen oder sehen uns regelmäßig. Bisher haben wir respektiert, wenn der andere für ein paar Tage allein sein wollte, jetzt kommt uns das merkwürdig vor. Bisher haben wir die Ansichten und Meinungen des anderen respektiert, auch wenn sie von den eigenen abwichen, jetzt ist all das wichtig geworden, jetzt fühlen wir uns bedroht, wenn wir einmal nicht miteinander übereinstimmen und wir kämpfen darum, recht zu haben. Bisher haben wir uns nie gestritten, waren nie gemein oder verletzend, jetzt zeigen wir auch unser anderes Gesicht, unsere aggressive Seite. Bisher haben wir dem anderen Freiheit gelassen, jetzt sind wir eifersüchtig und haben Angst, ihn zu verlieren. Bisher konnten wir ruhig schlafen, wenn der andere nicht bei uns war, jetzt liegen wir unruhig im Bett und empfinden Wut, Angst oder Ohnmacht, wenn wir allein sind.

Aus dem spielerisch leichten Sich-aufeinander-beziehen bisher unabhängiger Menschen ist eine ernsthafte Beziehung geworden, die gegenseitige Pflichten und Abhängigkeiten beinhaltet. Die deutlichste Form einer solchen Beziehung ist die Ehe.

Das Wort Ehe hat seinen Ursprung im Westgermanischen und bedeutet sowohl Recht, Gesetz als auch Gewohnheit. Wenn ich aber im weiteren von Ehe spreche, dann meine ich damit nicht den rechtlichen Vertrag, sondern den ganzen gefühls- und verstandesmäßigen Zusammenhang von Ehe, den *Kontext Ehe,* und der findet sich ebenso in der Zweierbeziehung ohne Trauschein.

Dieser Zusammenhang ist ein Komplex von Vorstellungen, Hoffnungen, Gefühlen und Verhalten, durch den wir den intimsten Bereich unseres Lebens strukturieren: unsere Liebesbeziehungen. Dies ist ein Bereich immenser Bedeutung, über den wir wenig wissen und von dessen Dynamik wir wenig verstehen. Wir verwenden einen Großteil unserer Kraft und Lebensenergie darauf, zu befriedigenden Beziehungen und harmonischen Partnerschaften zu gelangen, aber oft gelingt uns das nicht, weil wir den auftauchenden Problemen hilflos gegenüber stehen.

In die Gruppen und Paarsitzungen am 'Institut für Psychologie und Meditation', an dem ich arbeite, kommen Menschen, die sich entweder in ihrer Beziehung nicht mehr zurechtfinden oder die ihre bestehenden Partnerschaften ausweiten und verbessern wollen. Keineswegs sammeln sich hier 'Problem-Paare'. Vielmehr kommen Menschen zusammen, die ganz alltägliche Beziehungsprobleme haben und die ein besseres Verständnis suchen. Menschen, die sich aufgemacht haben und nach neuen Wegen suchen, nach neuen Wegen der Partnerschaft und des Zusammenlebens.

Was sind die Beweggründe, Sehnsüchte und Probleme, die diese Paare dazu führen, die Geheimnisse von Liebe und Partnerschaft ergründen zu wollen? Wenn Sie die folgenden Punkte lesen, werden Sie einen oder mehrere davon aus Ihrer gegenwärtigen oder aus vergangenen Ehe(Beziehungen) erkennen:

– Sie bekommen nicht, was Sie brauchen oder wollen.
Sie tragen in sich eine unerfüllte Sehnsucht oder ein Verlangen nach der Liebe und Zuwendung Ihres Partners. Sie haben das Gefühl, daß Ihnen etwas fehlt, daß Sie es nicht genug oder gar nicht bekommen. Sie versuchen alles mögliche, es zu bekommen, Sie geben Ihrem Partner viel, aber es kommt wenig zurück. Sie sind enttäuscht und unzufrieden.

– Sie können nicht geben, was der andere erwartet.
Ihr Partner hat eine Menge Wünsche und Erwartungen, die Sie aus Ihren liebevollen Gefühlen heraus eigentlich gerne erfüllen möchten, aber es ist einfach unmöglich, ihm alles zu geben. Der andere verfolgt Sie mit seinen Sehnsüchten und nimmt Ihnen die Luft zum Atmen. Sie verschaffen sich Platz und verletzen damit Ihren Partner. Es kommt zu Mißtrauen und Vorwürfen.

– Sie sind sexuell frustriert.
Zwar verstehen Sie sich blendend mit Ihrem Partner, aber auf sexuellem Gebiet ist die Beziehung eingeschlafen. Sie fragen sich, ob etwas mit Ihnen oder mit Ihrem Partner nicht stimmt und quälen sich durch eine sexuelle Routine, die Sie schon lange nicht mehr befriedigt.

– **Sie leben mit Ihrem Partner in ständigem Konflikt.**
Ihre Beziehung wird mehr von Streit und Auseinandersetzungen bestimmt, als von Liebe und Verständnis füreinander. Sie oder Ihr Partner geraten sich immer wieder über die gleichen Dinge in die Haare, und jeder will recht haben. Der Streit ruht nur, wenn einer nachgibt oder im Kampf den kürzeren zieht. Sie fühlen sich unausgeglichen und gestreßt.

– **Ihr Partner ist der Meinung, daß Sie sich ändern müßten.**
Dauernd nörgelt er an Ihnen herum, dies paßt ihm nicht und das schon lange nicht mehr. Er gibt Ihnen das Gefühl, so, wie Sie sind, nicht okay zu sein. Er will Sie anders haben und drängt Sie, sich nach seinen Vorstellungen zu entwickeln. Sie sind zerrissen und fühlen sich ungeliebt.

– **Sie wollen Ihren Partner anders haben, als er ist.**
Obwohl Sie sich ganz sicher sind, daß die Ursachen für alle Probleme bei Ihrem Partner liegen, weigert der sich, dies einzusehen. Sie machen ihm Vorwürfe und drohen mit Konsequenzen. Gleichzeitig warten Sie darauf, daß er endlich so wird, wie Sie ihn haben wollen. Sie sind wütend und enttäuscht.

– **Sie können sich nicht verständlich machen.**
Ihr Verhalten ist Ihnen selbst unklar, noch weniger können Sie ihre Beweggründe dem Partner vermitteln. Zwischen Ihnen herrscht Spannung, Sie fühlen sich unverstanden.

– **Sie leben in Ihrer Beziehung aneinander vorbei.**
Eigentlich ist Ihre Ehe(Beziehung) schon länger eingeschlafen, und Sie wissen das auch. Im Grunde sind Sie sich gleichgültig geworden und haben sich miteinander auf ein Minimum-Leben geeinigt. Ihr Zusammensein ist ein Kompromiß zwischen Ihren Sehnsüchten und Ihrer Angst, die Beziehung aufzulösen. Sie sind ängstlich und enttäuscht.

– **Sie wollen nicht wahrhaben, daß Sie einem Phantom hinterherlaufen.**

Sie wechseln oft den Partner und sind am Ende doch wieder allein. Lieber verschließen Sie die Augen, als sich einzugestehen, daß es das, was Sie in Beziehungen suchen, in Wirklichkeit nicht gibt. Sie träumen vom Prinzen oder der Prinzessin, die eines Tages an Ihre Tür klopfen und alle Probleme ein für allemal Vergangenheit werden lassen. Sie sind einsam und enttäuscht.

– **Sie fahren auf dem Beziehungs-Karussell.**

Zum x-ten Mal bleiben Sie mit Ihrem Partner am gleichen Punkt hängen. Die gleiche Sache wiederholt sich immer wieder, ohne daß es zu einer Lösung kommt. Sie kommen sich vor wie in der Wiederholung eines schlechten Films. Sie sind ratlos oder verzweifelt.

– **Sie treffen immer wieder die gleiche Art von Partnern.**

Es ist schon verflixt, daß gerade Sie immer wieder auf die gleichen Typen reinfallen. Obwohl Sie sich oft von solch einem Partner trennen oder er sich von Ihnen, finden Sie sich doch immer wieder in einer ählichen Verbindung wieder. Sie sind müde und sind es leid, die Runden auf diesem Karussell zu drehen und suchen einen Ausweg.

– **Sie finden einfach keinen Partner, der sich auf eine Beziehung mit Ihnen einläßt.**

Obwohl Sie sich danach sehnen und sich eine Partnerschaft wünschen, kommt es einfach nicht dazu. Sie haben das Gefühl, zu Ihnen paßt niemand oder mit Ihnen will niemand zusammen sein. Sie fühlen sich minderwertig oder unwert.

– **Sie sind zur Überzeugung gelangt, daß keine Beziehung besser ist als eine schlechte Beziehung.**

Von Ihren bisherigen Partnerschaften sind Sie enttäuscht. Sie haben sich entschlossen, Ihr Herz nicht mehr zu öffnen, weil Sie es leid sind, verletzt zu werden. Vielleicht haben Sie die vorausgegangenen Beziehungen nicht verarbeitet und tragen eine Menge

Ballast mit sich herum. Sie haben sich entschlossen, besser nicht mehr zu lieben und allein zu bleiben.

– **Sie glauben, sich mit dem abfinden zu müssen, was in Ihrer Beziehung passiert.**

Obwohl Sie sich vom Leben und von der Liebe weit mehr versprochen haben, finden Sie sich bisher mit dem Spatz in der Hand ab. Trotzdem schauen Sie sehnsüchtig nach der Taube auf dem Dach. Sie träumen von besseren Zeiten.

Bei den hier aufgeführten Problemen handelt es sich um alltägliche, in jeder Ehe(Beziehung) auftretende Schwierigkeiten. Es stellt sich uns die Frage: wie kann man mit diesen Konflikten umgehen? Was steckt dahinter? Wie können wir aufhören, miteinander zu kämpfen und uns stattdessen lieben und akzeptieren, wie wir sind? Wie können wir auf neue Weise mit Liebe und Beziehung umgehen?

Wir werden uns in diesem Buch intensiv mit dem *Zusammenhang Ehe(Beziehung)* beschäftigen, um seine Grenzen zu erkennen und aus Fehlern und falschen Vorstellungen zu lernen. Aber im Kern geht dieses Buch der Frage nach: wie können wir unsere Liebesbeziehungen verbessern?

Die vielen Beispiele im Buch erzählen nicht die Geschichte von gescheiterten Ehen oder festgefahrenen Beziehungen. Vielmehr ist der Punkt, wo es miteinander 'so' nicht mehr klappt, lediglich der Ausgangspunkt unserer Reise.

Das Beziehungsspiel 'DU'

Inga und Paul sind ein Paar und seit etwas mehr als zwei Jahren zusammen. In ihrer Beziehung läuft einiges schief. Seit Monaten kommen sie nicht mehr klar miteinander, streiten sich und machen einander Vorwürfe. Jeder sucht die Schuld für die Spannungen im Verhalten des anderen.

Paul ist 32 Jahre alt. Seine großen, vorwurfsvoll blickenden Augen sind auf den Boden gerichtet, als er zu erzählen beginnt:

«Ich weiß eigentlich gar nicht, was genau los ist. Auf jeden Fall hat sich zwischen uns viel verändert und das nicht gerade zum Guten. Früher waren wir total glücklich miteinander, da haben wir alles zusammen gemacht, aber dann hat sich irgendwas eingeschlichen, fast unmerklich, irgendwas ist zwischen uns geraten.»

Paul atmet schwer und spricht langsam. Während er nach Worten sucht, streicht er wehmütig mit dem Fuß über den Teppich.

«Wir finden einfach nicht mehr zueinander, wir machen kaum noch was zusammen. Inga ist auch gar nicht offen dafür, zu suchen woran es liegt, sie ist einfach nur noch genervt und ihr ist alles zuviel. Wenn ich mit ihr reden will und wissen will, was los ist, geht sie gleich an die Decke oder geht mir aus dem Weg. Dabei hab ich das Gefühl, es geht alles von ihr aus und ich versteh es nicht.»

In seiner Stimme klingt jetzt ein Anflug von Ärger mit, doch er schaltet wieder in einen beklagenden Tonfall um.

«Ich will ja die Distanz nicht, das kommt von ihr. Das fängt beim Frühstück an, da liegt die Spannung schon in der Luft, und geht abends weiter, wenn wir von der Arbeit nach Hause kommen. Sie hat keine Zeit mehr für uns und kümmert sich nicht um mich. Es ist ihr egal, wie es mir geht.»

Inga hat sich Pauls Ausführungen angehört und ist dabei sichtlich unruhig geworden. Innerlich ist sie aufgebracht und in ihrer Haltung und Stimme zeigen sich Zorn und Empörung. Sie sieht die Situation anders:

«Ja sicher, ich bin ja auch nur noch genervt von ihm. Er geht mir furchtbar auf die Nerven. Mittlerweile ist es bei uns schon so weit, daß ich keine Bewegung mehr machen kann, ohne daß darüber geredet werden muß, ohne daß er sucht, was jetzt wieder falsch ist, oder woran er jetzt wieder schuld ist. Ständig entschuldigt er sich und gleichzeitig nervt er an mir rum. Ich hab überhaupt keinen Platz mehr für mich, nicht mal in meinem Zimmer, wenn ich allein sein will oder ihn einfach mal nicht beachten will.»

Inga ist wütend und hilflos zugleich. Deutlich ist die innere Not spürbar, der Druck, unter dem sie steht. «Ich habe manchmal sogar Lust, ihm wehzutun, nur damit er mich mal läßt. Was heißt denn 'nicht um ihn kümmern'? Wir verbringen so viel Zeit miteinander, aber ich brauche auch mal was für mich.»

So geht es eine Weile hin und her. Klagen und Vorwürfe wechseln sich ab, die Kommunikation ist laut und heftig, aber es bewegt sich nichts. Lediglich in einem sind sich die beiden einig: der andere ist schuld. Wenn der nicht so und so wäre, dann wäre alles anders. Die beiden sind mitten im schönsten Beziehungsspiel. Das Beziehungspiel heißt 'DU'. Jeder Satz, jede Äußerung, jeder Gedanke und jedes Gefühl beziehen sich nur noch auf den anderen. Die ganze Auseinandersetzung wird zu einem Streit, in dem abwechselnd Vorwürfe und Forderungen dem Gegner an den Kopf geworfen werden. Paul sagt: «DU kümmerst dich nicht um mich» und Inga wirft ihm vor: «DU läßt mir keine Ruhe». Hier hängen die beiden fest und das schon seit geraumer Zeit. Sie stehen quasi mit aufeinander gerichteten Zeigefingern da und beschuldigen sich: 'DU machst das nicht richtig'.... 'Aber das mach ich ja nur, weil DU' ..... 'DU sollst .....', 'nie kannst DU mal ..' und so weiter.

Dieses Spiel ist nicht nur sinnlos, weil es kein Ende findet, es wirkt sich auch zerstörend auf die Liebe der beiden aus, denn sie spielen es in ihrem Alltag schon seit Wochen ausgiebig miteinander. Der Konflikt hat sich emotional soweit zugespitzt, daß sie sich fragen, ob eine Trennung nicht besser wäre. Was sie bisher davon abhält sind die liebevollen Gefühle füreinander, die auch noch vorhanden sind. Beide sind verletzt, wollen aber auch aus dem Kreislauf heraus und sich wieder verstehen.

Wir alle kennen diese Situation. Wir streiten uns, und jeder glaubt, im Recht zu sein und sucht die Schuld für die festgefahrene Situation beim Partner. Wir analysieren dessen Motive, Gefühle,

Gedanken und Handlungen und wissen am Ende über ihn (scheinbar) mehr als über uns selbst. Eine verbreitete Formulierung fängt so an: «kann ich nie mal, ohne daß du gleich...» oder in folgender Abwandlung: «mußt du denn immer sofort, wenn ich mal...».

Machen Sie sich den Spaß und vollenden Sie diese Sätze Ihrer Beziehung entsprechend. «Kann ich nicht mal alleine ausgehen, ohne daß Du mir danach Löcher in den Bauch fragst?» - «Mußt du denn immer gleich Streit anfangen, wenn ich mal nach einem anderen Mann schaue?» So oder ähnlich klingen die Vorwürfe im Beziehungsspiel 'DU'.

Das Beziehungsspiel 'DU' führt in die Sackgasse, denn der andere wehrt sich gegen unsere Angriffe und spielt offen oder versteckt das gleiche Spiel. Je mehr wir uns aber angreifen und gegenseitig wehtun, desto mehr verschließen wir uns auch voreinander.

Natürlich ist es einfacher, die Gründe für die eigene Unzufriedenheit und Unausgeglichenheit beim Partner zu suchen. Er steht dauernd im Mittelpunkt unserer Aufmerksamkeit, er steht im Mittelpunkt unserer Betrachtung. Unsere Energie ist auf ihn gerichtet, weit mehr als auf uns selbst. Wie gering ist vergleichsweise die Aufmerksamkeit, die wir für uns selbst übrig haben. Mit dem Partner sprechen wir viele Stunden, wir gehen spazieren, miteinander aus, schlafen miteinander, wir geben ihm mehr Zuwendung als uns selbst. Kein Wunder also, wenn wir auch in einer Krise dieser Gewohnheit folgen und beim anderen nach den Gründen dafür suchen.

Für Inga und Paul gibt es aus dem Dilemma keinen gemeinsamen Ausweg. Ihre einzige Chance, eine Trennung zu vermeiden, besteht darin, nicht noch tiefer in die Sackgasse hineinzulaufen und mit dem Beziehungsspiel 'DU' aufzuhören. Dafür müssen sie aber ihre Blickrichtung ändern, die Aufmerksamkeit vom Partner nehmen und den Finger auf sich selbst richten, dorthin, wohin sie bisher nicht gesehen haben. Schauen wir uns an, wie sich dadurch das Problem für die beiden auflöst und was hinter ihrer Krise steht.

Ich arbeite mit beiden von nun an in getrennten Sitzungen. Statt ständig vom anderen zu reden, ist jetzt jedem nur noch erlaubt, von sich selbst zu sprechen, und zwar soll jeder erzählen, was ihm die Situation ausmacht, in der er sich befindet, und wie er sich damit fühlt.

Inga fängt an: «Ich fühle mich furchtbar beengt. Immer kommt irgendwas, was ich machen soll oder was ich nicht machen soll. Ich soll ihm sagen, was jetzt ist, ob ich ihn noch liebe, warum ich das mache, wieso ich den Blick draufhab. Ich verlier immer mehr das Gefühl für mich. Ich kann gar nicht allein sein, immer drängt er sich dazwischen. Es macht mich eng und macht mir Druck. Es ist so, als ob er erwartet, daß ich ihn lieben muß und deshalb alles offenlege. Am liebsten würde ich ihm manchmal ein paar scheuern, nur um ihn mal wegzukriegen. Ich bin auch total wütend auf ihn. Ich muß mich ständig wehren und um meinen Raum kämpfen.»

Ingas Gesicht hat einen entschlossenen und kriegerischen Ausdruck, ihre Hände sind zu Fäusten geballt. Ich frage sie, was es für sie bedeutet, seine Vorwürfe, Bitten und Klagen zu hören. «Ich fühl mich kontrolliert, aber wenn er Druck macht, dann beißt er auf Stein bei mir. Ich laß mich nicht kontrollieren und mir vorschreiben, was ich wann zu machen habe. Ich bin völlig wütend und empört. Am liebsten würde ich weglaufen oder ihn verprügeln. Ich hab einen dicken Klumpen im Bauch und gleichzeitig hab ich Angst, mir richtig Luft zu machen.»

In Inga kriecht seit Wochen ein Schwelbrand, der kurz vor dem Ausbruch in ein offenes Feuer steht. Zwar ist sie sich ihrer Gefühle bewußt, traut sich aber nicht, den Tiger 'rauszulassen'. Die Alternative des Weglaufens will sie auch nicht wahrnehmen. Ich ermutige Inga, ihren Gefühlen in der geschützten Situation der Einzelsitzung zu vertrauen und ihrer Wut und ihrem Ärger Ausdruck zu geben. Inga tobt und schreit ihren Freund an (er ist nicht anwesend, ein Kissen nimmt seinen Platz ein). Nachdem sie ihn richtig beschimpft und verprügelt hat, ist der Dampf abgezogen, der ihre Sicht bisher vernebelte. Sie kommt in Kontakt mit Erinnerungen und Gefühlen, die hinter der Wut und Aggression verborgen sind.

Es gab eine Zeit in ihrem Leben, als sie sich schon einmal so gefühlt hat: wütend und ohnmächtig. Ihr fällt die Zeit der Pubertät ein, und ihre Eltern tauchen auf, die sie auf Schritt und Tritt kontrollierten. Vor allem auf den Vater ist sie wütend, denn gerade von ihm hatte sie eigentlich Unterstützung erwartet. Statt dessen ist er mißtrauisch und fragt ständig nach, was sie tun, wohin sie gehen, mit wem sie was unternehmen will. Sie ist empört und verletzt und schützt sich, indem sie sich verschließt und gar nichts mehr sagt.

Inga erzählt mit belegter Stimme von diesen Erinnerungen. Ihre Gefühle, auch ihre Gesten und ihr Gesichtsausdruck sind die gleichen wie im Konflikt mit Paul. Auch die Reaktion auf sein Drängen und Ausfragen ist die gleiche, denn auch damals ließ sie ihre Eltern auf Granit beißen und wäre am liebsten weggelaufen, hat sich aber nicht getraut. Ihren eigenen Raum hat sie sich bewahrt, indem sie niemanden mehr an sich heranließ, von dem sie annahm, daß er sie kontrollieren und ausfragen will. Diesen Eindruck hat Paul aber durch sein Fragen und Bohren hervorgerufen, und deshalb wehrt sie sich gegen ihn in der gleichen Weise, in der sie versuchte, ihren Vater abzuwehren. Ihr Widerstand ist ein Selbstschutz.

Inga fällt der Zusammenhang jetzt selbst auf. Damals konnte sie weder weglaufen noch den Eltern klarmachen, was die Kontrolle ihr ausmacht und daß sie so nicht leben will. Mit Paul ist das etwas anderes. Er bekam bisher nur ihre Aggression zu spüren, weiß aber nichts von der Angst und Enge, die dahintersteht. Er empfindet ihre Ausbrüche als gegen sich gerichtet und sieht nicht den Selbstschutzcharakter ihrer Attacken. Wenn sie ihm Einblick in ihr Innenleben geben kann und ihm zeigt, wie zerstörerisch sein Drängen ist, wird er sich besinnen und auf ihre Bedürfnisse eingehen. Aber aus einem einfachen Grund war das bisher nicht möglich: Inga hatte sich selbst und ihre heftige emotionale Reaktion nicht verstanden, wie sollte sie sich dann Paul verständlich machen. Betrachten wir nun, was für Paul passiert ist.

Paul erzählt in seiner Einzelarbeit, wie es ihm geht: «Ich versteh überhaupt nicht, was sie so aufregt. Ich will doch nur nah sein mit ihr, ich fühl mich immer wieder abgewiesen. Immer hab ich das Gefühl, ich hab was falsch gemacht bei ihr und dann muß ich eben nachfragen, sonst hab ich keine Ruhe. Es macht mich total unsicher. Ich fühl mich abgelehnt, so, als ob was falsch mit mir ist und sie mich nicht mehr mag. Für mich bedeutet es, daß sie den Kontakt abschneidet und eigentlich lieber ohne mich wäre.»

Traurig blickt er zu Boden. «Ich fühle mich schlecht. Außerdem hab ich ja auch versucht, alles so zu machen, wie Inga es wollte. Ich fühle mich schuldig und auch hilflos.»

Paul hat sein Bestes gegeben und sich bemüht, 'alles richtig' zu machen. Gerade damit hat er, ohne es zu wollen, Inga oft auf die Palme getrieben. Sein Schuldbewußtsein sollte ihr Mitleid und ihre Zuwendung auslösen. Je intensiver er aber von diesem 'Trick' Gebrauch machte, desto wirkungsloser wurde er.

Wir forschen nach einem Punkt in Pauls Leben, wo er sich schuldig und hilflos fühlte. Paul geht in seiner emotionalen Erinnerung zurück bis in die Zeit, als er ein Kind von vier bis fünf Jahren war. Er läuft seiner Mutter hinterher, die aber nicht viel von ihm wissen will. Er bemüht sich so zu sein, wie sie ihn haben will: brav, lieb, folgsam - aber er bekommt immer wieder zu hören, daß er eine Last ist.

Der Satz 'eigentlich hab ich dich gar nicht haben wollen' ist ihm noch klar im Sinn. Das Kind Paul läuft mit dem Gefühl durch die Welt, falsch zu sein und es den Menschen, die es liebt, nicht recht machen zu können. Das glaubt der erwachsene Paul auch von Inga. Er verhält sich ihr gegenüber in der gleichen Weise wie das Kind von damals. Zwar war dieses Kind auch wütend, aber mit dieser Wut konnte es nichts anfangen. Sie zu zeigen lieferte es noch mehr der Willkür der Mutter aus. Also entschied es sich dafür, zu klagen und zu jammern. Je mehr Paul heute die gleiche Taktik bei Inga anwendet und sie aus seiner Unsicherheit und Angst heraus bedrängt, desto fester verschließt sich Inga ihm gegenüber, desto größer wird wiederum seine Angst....desto heftiger ihre Abwehr.... desto verzweifelter sein Drängen. Auf diese Weise schaukeln die beiden die Spannung in ihrer Beziehung hoch.

Nur wenn jeder die eigenen Muster erkennt, kann dieser Kreislauf unterbrochen werden, denn die unbewußten Muster und Ängste der beiden passen genau zueinander.

Für Inga bedeutet Sich-offenbaren *Ausgeliefertsein,* und für Paul bedeutet Abgrenzung *Falschsein.* Sie sucht Abstand, er sucht Nähe. Es mußte zwangsläufig irgendwann zum Konflikt kommen, der ja auch nicht plötzlich auftauchte. Vielmehr hat er sich ganz allmählich mit der Beziehung entwickelt. Am Anfang werden sie ihn nicht bemerkt haben, oder es war noch leicht, darüber hinwegzusehen. Dann aber haben sich die vielen kleinen Enttäuschungen und Verletzungen summiert und auch die Angst vor Nähe=Kontrolle (Inga) und Abstand=Ungeliebtsein (Paul) verstärkt.

Es handelt sich hier um sensible Punkte innerhalb der Partnerschaft, Bereiche, in denen beide besonders empfindlich sind und die deshalb besondere Aufmerksamkeit und besonderes Verständnis verdienen.

In der Einzelarbeit mit Paul und Inga haben wir zuerst die heftigen Gefühle reguliert und damit die emotionale Ladung, die wie ein Sprengsatz auf der Beziehung lag, entschärft. Die beiden konnten nun wieder 'klar sehen' und erkennen, was hinter ihren Ängsten und Befürchtungen lag.

Sie sind im Zusammenleben auf ihr 'Inneres Kind' gestoßen. Diesem Begriff werden wir in diesem Buch noch öfter begegnen. Damit ist jener Teil ihrer Gefühle gemeint, mit dem sie noch heute auf bestimmte Situationen genauso reagieren wie damals, als sie Kinder waren. In ihrer Beziehung als Erwachsene ist jeder für sich an eine 'story', eine Geschichte geraten, die er schon lange verdrängt oder vergessen hatte. Unbewußt haben die alten Gefühle von Verletztheit und auch die Reaktionen von damals im Verhalten und Fühlen der Erwachsenen aber weitergelebt.

In ihren Auseinandersetzungen standen sich zwar - äußerlich betrachtet - zwei erwachsene Menschen gegenüber. Auf einer tieferen, unbewußten und sehr mächtigen Ebene aber haben zwei Kinder miteinander um ihr Recht auf Liebe gekämpft.

Indem sich Paul und Inga die Verbindung ihrer Gefühle und Handlungen mit längst vergangenen Ereignissen bewußt machen, haben sie die Chance, ihr Verhalten heute zu überprüfen und zu verändern. Beide wollen das, denn es sind noch genügend liebevolle Gefühle erhalten, um miteinander weiterzumachen. Die Hälfte der Arbeit ist damit getan. Die andere Hälfte besteht darin, daß die beiden ein neues Verhalten ausprobieren. Inga muß ihrem Freund gegenüber offener werden, ohne sich ihren Freiraum nehmen zu lassen. Paul wiederum muß lernen, auch ohne die ständige Bestätigung und Nähe seiner Freundin ein gutes Gefühl für sich selbst zu behalten. Der Streit zwischen beiden ist nun nicht mit einem Schlag aus der Welt, er löst sich aber in den Augenblicken auf, wenn beide ihre Inneren Kinder bemerken und immer öfter über ihre Streitigkeiten lachen können.

Die Auseinandersetzung von Paul und Inga ist hier stellvertretend für alle Konflikte beschrieben, in denen wir das Beziehungsspiel 'DU' spielen. Gehören Liebe und Respekt in der Anfangsphase einer jeden Beziehung zur Selbstverständlichkeit, so machen wir allzu schnell ein Gewohnheitsrecht daraus, vom anderen etwas zu verlangen. Wenn der dann nicht freiwillig gibt, wird aus der Beziehung ein Kampfplatz, auf dem wir für unsere Rechte streiten.

Wenn aber jeder Partner die Verantwortung übernimmt und *bei sich selbst* nach den Gründen der Spannung sucht, dann machen wir einen qualitativen Schritt von der Ehe(Beziehung), wo wir Rechte und Forderungen einlösen wollen, hin zur (Seelen)Partnerschaft, in der jeder Verantwortung für sich und sein eigenes Verhalten und Erleben übernimmt und nicht den Finger der Schuldzuweisung auf den Partner richtet.

Die Lösung des Beziehungsspiels 'DU' liegt nicht beim anderen, auf den wir unseren Zeigefinger richten. Die Lösung liegt immer bei uns selbst. Wenn wir aufhören, das Spiel zu spielen, dann kann auch der andere nicht weitermachen, denn es braucht immer zwei Mitspieler: den, der beschuldigt und den, der sich schuldig fühlt und wehrt.

Wenn Sie sich beim Beziehungsspiel 'DU' erwischen, dann können Sie sicher sein, daß Ihr Inneres Kind auf der Bühne erschienen ist - mit anderen Worten ausgedrückt, Sie unterliegen einem Mißverständnis, das seine Wurzeln in den kindlichen Erfahrungen mit Liebe hat.

Vielleicht werden Sie einen solch großen Einfluß der Kindererlebnisse auf unsere Liebesbeziehungen und Partnerschaften bezweifeln. Halten Sie sich aber vor Augen, daß die primären Erfahrungen der Kindheit die ersten Erfahrungen mit Liebe und Beziehungen in unserem Leben überhaupt sind. Deshalb sind sie so prägend, denn wir entwickeln in dieser Zeit Strategien für den Umgang mit Liebe und mit Menschen. Diese Muster haben wir so oft angewandt, daß sie zu mächtigen Gewohnheiten wurden, denen wir automatisch und unbewußt folgen.

In eine andere Richtung hat sich die Ehe von Vera entwickelt. Hier tobt kein Kampf, vielmehr ist die Ehe zum Grab ihrer Hoffnungen und Erwartungen an Partnerschaft und Liebe geworden.

Vera ist eine freundliche, zurückhaltende Frau, der man Unsicherheit anmerkt. Wer sie kennenlernt, schätzt ihre Herzlichkeit und ihre sonnige Art. Eines Tages überwindet sie ihre Scheu und erzählt der Gruppe, daß ihr Mann seit Jahren kein persönliches Wort mehr mit ihr spricht. Die Kommunikation erstreckt sich lediglich darauf, die Erfordernisse des täglichen Lebens zu regeln.

Vera ist jetzt 46 Jahre alt, von den 26 Ehejahren wurden die letzten acht Jahre zur Qual. Sie sagt, daß sie 'das nicht länger aushält' und allmählich das Gefühl bekommt, 'verrückt zu werden'. Sie leidet darunter, daß sie von ihrem Mann nicht wahrgenommen wird, fühlt sich aber gleichzeitig außerstande, etwas zu unternehmen. Hilfesuchend blickt sie sich im Kreis um.

«Ich kann genau sehen, was passiert und was ich da mit mir machen lasse, aber ich bin wie gelähmt und trau mich nicht, einen Mucks zu tun. Ich hab es in den ersten Jahren unserer Ehe wirklich im Guten versucht, aber es ist nichts dabei herausgekommen. Mein Mann sagt mir, ich kann ja gehen, wenn es mir nicht paßt, aber das will ich nicht. Ich hab mich damit abgefunden, es hat ja doch keinen Sinn. Im Grunde genommen sind wir Fremde füreinander. Es tut aber trotzdem weh, nicht zu ihm durchzukommen, schließlich leben wir ja schon so lange zusammen.»

Die Mitglieder der Gruppe sind sichtlich betroffen von dieser Schilderung. Vera leidet unter der Willkür ihres Mannes, weiß aber keinen Weg, an ihn heranzukommen. Die Zeiten der Liebe liegen für die beiden unter einer dicken Schicht alltäglicher Verdrängungen begraben. Sie leben zwar noch in einem Haus, aber sie leben nebeneinander her und haben sich nichts mehr zu sagen. Veras Mann wartet insgeheim darauf, daß sie ihn verläßt, traut sich aber seinerseits nicht, den Schlußstrich zu ziehen. Dafür hat er eine Situation geschaffen, in der sie es kaum aushält und ihr den Tip gegeben, daß sie ja gehen könne, wenn es ihr nicht gefällt. Dann hätte er nicht die 'Schuld' an der Trennung, wäre sie aber dennoch los.

Es ist ein stummer Kampf, bei dem Vera aus seinem Herzen ausgeschlossen wird. Da er selbst nicht zur Beratung kommt, kann ich nur vermuten, was sein Anteil an dieser 'story' ist. Wahrscheinlich schiebt er Vera unbewußt die Schuld daran zu, daß aus seinem Leben nicht das geworden ist, wovon er geträumt hat und bestraft sie durch den Entzug seiner Liebe:

«Eigentlich wollte er mich ja nie heiraten, hat er mal gesagt, zumindest nicht, wenn er gewußt hätte, was das heißt. Wenn er nicht für mich hätte sorgen müssen, dann hätte alles für ihn anders ausgesehen. Ich glaube, er hat sich damals drängen lassen, weil ich es mir ja auch so gewünscht hatte.»

In dieser Ehe läuft nichts mehr. Die Partner haben sich in starren Positionen festgefahren und vermeiden offene Auseinandersetzungen und Konflikte. Aus unbewußten Ängsten und Gewohnheiten heraus haben sie ein lebloses Gleichgewicht von Verdrängungen und Leugnungen geschaffen, in dem sich keiner wohl fühlt. Wie konnte es dazu kommen? Was steht hinter diesem widersinnigen Verhalten und der Handlungsunfähigkeit Veras?

Die ganze Situation kommt in Bewegung, als Vera einen Blick auf ihre Konditionierungen wirft. Die Gruppe hilft ihr dabei. Wir spielen für sie die häusliche Situation 'am Frühstückstisch' nach und entdecken dabei, daß sie ihre spontanen Reaktionen unterdrückt, bevor sie ihr selbst bewußt werden. Sie hat ein Bedürfnis danach, einfach aufzustehen und 'wie verrückt' zu schreien. Wir ermutigen sie und schließlich traut sie sich, diesem Bedürfnis ein wenig nachzugehen. Sie schreit einfach drauf los, schaut dabei aber ängstlich auf den Mitspieler, der ihren Mann darstellt. Sie erwartet, daß «gleich etwas Furchtbares passiert».

Mit diesen Worten taucht die Erinnerung an eine Situation ihrer Kindheit auf. Sie ist fünf Jahre alt, hat etwas angestellt und wird von ihrem Vater zur Strafe verprügelt. Sie wehrt sich mit aller Kraft dagegen, denn sie erkennt diesen Mann nicht als ihren Vater an. Er ist kurz zuvor aus Kriegsgefangenschaft heimgekehrt und ihr fremd. Sie tritt nach ihm und schreit nach ihrer Mutter, die ihr jedoch nicht beisteht. Da sie mit dem Brüllen nicht aufhört, droht ihr der Vater an, sie 'zu schlagen, bis du nicht mehr schreist', und diese Drohung macht er dann auch wahr.

Veras einzige Chance, diesem Trauma zu entkommen, besteht darin, ihre Schreie zu ersticken und ihren Widerstand aufzugeben, da er wirklich keinen Sinn mehr hat. Ab diesem Tag ist sie für ihren Vater verschlossen, und dieser nimmt seinerseits kaum noch Notiz von ihr. Ihr Kontakt beschränkt sich auf ein unvermeidliches Minimum.

Vera erlebt dieses Trauma mit allen damals beteiligten Gefühlen wieder. Gedemütigt, zitternd vor ohnmächtiger Wut und unterdrücktem Haß steht sie ihrem Vater gegenüber. In der Gruppe kann sie sich heute endlich erlauben, was ihr damals unmöglich war. Sie schreit ihren Vater an, verleiht ihrer Wut Worte und sagt ihm, daß «du kein Recht hattest mich so zu behandeln, es war gemein von dir, weil ich mich nicht wehren konnte. Du warst ein Fremder».

Nachdem sie ihren Dampf abgelassen hat, wird sie traurig und erzählt von den zarten Gefühlen, die hinter dem Wall aus Wut verborgen sind, erzählt, daß «ich mir immer einen Vater gewünscht habe, der mich mag und der was mit mir unternimmt, der mich sieht und gerne mit mir spielt».

Nach diesem Erlebniss fällt Vera auf, daß sie die gleichen Worte ebenso zu ihrem Mann sagen könnte: 'dazu hast du kein Recht, du bist ein Fremder, du bist gemein' und auch 'ich wünsche mir, daß du mich gern magst und mich siehst'.

Der Vorfall in der Gruppe bleibt nicht ohne Folgen. In der nächsten Gruppensitzung erzählt Vera, daß sie ihrem Mann gegenüber nicht mehr so zurücksteckt. In ihrem Augen blitzt der Schalk des fünfjährigen Mädchens auf, das Freude an seiner wiedergewonnenen spontanen Handlungskraft hat. «Ich erkenn mich nicht wieder. Ich hab die Wohnzimmertür so zugeknallt, daß die Scheibe zu Bruch ging und dann hab ich noch einen Teller hinterhergeschmissen. Es hat mir sogar Spaß gemacht. Mein Mann war völlig platt. Am nächsten Morgen hat er mich gefragt, ob er mit mir einkaufen gehen soll. Das hat er mindestens vier Jahre lang nicht mehr getan.»

Vera ist aus dem Grab ihrer Ehe(Beziehung) aufgestiegen und hat frische Luft aufgewirbelt. Sie macht ihrem Mann klar, daß sie nicht länger mitspielt und stellt jetzt *ihn* vor die Alternative: aufwachen oder Trennung. In kurzer Zeit ändert sich mehr in dieser Ehe, als Vera es für möglich gehalten hat, und das, obwohl nur ein

Partner die Initiative ergriffen hat. Aus dem kalten Krieg ist durch Veras Herausforderung ein heißer Krieg geworden, bei dem die Konflikte auf den Tisch kommen und nicht ausgesessen und verdrängt werden.

Auch wenn das Beziehungsspiel 'Du' in diesem Beispiel nicht so offensichtlich ist, so haben die beiden es doch miteinander gespielt. Vera hat sich allerhand gefallen lassen und insgeheim darauf gehofft, daß es eines Tages von selbst anders wird. Sie hat auf ihren Mann gewartet und in ihrer Haltung ausgedrückt: 'mach DU es, gib DU deinen Wiederstand auf'. Er wiederum hat ohne Worte gesagt: 'DU bist schuld an meinem Schicksal'. Nachdem die beiden die für viele Jahre unterbrochene Kommunikation wieder aufgenommen haben, besteht die Chance, viele Mißverständisse auszuräumen und sich erneut zu begegnen. Wohin diese Ehe führt, wird die Zukunft zeigen. Vielleicht öffnen die beiden ihr Herz wieder füreinander, vielleicht erkennen sie aber auch, daß es 'vorbei' ist und ziehen eine Trennung dem 'lebendig Begrabensein' vor.

Auch bei Vera und ihrem Mann stammen die unbewußt wirksamen Muster und Verhaltenszwänge dorther, wo wir sie gelernt haben - aus den Beziehungssystemen unserer Familien. Sie machen sich bemerkbar, wenn es zwischen den Partnern kritisch wird, wenn Probleme und Konflikte entstehen. Dann nehmen wir Zuflucht zu den erlernten Strategien der Krisenbewältigung. Für Vera bedeutet das, im Konfliktfall *nachzugeben,* um sich vor den befürchteten Konsequenzen einer offenen Auseinandersetzung zu schützen. Für ihren Mann war es *abkapseln.* Der Haken hierbei ist, daß wir dann wie die Kinder von damals handeln und vergessen, daß wir als Erwachsene heute viel mehr Möglichkeiten zum Handeln haben.

Aber was heißt schon Erwachsensein? Sind wir wirklich erwachsen geworden? In vielen Bereichen hinken unsere Gefühle hinter der körperlich-geistigen Entwicklung her. Gerade unser Begriff von Liebe macht das deutlich.

Der Zusammenhang Liebe

Liebe ist weit mehr als ein Gefühl. Sie ist ein Paket voll mit Dingen, von denen viele dort nicht hineingehören.

Jede Ehe(Beziehung) fängt mit Liebe an. Wir lassen uns auf jemanden ein, weil wir ihn lieben und weil er uns liebt. Liebe ist Grundlage unserer Partnerschaften. Das klingt selbstverständlich, aber was verstehen wir eigentlich unter Lieben? Wann und unter welchen Umständen sind wir bereit, jemanden zu lieben? Welche Bedingungen knüpfen wir daran, unser Herz zu öffnen? Was bringt uns dazu, es wieder zu verschließen? Wir verwenden das Wort Liebe gern und oft, ohne recht zu wissen, was wir damit alles in Verbindung bringen.

Was wir häufig unter Liebe verstehen und daß wir damit mehr meinen als ein Gefühl, zeigen die folgenden Beispiele:

Hanna - Liebe wollen

Hanna ist eine Frau um die fünfzig, die mit ihrer Ehe nicht zufrieden ist und mit ihrem Mann in die Beratung kommt. Sie sagt, daß sie ihren Mann liebt und darunter leidet, daß er ihre Gefühle nicht erwidert. Sie beschreibt den gemeinsamen Alltag als eine Routine von immergleichen Verhaltensweisen, in denen sie verlorengeht.

Enttäuschung schwingt in ihrer Stimme mit, als sie zu erzählen beginnt: «Er kommt nach Hause, und dann liest er die Zeitung, schaltet den Fernseher ein oder geht zum Meditieren in sein Zimmer. Er zieht sich ständig vor mir zurück, vor allem, seit die Kinder vor zwei Jahren aus dem Haus sind und wir eigentlich viel Zeit füreinander hätten. Ich gehe so gern tanzen oder fahr auch gern in Urlaub, aber er hat nie Lust. Wir haben mittlerweile kaum noch gemeinsame Interessen.» Hanna stockt, bevor sie schüchtern anmerkt: «auch sexuell ist es ziemlich öde».

Hanna hat das Gefühl, nicht genug zu bekommen. Vor allem, seit sie nicht mehr mit den Kindern beschäftigt ist und viel Zeit für sich hat, fordert sie mehr Aufmerksamkeit und Zuwendung von Horst, auch auf sexuellem Gebiet. Sie beschwert sich darüber, daß er kaum mit ihr schläft oder wenn, dann nur, wenn sie sich Reizwäsche anzieht oder sich auf kleine sadistische Spiele einläßt. Da er gerne Selbsterfahrungsgruppen besucht, wirft sie ihm vor, daß er dorthin ja nur wegen der anderen Frauen geht. Gleichzeitig macht sie ihm drohend klar, daß sie ihn sofort verlassen werde, wenn er sich mit 'anderen Frauen abgibt'. Hanna nutzt die Chance der Einzelsitzung und legt los. Sie fühlt sich im Recht, und ihr aufgestauter Ärger macht sich in heftigen Vorwürfen Luft. Der nach vorne geschobene Unterkiefer zittert, und ihre Fäuste sind geballt. Ihr Tonfall schwankt zwischen heftigem Zorn und eindringlichem Klagen. Je mehr sie ihren Mann beschuldigt, desto verschlossener wird er.

Horst ist ein stiller Mensch, der sich ihre Vorwürfe und Vorhaltungen anhört und versucht, darauf einzugehen. Er blickt betreten zur Seite und weicht ihren Augen aus.

«Schau doch mal, wir machen doch allerhand zusammen, und ich würde mich sehr freuen, wenn du auch mal mit mir meditierst. Ich bin doch wirklich für dich da.» Er ist der Meinung, daß er Liebe für Hanna empfindet und ihr dies auch zeigt. Er erzählt davon, daß er in den letzten beiden Jahren einige neue Dinge entdeckt habe, und dazu gehöre Meditation und Selbsterfahrung. Er versichert, daß Sex für ihn sowieso kaum eine Rolle spiele (was sie ja daran sehen könne, daß er auch mit ihr kaum noch schlafe) und er deshalb auch nicht im Sinn habe, sich auf andere Frauen einzulassen.

Horst fühlt sich unverstanden und von seiner Frau ungerecht behandelt. Er wirkt mit seinen Äußerungen halb überzeugend, halb drängt sich der Eindruck auf, daß er sich zurückhält. In seiner Stimme klingt Schuld und Trotz zugleich und beim Thema Sex und Frauen kommt Farbe in sein etwas blasses Gesicht.

Die beiden sind seit mehr als zwanzig Jahren verheiratet und sich in dieser Zeit nicht gleichgültig geworden. Trotzdem hängen sie an diesem Punkt fest. Hanna greift an, und Horst verteidigt sich recht und schlecht. Jeder ist überzeugt, den anderen zu lieben und hat doch das Gefühl, der andere liebt ihn nicht. Es sieht so aus, daß sie verschiedene Dinge meinen, wenn sie von ein- und demselben sprechen - von Liebe. Betrachten wir also, was Liebe für sie bedeutet.

Ich fordere Hanna auf, eine ganz positive Phantasie zu entwickeln, in der all das geschieht, was sie sich wünscht. Während sie ihren inneren Bildern nachgeht, entspannt sich ihr Gesichtsausdruck. «Er kommt nach Hause und nimmt mich in den Arm, dann sitzen wir zusammen und erzählen uns, was den Tag über geschehen ist. Dann gehen wir aus, erst ganz toll essen und dann tanzen. Er schaut mich oft an und sagt mir, daß er mich liebt. Dann bringt er mich nach Hause und schläft zärtlich mit mir. Wir schlafen aneinandergekuschelt ein.» Mit einem sehnsüchtigen kleinen Seufzer öffnet Hanna die Augen und kehrt in die Realität zurück.

Ihre Bilder geben uns Aufschluß darüber, was sie unter Liebe versteht und woran sie merkt, daß und ob Horst sie liebt:

- wenn er gerne was mit mir unternimmt (1)
- wenn er mich sieht und wahrnimmt (2)
- wenn er mit mir schläft und zärtlich mit mir ist (3)
- wenn er mir treu ist (4)
- wenn er sich um mich kümmert und für mich da ist (5)

Über die Schilderung der Phantasie und die Betrachtung der Merkmale von Liebe ist Hanna traurig geworden. Es ist eine alte Traurigkeit, die ihr aus einer anderen Phase ihres Lebens vertraut ist. Sie fühlt sich an die Zeit erinnert, als sie ein Mädchen von sechs Jahren war. Damals hat sie ihren Vater sehr geliebt und hätte so gerne alles mögliche mit ihm unternommen. Er war aber in seine Arbeit eingespannt und «hatte nie richtig Zeit für mich». Hannas Körper und Stimme zeigen den gleichen Ausdruck, mit dem sie sich zuvor an Horst gewandt hatte.

Wiederum soll Hanna jetzt eine Phantasie entwickeln, diesmal mit dem Vater als Beziehungspartner. «Wir spielen ganz viel miteinander (1) und wenn er nach Hause kommt, dann bringt er mir immer was Schönes mit (2). Er balgt auch gerne mit mir (3) und zeigt mir alles, was ich noch nicht kenne (5). Er ist ein toller Vati, weil er mich mag und Zeit für mich hat» (4).

Anhand der eingeklammerten Zahlen lassen sich die Entsprechungen zwischen Hannas Liebesbegriff und ihren Kindheitserlebnissen verdeutlichen. In ihrem Innersten hat Hanna die gleichen Erwartungen und Wünsche an ihren Mann, die sie auch an ihren Vater hatte. Während der 25jährigen Ehe der beiden ist das - vor allem wegen der Kinder - aber noch nie so deutlich geworden wie jetzt, da die Kinder aus dem Haus sind und Hanna nicht mehr für andere sorgen muß. Sie erwartet nun von Horst, daß er sie glücklich macht und ihr all das gibt, was sie braucht: Zärtlichkeit, Abwechslung und Unterhaltung. Sie selbst ist aber passiv, auch was ihre Sexualität angeht. Die Liebe ihres Mannes mißt sie daran, ob er für sie da ist und ihr gibt, was sie braucht und wonach sie verlangt. Ihr Ideal von Liebe ist *zu bekommen*.

Dieses Bild von Liebe, *jemand liebt mich, wenn er mir gibt* entspringt der Realität eines Kindes, das auf die Zuwendung bestimmter Menschen seiner Umgebung angewiesen war. Es drückt die Erwartung und auch die Abhängigkeit aus, in der sich die kleine Hanna einmal befand. In das Leben eines erwachsenen Menschen paßt diese Vorstellung nur bedingt. Bevor wir den 'Zusammenhang Liebe' genauer analysieren, betrachten wir die Situation von Horst.

Horst - lieben müssen

In den gemeinsamen Sitzungen mit seiner Frau ist Horst nicht erreichbar. Deshalb arbeite ich einzeln mit ihm weiter. Sofort ändert sich seine Haltung, er wird offener. Ich begleite ihn ebenfalls in die Welt seiner Phantasien, wo er seiner idealen Vorstellung von der Liebe begegnet. Seine Phantasie-Partnerin «ist daran interessiert, was ich für neue Entdeckungen mache. Sie geht mit mir in den Dschungel und gemeinsam bestehen wir aufregende Abenteuer und lernen eine Menge Leute kennen. Sie ist eine starke und lebendige Persönlichkeit, die auf eigenen Füßen steht und unabhängig von mir ist und mich nicht anders haben will».

Horst hat in der Phantasie all das umgekehrt, was ihn im wirklichen Leben an seiner Partnerin stört. Seine Wunsch-Frau ist interessiert, mutig, kontaktfreudig, stark, unabhängig und läßt ihn so, wie er ist. Als er von ihr träumt, hat er ein sanftes, wohliges Lächeln auf den Lippen und wirkt sichtlich entspannt und zufrieden. Ihr Verhalten ist dem von Hanna und auch einer anderen Frau, mit der er die erste Liebesbeziehung seines Lebens hatte, entgegengesetzt: seiner Mutter.

Horst hat in seiner Kindheit mit Liebe eigene Erfahrungen gemacht. Er stand unter dem Erwartungsdruck seiner Mutter, die ständige Liebesbeweise von ihm forderte. Er sollte 'ihr Junge' sein und in seinem Verhalten und seinen Leistungen beweisen, daß er ihren Forderungen nachkommen konnte. Dann war er es wert, von ihr geliebt zu werden. Hinzu kam, daß Horst im Alter von etwa neun Jahren seinen Vater verlor. Er übernahm in der Familie mehr und mehr dessen Stellung und damit auch viel Verantwortung, zuviel für ein Kind seines Alters.

Liebe wurde für ihn etwas, *das man zeigen muß, das man beweisen muß* und *das viele Opfer verlangt.* Als Horst von diesem Abschnitt seines Lebens berichtet, wirkt er gedrückt und niedergeschlagen. Sein Atem ist flach, seine Brust sinkt kraftlos zusammen. Als ich ihn darauf hinweise, berichtet er von der Enge, die wie ein Ring um sein Herz liege, ein Gefühl, das ihm sehr vertraut sei.

Liebe und Verzicht auf die eigenen Bedürfnisse gehören seit den Tagen der Jugend für Horst zusammen. Er erfüllt seine Pflichten als Ehemann und Familienvater treu bis zu dem Zeitpunkt da die Kinder aus dem Haus gehen und damit ein großer Druck von ihm abfällt. Diese Gelegenheit nutzt er und bringt neue Dinge in sein Leben, zum Beispiel Meditation.

Wenn wir den Liebesbegriff von Horst und Hanna vergleichen, dann spiegelt sich darin sowohl ihre Ehe- als auch ihre Kindheitserfahrung:

Hanna braucht jemanden, der sich um sie kümmert und für sie da ist, jemanden wie Horst. Wenn er sich kümmert, geht ihr Herz auf, denn sie erkennt seine Liebe darin. Horst braucht jemanden, für den er sorgen kann und für den er verantwortlich ist, jemanden wie Hanna. Wenn sie sich an ihn lehnt, geht sein Herz auf, denn er kann seine Liebe in seiner Sorge für sie ausdrücken. Diese Bedürfnisse passen zusammen, sie haben die beiden einst als Partner zueinander geführt und ihr Verhalten und ihre Erfahrungen miteinander bestimmt. Das empfindliche Gleichgewicht ist erst durch den Auszug der Kinder ins Wanken geraten.

Hanna will jetzt noch mehr von Horst, er soll ihr mehr geben. Er soll seine Liebe noch mehr beweisen, soll mehr Verantwortung an einem Punkt übernehmen, wo er gerade einmal verschnaufen wollte. In Horst entsteht Trotz und versteckter Widerstand. Da er sich nicht traut, offen 'Nein'zu sagen und die Grenzen seiner Bereitschaft klarzumachen, flüchtet er in Halbwahrheiten und macht sich schwer erreichbar. Unter der Drohung der Trennung streitet er auch sein sexuelles Interesse an anderen Frauen ab.

Die Beziehung ist an einem kritischen Punkt angelangt. Noch ist Liebe da, die Zerstörung durch das Beziehungsspiel 'DU' steht erst am Anfang. Doch der Kampf hat bereits begonnen. Forderungen und Abwehr prallen aufeinander. Aber auch hier liegt die Auflösung des Konfliktes in einem Lernschritt, den jeder der Partner für sich machen muß. Sicher kann der andere dabei einen gewissen Einfluß ausüben, er kann unterstützen oder auch dagegenhalten. Trotzdem kann Horst nicht für Hanna und sie nicht für ihn auf neue Weise handeln und damit auch neue Erfahrungen machen.

Als Kind konnte Hanna an ihrer abhängigen Situation nicht viel ändern und war auf Jammern und Betteln angewiesen, da ihr Vater, wenn überhaupt auf etwas, dann nur darauf reagierte. Als die 48jährige Frau, die sie heute ist, macht sie sich auf diese Weise aber nicht nur abhängig von der Aufmerksamkeit ihres Mannes. Darüber hinaus zerrt und jammert sie solange an ihm herum, macht ihm solange Vorwürfe und wirft ihm soviele Forderungen und Erwartungen hinterher, daß er sich mehr und mehr unerreichbar für sie macht, denn er ist ihr 'eh nie genug' und macht 'ja doch nie etwas richtig'.

Hanna erkennt diese Zusammenhänge und beginnt mit der Aufarbeitung ihrer Kindheitserfahrungen. Gleichzeitig läßt sie sich in der Folgezeit auf viele neue Dinge in ihrem Leben ein. Sie übernimmt mehr Verantwortung für sich und geht auch ohne ihren Mann aus. Nach und nach nimmt sie den Druck von ihm und gibt ihm Freiraum für alles, was ihm Spaß macht. Schließlich ist ihr

Selbstvertrauen sogar stark genug, ihrem Mann den einen oder anderen Seitensprung zu erlauben.

Dieser genießt seinen Freiraum und öffnet sich wieder mehr für Hanna. Er entdeckt im Verhalten seiner Frau, daß sie ihn nicht nur wegen seiner Treue und der Pflichtbewußtheit eines Ehemannes liebt. Gleichzeitig steht er mehr für sich und seine Bedürfnisse ein und lehnt ab, was ihm an Verantwortung zuviel ist. Sein Herz braucht sich jetzt nicht mehr vor Hanna zu schützen, es öffnet sich. Hanna und Horst lernen neu, was Liebe für sie sein kann, wenn sie vom Zusammenhang *sorgen* und *versorgt werden*, *brauchen* und *gebraucht werden* befreit ist: teilen.

Im Beispiel von Hanna und Horst wird deutlich, wie die kindlichen Erfahrungen unseren Begriff von Liebe prägen. Als Kinder liebten wir unsere Eltern, weil:
– sie für uns da waren
– sie für uns gesorgt haben
– sie uns Sicherheit und Vertrauen gaben
– sie uns beschützten
– sie uns halfen, die Welt zu verstehen
– sie zärtlich zu uns waren.
– sie uns bei unserer Entwicklung unterstützten

Als Kind haben wir die Menschen geliebt, die offen für uns waren und die uns gegeben haben, was wir brauchten. Andere Kriterien für Liebe kennt ein Kind nicht. Für ein Kind ist *ich liebe dich* gleichbedeutend mit *ich brauche dich.*

Wir alle haben solche individuell geformten primären Erfahrungen von Liebe, denn wir alle haben Liebe zuerst aus der Position eines Kindes kennengelernt und dabei einen Zusammenhang von Liebe, den Kontext Liebe aufgebaut. Unbewußt haben sich diese Erfahrungen eingeprägt, sie bestimmen auch heute noch unser Liebesleben.

Was ist nun Liebe? Liebe ist mehr als ein Gefühl, sie ist eine individuell verschieden geformte Erfahrung, ein Zusammenhang von Gefühlen, Erwartungen, Bedürfnissen und Erlebnissen. Wir können uns den Zusammenhang Liebe als ein

Paket vorstellen, das die Aufschrift 'Liebe' trägt. Wenn wir es auspacken, kommen allerhand Dinge zum Vorschein, die wir einmal in diesem Paket untergebracht haben. Da sind Erfahrungen, angenehme oder schmerzliche, da sind Vorstellungen, meist übernommene, da sind Ängste, meist unbewußte, da sind Hoffnungen und Gefühle und Erinnerungen.

Einige weitere Beispiele zeigen, wie wir dieses Paket gepackt haben, wie die grundlegenden ersten Liebes-(und Lebens)erfahrungen den Kontext Liebe entstehen ließen und wie er sich auf unser heutiges Leben auswirkt.

Inge - Liebe verdienen

Inge kommt zur Gruppe, weil sie wieder einmal kurz vor dem Ende einer (Ehe)Beziehung steht. Sie möchte wissen, «wieso gerade mir das immer wieder passiert und wie ich da rauskommen kann». Es geht ihr gar nicht um den konkreten Partner, gar nicht darum, gerade diese Beziehung zu retten. Sie hat begriffen, daß ihr eigenes Verhalten sie immer wieder an diesen Punkt führt, kann aber nicht erkennen, wie sie das macht. Sie ist verzweifelt und aufgewühlt, weil alle ihre Bemühungen, eine gute Partnerin zu sein, immer wieder fehlschlagen.

«Ich war doch immer da für ihn, habe alles getan, damit es gemütlich für uns wird, und ich versteh nicht, warum er jetzt schon gehen will, wo wir doch noch gar nicht richtig zusammen waren. Was soll ich denn noch tun, ich fühl mich so verlassen.» Diese Worte von Inge zeigen, wie es in ihr aussieht. Gemeinsam suchen wir nach ihrem Begriff von Liebe, nach den geheimen und verborgenen Zusammenhängen, die ihre Erfahrungen von Liebe gestalten und auf denen sie ihre Beziehungen aufbaut.

Ich nehme direkt Kontakt zum 'Inneren Kind' von Inge auf, das sich in ihren Erinnerungen und Gefühlen zeigt. Dieses Kind sagt mir, daß *es Liebe gar nicht gibt oder nur, wenn man sich dafür anstrengt.* Inges Eltern hatten ihre Zuwendung an ein bestimmtes Verhalten des Kindes gekoppelt und ihr erst dann etwas gegeben, wenn sie klug, strebsam und fleißig war. Für Fehlleistungen wurde sie durch Mißachtung und Kommentare wie 'dafür bist du wohl zu dumm' gestraft. Ihr kindlicher Spieltrieb und ihre natürliche Albernheit wurden kommentiert mit 'blöd' und 'du bist wohl nicht ganz richtig im Kopf'. Da Inge die Liebe ihrer Eltern brauchte, ging sie, so gut sie konnte, auf deren Bedingungen ein und war im Alter von sieben Jahren schon eine kleine, altkluge Erwachsene, 'vernünftig' und emotional distanziert.

Liebe ist für Inge seitdem etwas, *das es gar nicht gibt oder nur, wenn man sich anstrengt.* Inge widmet ihren Beziehungen viel Aufmerksamkeit, sie ist eine verständnisvolle und anspruchsvolle Frau, die mit großem Aufwand versucht, ein 'erwachsenes' Verhältnis zu ihren Partnern aufzubauen. Darunter versteht sie, 'alberne Gefühle' aus dem Kontakt herauszuhalten.

Ihre Partner waren alles Menschen einer ganz bestimmten Art: leistungsorientiert, gefühlsdistanziert, vernünftig und damit Kopien ihres Vaters. Ein Mensch, der von Liebe glaubt, daß es sie nicht gibt oder nur, wenn man sich dafür anstrengt, wird sich genau die Menschen für sein Liebesleben und seine Partnerschaften aussuchen, bei denen es nicht viel Liebe gibt, und wenn überhaupt, dann nur, weil man sich anstrengt. Genau diese Art von Menschen haben Inge schon damals (als Vater) eine natürliche Liebe verweigert und tun es auch heute (als Liebhaber) noch.

Sie lieben sie nicht um ihrer selbst willen, sondern ihrer Leistungen und Dienste wegen. Sie beuten Inge aus. Solange Inge diese Zusammenhänge nicht erkennt, versucht sie, in Beziehungen die ihr bisher verweigerte Anerkennung 'zu verdienen'. Sie will die seelische Wunde heilen, die ihr zugefügt wurde und endlich bekommen, was ihr zusteht. Inge läuft den Männern hinterher, die sie ablehnen und sucht deren Anerkennung.

Etwas Neues kann aber nur mit Männern gelingen, die eine Frau um ihrer selbst willen lieben. Um neue, andere Erfahrungen von Liebe zu machen, muß sie sich auch andere Männer suchen und die Auswahl ihrer Partner nicht dem Unbewußten, dem Inneren Kind, überlassen. Dabei steht sie sich allerdings selbst im Wege, denn dieses Kind glaubt nicht an sich. Es ist überzeugt, dumm und unwert zu sein und keine besseren Männer zu verdienen. An eine andere Sorte von Männern wird Inge sich deshalb erst heranwagen, wenn sie sich selbst nicht mehr auf die gleiche Weise beurteilt und abwertet, wie es ihre Familie tat.

Die Lösung für ihr Problem mit Männern liegt in ihrem Verhältnis zu sich selbst. Wenn es ihr gelingt, Liebe und Achtung für sich selbst zu entwickeln, wird sie es nicht mehr nötig haben, nach jemandem zu suchen, durch dessen Zuwendung sie wertvoll wird.

Nachdem Inge in den ersten Sitzungen ihrem Inneren Kind in seiner dunklen Erscheinung (traurig, allein) begegnet ist, macht sie eines Tages die Bekanntschaft des Hellen Kindes, das sie auch einmal war, das sie aber völlig vergessen hatte. Sie sieht sich als fröhliches und aufgewecktes Kind im Vorschulalter, als sie noch nicht so sehr unter dem starken Leistungsdruck der Eltern stand. Dieses Kind ist einfallsreich und hat eine Menge verrückter Dinge im Sinn. Es ist außerdem spontan, auf eine schöne Weise unvernünftig und hat die außerordentliche Fähigkeit, aus sich selbst heraus zufrieden zu sein.

Von diesem Hellen Kind (dem Teil ihrer Gefühle und ihrer Verspieltheit, von dem sie sich bisher distanzierte, weil er keine Anerkennung fand) ist sie begeistert, es fällt ihr leicht, es zu lieben. Von ihm läßt sie sich jetzt in ihrem Alltag und ihren Beziehungen beraten. So kam es, daß Inge eines Morgens in ein Reisebüro ging und spontan eine Reise nur für sich buchte. Von ihren Freunden wird sie als zunehmend frech und lebendig geschildert. Von ihrem Partner hat sie sich inzwischen getrennt. Er hat ihre Veränderung bedauert und sie auf dem neuen Weg nicht begleitet. Leichten Herzens hat sie ihn und alle vorherigen Enttäuschungen hinter sich gelassen, denn diese Männer wollten von ihr profitieren, sie konnten ihr nicht (Seelen)Partner sein.

Wenn wir uns von den Dingen befreien wollen, die in dem Paket Liebe zusammenkommen und die dort nicht hineingehören, müssen wir - wie Inges Beispiel zeigt - das Paket öffnen und den Inhalt sortieren. Zuerst müssen wir den Kontext Liebe begreifen, erst dann können wir uns bewußt für einen anderen Kontext entscheiden. Dabei können uns drei weitere Beispiele helfen:

Kurt - Liebe und Leid

Kurt ist ein 35jähriger Lehrer, der zur Beratung kommt. Er hat ein zerfurchtes Gesicht und schaut mich aus traurigen Augen an, als er von der Beziehung zu seiner Frau erzählt:

«Eigentlich sind wir sehr verschiedene Menschen. Sie macht am liebsten ihren Kram, und da habe ich keinen Platz drin. Wir mögen uns schon noch, aber ich bin nicht zufrieden. Ich glaube, ich bekomme zu wenig. Ich denke immer, daß ich mich damit abfinden muß, und sage mir, anderen geht es bestimmt nicht besser. Ich habe das Gefühl, daß sie mich eigentlich gar nicht braucht und habe Angst, daß sie mich verläßt. Deshalb versuche ich auch immer wieder, ihr etwas zu geben, was sie bei mir hält, auch was das Sexuelle angeht. Dabei bin ich ständig mißtrauisch und unsicher, ob sie bleibt. Ich versteh auch gar nicht, wieso ich mich so nach ihr richte. Ich trau mich einfach nicht zu was anderem. Ich kann überhaupt nicht vertrauen, nicht mal mir selbst. Ich glaube, daß, wenn ich jemandem vertraue, ich auf jeden Fall beschissen werde.»

Man sieht Kurt diese Überzeugung an. Sein ganzes Wesen wirkt zusammengezogen und geduckt, sein Kopf ist in die Schultern gezogen. Kurt bemüht sich, die Beziehung zu seiner Frau zu erhalten oder zu verbessern. Obwohl er nicht zufrieden ist, gibt er ihr weiterhin Aufmerksamkeit in der Hoffnung, daß es eines Tages besser wird und seine Sehnsucht nach Nähe und Zärtlichkeit sich erfüllt.

Mit einem Auge schielt er dabei auf seine Frau und ihre Reaktionen. 'Bleibt sie, ist sie zufrieden?' Obwohl er sich nicht derart nach ihr richten möchte, verhindert sein Mißtrauen und die Überzeugung, auf jeden Fall 'beschissen' zu werden, daß er sich unabhängiger macht. Sein Verstand sagt: *mach was für dich, kümmer dich nicht soviel um sie,* von seinem Gefühl erhält er aber eine andere Botschaft: *halt durch, geh auf Nummer sicher, gib ihr, sonst verlierst du sie.*

Kurt ist verwirrt. Gefühl und Verstand stehen sich gegenüber, ziehen in verschiedene Richtungen und verursachen starke innere Spannungen. Eine Auflösung kommt in Sicht, als am Ende einer Phantasiereise Bilder für seinen nächsten Lernschritt auftauchen.

Kurt sieht in dieser Phantasie zwei Gegenstände, die er als Geschenk mitnehmen soll: ein Herz und ein Kreuz. Er darf aber nur beide Dinge zusammen mitnehmen. Kurt kann mit den Bildern zunächst nichts anfangen, doch als wir nach seinem Begriff von Liebe forschen, wird ihm sein Kontext Liebe bewußt, der sagt: *Lieben heißt Leiden.* Das Herz smybolisiert Liebe, das Kreuz symbolisiert Leid. Kurt glaubt unbewußt, daß beides zusammengehört und man Liebe durch Leid verdienen muß. In der folgenden Zeit taucht der Erlebnishintergrund dieser Überzeugung auf.

Als er ein kleiner Junge war, ist seine Mutter, die er sehr liebte, für längere Zeit ins Krankenhaus gekommen. Sie hat ihm versprochen, auf jeden Fall wiederzukommen, ist aber an den Folgen einer Operation gestorben. Kurts Vertrauen hatte damit einen Bruch erlitten, denn er konnte nicht verstehen, wieso sich seine Mutter nicht an ihr Wort hielt und ihn derart enttäuschte. Sein Vater gab ihn dann für einige Jahre zu Verwandten, christlichen Leuten, die das Kind streng nach katholischem Glauben erzogen.

Jetzt vermißte der kleine Kurt beide Eltern, und der Glaube wurde zum Anker, an den er sich klammerte. Er verinnerlichte die christlichen Überzeugungen, daß Gott uns Leid schickt, um unsere Liebe zu stärken und wir unser Schicksal in Demut ertragen müssen, um unsere Schuld abzutragen. Wenn Kurt heute etwas sehr Schönes in seinem Leben erlebt, fühlt er sich schuldig und hat «ein richtig schlechtes Gewissen, mal glücklich zu sein».

Kurt erkennt in der Folgezeit viele seiner Konditionierungen und macht sich von ihnen frei. Er hört auf damit, zu hoffen und geduldig zu erwarten, daß es eines Tages besser wird, sondern nimmt sein Leben in die Hand. Er beginnt, sich selbst zu vertrauen und seine Bedürfnisse ernst zu nehmen, schafft neue Kontakte und Freundschaften und wird unternehmenslustig. Bisher hatte er nicht gewagt, etwas für sich zu unternehmen, da er tief innen davon überzeugt war, 'auf jeden Fall beschissen zu werden'. Als seine Frau die Wandlung bemerkt, bekommt diesmal *sie* Angst, verlassen zu werden und wendet sich ihm wieder mehr zu.

In den neuen Erfahrungen, die Kurt macht, löst sich langsam der Kontext von Liebe und Leid auf, und Kurt beginnt zu glauben, daß der Sinn seines Daseins auf dieser Welt darin besteht, auf seine Art glücklich zu sein und nicht darin, die Erbsünde abzutragen.

Eva - zumachen

Eva und ihr Freund kommen gemeinsam in die Beratung. Sie empfindet keine Liebe mehr für ihn und ist eigentlich nur deshalb mitgekommen, weil sie selbst nicht versteht, wo die Liebe für ihren Freund geblieben ist. Von einem Tag auf den anderen hat sie entdeckt, daß er nicht der Mann für sie ist und hat ihn vor die Tür gesetzt.

Eva erzählt: «Es war sehr schön mit uns. Er hat in einer anderen Stadt gewohnt, und wir haben uns oft getroffen. Das ging über ein Jahr lang gut. Er hat dann den Wunsch bekommen, näher bei mir zu sein und in meine Stadt zu ziehen. Zuerst habe ich nichts dagegen gehabt, obwohl mir bei der Vorstellung auch mulmig geworden ist. Er hat dann eine Wohnung gefunden und bis er da rein konnte, ist er für zwei Wochen zu mir gezogen. Wir waren noch nie so nahe miteinander, und je näher wir uns kamen, desto unheimlicher wurde mir das alles. Irgend etwas hat sich da in meiner Brust zusammengebraut, und ich hab auch meine Nierenschmerzen wiederbekommen, die ich früher öfter hatte. Die waren ziemlich heftig, und ich hab die Überzeugung bekommen, daß es nicht gut für mich ist, so eng mit ihm zusammenzuleben, wenn ich so heftige Schmerzen bekomme. Es war so, als ob sich mein Körper dagegen wehrte.»

Eva rutscht auf ihrem Stuhl hin und her, ihr Gesichtsausdruck wechselt zwischen Entschlossenheit und Verwirrung, ihr Blick ist manchmal seltsam leer.

«Dann war plötzlich die Entscheidung in mir: ich will nicht mehr, das geht nicht gut. Ich hab ihn dann gebeten, auszuziehen und mich nicht mehr zu sehen, und das ist auch jetzt noch so, obwohl ich mit hierher gekommen bin. Aber das tu' ich hauptsächlich seinetwegen, weil es ihm seitdem so schlecht geht.»

Eva hat die Verbindung zu ihrem Freund plötzlich und ohne für ihn erkennbaren Grund abgeschnitten. Ihre körperlichen Symptome, Druck in der Brust und Nierenschmerzen, interpretiert sie als Warnung davor, die Beziehung fortzusetzen. Sie kann ihr Verhalten nicht erklären, hat aber die Bereitschaft, einmal nachzuschauen, was hinter ihrer Reaktion verborgen liegt. Gemeinsam forschen wir in Evas Körper nach den Zusammenhängen, in denen ihre Nierenschmerzen und die Beklemmungen in der Herzgegend stehen, die sie in den zwei Wochen gemeinsamen Wohnens mit ihrem Freund erlebte.

Eva geht zurück in das Alter von fünf Jahren und erlebt den Auszug ihres Vaters aus dem elterlichen Haushalt. Der Vater verabschiedet sich von ihr und sie steht verlassen da, ist 'irgendwie geschockt' und fühlt kaum mehr als dieses dumpfe Gefühl ums Herz. In der Zeit danach fehlt ihr der Vater, den sie sehr liebte, aber niemand aus der Familie will ihr sagen, wo sie ihn finden kann. Sie fragt, bekommt auf ihre Fragen keine Antwort, dafür aber Blasen- und Nierenschmerzen und wird krank. Eva erlebt den Schmerz der Trennung, ihre Sehnsucht von damals und auch den Punkt, als sie sich schließlich in ihrem Schmerz entschließt, *nie mehr wieder einem Mann zu vertrauen.*

Ihr Kontext Liebe sagt ihr von nun an, daß *wenn man jemanden wirklich liebt, der einen doch verläßt.* Seit diesem Ereignis bedeutet Liebe für Eva mehr, als mit jemandem nahe zu sein und ihr Herz zu öffnen. Die Erwartung eines Schocks gehört ebenfalls dazu und begleitet sie. Das Herz zu öffnen bedeutet gleichzeitig, irgendwann vom Geliebten verletzt und verlassen zu werden.

Genau an diesem Punkt war sie mit ihrem Freund - ihr Herz wirklich und ganz zu öffnen. Er war bereit, sich tiefer auf sie einzulassen. Einen Vorgeschmack auf diese Nähe hat sie in den zwei Wochen bekommen, in denen er bei ihr wohnte. Die Liebe zwischen beiden hatte sich vertieft. Gerade dadurch aber ist die verborgene Angst, verlassen zu werden, aktiviert worden. Kurz bevor sie ihr Herz ganz öffnet, sozusagen am Rand der Klippe, macht Eva jedoch den Rückzieher und schneidet sich von den Gefühlen ab, die Liebe für sie mit sich bringt und entschließt sich erneut dafür, 'nie mehr wieder einem Mann zu vertrauen'.

Das Erlebnis in der Sitzung hat Folgen für Eva. Sie hat durch das Bewußtwerden der weit zurückliegenden Ereignisse den Schlüssel zu ihrem Herzen wieder gefunden. Zögernd und sehr vorsichtig nimmt sie erneut Kontakt zu ihrem Freund auf, der viel Verständnis für ihre Angst zeigt und ihr Zeitraum und Tempo der Annäherung überläßt.

In den Monaten danach macht sie noch viele Ängste durch und erlebt ein längst verdrängtes Stück ihrer Kindheit erneut. Auch in ihrem Körper verändert sich etwas. Sie findet eines Morgens einen kleinen Stein im Urin, der sich von selbst gelöst hat. Ein weiterer Stein, den der Arzt feststellt, folgt Wochen später ebenfalls von selbst. Eva hat eine Angst losgelassen, die in ihren Nieren schon zu kleinen Steinen geronnen war. Durch ihre Bereitschaft, es wieder mit ihrem Freund zu versuchen, hat sie gleichzeitig ihren Kontext verändert, denn sie glaubt jetzt nicht mehr, daß 'wenn man jemanden wirlich liebt, der einen doch verläßt'. Mit ihrem Freund erfährt sie, daß es nicht in Schmerz enden muß, wenn sie ihr Herz öffnet und jemandem vertraut.

Evas Beispiel zeigt die körperlichen Aspekte unserer emotionalen Konflikte und Spannungen. In ihrer unbewußten Angst vor dem Lauf der Dinge ließ sie auch den Dingen nicht mehr ihren Lauf, sondern hat ihre Gefühle festgehalten. Gefühle sind Bewegungen im Inneren, die nach außen wollen (e-motion). Wenn wir ihnen den natürlichen Fluß gestatten, verändern sie sich ständig und fließen durch uns durch. Dann erleben wir zwar auch Schmerz, aber dieser verhärtet sich nicht zu einem langwierigen Leiden.

Das Festhalten der Gefühle bedeutet auf der körperlichen Seite Festhalten und Verkrampfen bestimmter Muskeln und Organe, die dann ihre natürlichen Aufgaben nicht mehr erfüllen können. Blase und Nieren haben die Aufgabe, flüssige Stoffe zu verarbeiten und schädliche Stoffe auszuscheiden, also alles Bewegliche loszulassen. Eva hatte ihren Schmerz festgehalten, nicht durch sich fließen lassen und damit nicht 'ausgeschieden'. Er blieb in Form von Steinen in ihrem Körper konserviert. Jahre zuvor war Eva einmal in einer ähnlichen Situation sogar mit Nierenkoliken ins Krankenhaus gekommen. Sie hat dann den seelischen Schmerz, den zu spüren sie vermeiden wollte, auf der körperlichen Ebene ertragen müssen.

Die Beispiele von Inge, Kurt und Eva zeigen, wie sehr unser Begriff von Liebe von der Vergangenheit geformt ist und wie sehr dieser Begriff in unsere Liebesbeziehungen eindringt. Dabei spielen die Erfahrungen mit unseren Eltern eine außerordentliche Rolle, denn schließlich waren diese die ersten Liebhaber in unserem Leben. Zu ihnen haben wir eine tiefe Liebe empfunden, die auch von stark körperlich-sexuellen Aspekten bestimmt war. Sie haben mit uns geschmust, haben uns getragen, mit uns gebadet, uns geküßt, waren zärtlich und erotisch zugleich. Sie waren in den ersten Monaten und Jahren unsere ganze Welt, hatten die Macht zu geben und zu nehmen, uns glücklich zu machen oder uns leiden zu lassen.

Aber nicht nur der Kontakt zu den Eltern spielt eine Rolle für unsere Beziehungsfähigkeit. Von großem Einfluß ist das erste Ereignis in unserem Leben, das uns in Berührung mit anderen Menschen bringt: die Geburt.

Bob - getrennt sein

Bob ist im Trennungsschmerz, seine Freundin hat sich von ihm getrennt. Er erzählt die Geschichte ihrer Verbindung, die nur wenige Monate dauerte. Bob läßt sich schwer in den Sessel fallen, seine Stimme zittert, und er muß sich zusammennehmen, um nicht zu weinen.

«Eigentlich wollte ich erst mal nur eine Nacht mit ihr verbringen, ich war an dem Tag auch ein bißchen einsam. Erst nachdem wir ein paar Mal zusammen waren, hat etwas in mir 'klick' gemacht, ich konnte das richtig einrasten spüren. Carla wollte eigentlich wieder nach Australien fahren, hat sich dann aber entschieden, wegen mir hierzubleiben. Als sie mir das erzählte, hab ich erst mal geschluckt und gedacht, oh je, jetzt ist es soweit, jetzt ist wieder jemand da, dem ich verpflichtet bin, dem es was ausmacht, wie ich bin und wie ich mich verhalte. Mir ist dann schon mal eng geworden, von wegen was dann alles anfing. Urlaubspläne, Freizeit, Treue, Sex. Bei mir zum Beispiel ist das mit dem Sex ziemlich abgeflaut nach 'ner Weile, aber sie wollte mehr. Sie war dann frustriert. Ich sollte doch hundertprozentig auf sie stehen, sie vermissen, wenn sie nicht da ist, sollte niemand anderen mehr im Kopf haben.

Wir waren auch schon bald sehr vertraut, eine ziemliche Vertrautheit hat sich da aufgebaut. Doch da war auch Angst, daß sie mich erdrückt, daß es nicht so leicht bleibt wie es ist, ich war halt auch skeptisch. Ihr Druck auf mich hat dann zugenommen, je mehr ich mich auch durch bestimmte Handlungen von ihr entfernte. Die Nacht, wo ich mit Angelika, einer anderen Frau, geschlafen habe, war so etwas, wo ich ihr eigentlich nur ein paar Grenzen klar machen wollte. Ich glaube, das hat was in ihr zerbrochen.»

Bobs Zustand wechselt von Momenten heftiger innerer Aufruhr zu Augenblicken von Klarheit und Ruhe. Dann wieder treibt ihm eine Welle emotionalen Drucks Tränen in die Augen.

«Sie ist in der Zeit sehr krank geworden und ich hab mich dann um sie gekümmert. Die Krankheit hat vieles noch deutlicher gemacht. Sie wollte halt, daß ich ihr Mann bin, und das hat ja dann auch Konsequenzen. Das hat mich richtig an meine Mutter erinnert, die hat mich ja auch zu allem Möglichen verpflichtet, bestimmte Gefühle nicht zu zeigen, so und so zu sein, eine ganze Latte von Bedingungen. So wie ich war, das haute halt für sie nicht hin, das hat nicht genügt. Mit Carla wurde es auch immer mehr so. Was mich am Anfang so begeistert hat, war die Atmosphäre, in der ich total aufgegangen bin, wo alles von mir einfach da sein konnte, wo ich stundenlang erzählen konnte. Es war wie ein warmes Bad gewesen. Jetzt wurde es immer mehr so, daß ich etwas erfüllen mußte. Ihr meine ganze Aufmerksamkeit geben, alles an ihr toll finden, viel mir ihr schlafen und mich ganz für sie entscheiden.

Wir waren nicht mehr einfach Leute, die miteinander sind, weil es schön ist, sie war halt plötzlich so was wie meine Freundin und ich ihr Freund. Ich konnte ihre Erwartungen aber gar nicht erfüllen. Sie war die ganze Zeit über unterschwellig unzufrieden mit mir. Wir hatten mal eine Auseinandersetzung, da hatte sie einiges an mir auszusetzen. Also, ich war ihr zu langweilig, ihr nicht genug, nicht hundertprozentig genug. Eines Abends sind wir dann essen gegangen, und da hat sie mir gesagt, daß da etwas mit einem Arbeitskollegen ist, den sie sehr mag. Zwei Tage später hat sie mich dann angerufen und mir gesagt, daß es vorbei ist, daß sie jetzt mit 'nem anderen ist. Das ist mir dann ziemlich in die Glieder gefahren.»

Bob kommt mit seiner wiedergewonnenen Freiheit nicht zurecht, er beschreibt sich als panisch. Der Schock der plötzlichen Trennung, die ihm dazu noch durchs Telefon mitgeteilt wurde, sitzt ihm in den Gliedern. Von Liebe sagt er: «wenn man liebt, dann muß man sich auf einiges gefaßt machen». Bob ist in seinem Empfinden gespalten. Auf der einen Seite sind Gefühle von Panik und Entsetzen, die er nicht versteht, auf der anderen Seite ist sein Verstand, der einsieht, daß auch er diese Beziehung *so* nicht wollte. Sein Lernschritt besteht momentan darin, mit der Trennung klarzukommen und die dabei aufkommenden Gefühle ans Tageslicht kommen zu lassen und zu regulieren.

Die Trennung von einem geliebten Menschen ist ein tiefer Einschnitt in Seele und Gefühle, der sich auch in körperlichen Reaktionen niederschlägt. Bob kann seine Panik als das Bedürfnis spüren, sich zusammenzuziehen und zu verkriechen. Über diese Körperdynamik leitet sich in der Einzelsitzung ein Wiedererleben seiner Geburt ein. Bob hatte eine problematische Geburt, da er in Steißlage, mit den Füßen voran, zur Welt kam. Die Ärzte holten ihn aus der Gebärmutter, indem sie ihn an Händen und Füßen nach außen zogen, während die Wehen seinen Kopf wieder nach innen drückten. All das erlebt und fühlt er jetzt noch einmal, den Kampf und die Panik dieser Augenblicke.

Als er den Geburtskanal verlassen hat, sind seine ersten Worte 'so doch nicht' und 'das hab ich nicht verdient'. Er beschreibt später, was er in jenem Augenblick empfand.

«Um mich herum war nur noch Kummer, so was wie ein Meer von Kummer. Ich lag da wie plattgewalzt und um mich nur dieser Kummer, der sich um mich legt und alles ausmacht, was noch da ist, ausweglos, unendlich und erdrückend.»

Nach der Sitzung erzählt er, daß er die gleichen Sätze auch am Telefon zu seiner Freundin gesagt hat, als sie Schluß mit ihm machte, und zwar wörtlich. 'So doch nicht, das hab ich nicht verdient'. Er fühlt sich von der Beziehung abgeschnitten und ungerecht behandelt, denn er hatte sich ja auch sehr um sie bemüht und - vor allem während der Krankheit seiner Freundin - viel Energie in die Beziehung gesteckt.

Nach dem Wiedererleben der Geburt kann er seine Gefühle verstehen und die Panik und auch diese Sätze als Worte seines Inneren Kindes, in diesem Fall eines Babys während der Geburt, erkennen. Darüber hinaus hat er seine Gefühle ausgedrückt und damit die belastende emotional-körperliche Ladung abgebaut, die ihm als panische Angst so sehr zu schaffen machte. Er ist jetzt erleichtert und entspannter. Damit ist das Erlebnis für ihn aber noch nicht ausgestanden.

Vierzehn Tage später kommt Bob wieder, da ihm erneut etwas 'reingegangen' ist. Er hat Carla auf einer Geburtstagsfeier wiedergesehen, sie hat ihn jedoch nicht weiter beachtet. Diesmal legt er sich einfach hin, weint heftig und schon sprudelt alles aus ihm heraus. 'Das ist zuviel', 'das halte ich nicht aus' sind die zentralen Sätze, die ihm diesmal kommmen. Dann bricht er mit einem Mal alle heftigen Gefühle ab und hört für drei (!) Minuten zu atmen auf. Bob liegt völlig reglos da, als ob nur sein Körper präsent ist und sein Geist sich in eine andere Welt zurückgezogen hat.

Er beschreibt sein Erlebnis während dieser 3 Minuten später so: «Dann ging plötzlich die Luft 'raus, wie ein Ballon, der langsam die Luft verliert. Ich lag da und hatte so ein Körpergefühl wie ich mich erinnere als kleines Kind, so ein taubes, dickes, wattiges und war irgendwo. Ich kann keinen Ort dafür angeben, aber es war nicht im Körper, ich hatte auch keine Gefühle mehr, nicht traurig, nicht laut, nicht leise, nicht kalt, nicht heiß, es *war* einfach. Da wollte ich bleiben und es war einfach gut, daß alles vorbei war. Dann hab ich gemerkt, daß ich wieder zu atmen anfing und das hat mir gar nicht gepaßt, weil ich gespürt habe, wie damit alles wieder näher kam. Da war ich nicht einverstanden mit, ich wollte eigentlich nur Ruhe haben.»

Wieder hat Bob einen Aspekt seiner Geburt erlebt, diesmal einen Teil, der sich vor dem Verlassen des Geburtskanals ereignete. Die Versorgung mit Sauerstoff war abgebrochen und hatte ihn an den Rand des Todes gebracht, so weit, daß er sich schon außerhalb des Körpers in einer anderen Welt erlebt, in der er ruhig und auch ohne Gefühle ist und in der er bleiben will. Daß er schließlich in seinen Körper und ins Leben zurückkehrt, ist ihm nicht recht. Auch nach der Sitzung braucht Bob noch mehr als einen Tag, um sich wieder 'da' zu fühlen.

Nebenbei sei erwähnt, daß er in dieser Sitzung seinen Heuschnupfen verlor, eine Allergie, durch die sich auf der Körperebene sein Widerstand gegen die Welt und das Lebendigsein ausdrückte. Der Empfang und das Willkommen in dieser Welt waren im Erleben des Babys eher ein grausiges als ein freudiges Ereignis. Was blieb den Ärzten aber anderes übrig. Hätten sie nicht so einschneidend in den Geburtsvorgang eingegriffen, wäre er vielleicht erstickt.

Die Ärzte, und auch die Eltern, waren an den Ereignissen von damals nicht schuld. Ich möchte an dieser Stelle betonen, daß im Zusammenhang von Geburt und Kindheit in Begriffen wie *Schuld* zu denken, völlig sinnlos ist. Alles, was wir sagen können, ist:
- bestimmte Ereignisse sind passiert,
- wir haben auf eine ganz bestimmte, individuelle Weise auf diese Ereignisse reagiert,
- und diese Erfahrung verinnerlicht.

Wir können die Ereignisse von damals nicht ungeschehen machen. Aber wir können in ihnen unsere Reaktionsmuster erkennen und Aufschluß über unbewußte, bis heute wirksame Verhaltensweisen bekommen. Unsere Eltern haben sicher ihr Bestes gegeben, auch wenn ein anderes, 'besseres' Verhalten denkbar gewesen wäre.

Auch Bob kann die Zeit nicht zurückdrehen, aber er kann - wie sich in einer Sitzung wenig später zeigt, etwas über sich selbst lernen. Wir arbeiten auf, was aus Bobs Geschichte mit Carla noch unverarbeitet ist. Er entwickelt eine Phantasie, wie er Carla 'hundertprozentig' hätte lieben können: «Wenn sie erst einmal einfach nur bei mir geblieben wäre, ohne zuviel zu fordern.» Bei dieser Phantasie geht sein Herz auf und er erzählt viel über das Baby und den kleinen Jungen und über das, was das Kind eigentlich gebraucht hätte:

«Ihr hättet mir mehr Zeit geben müssen, es war alles viel zu schnell und zu früh. Ich wollte doch noch gar nicht da sein. Ich brauche, daß jemand da ist, ohne daß er was will. Einfach nur da sein können.» Mit diesen Worten 'einfach nur da sein können' gleitet er in eine der tiefsten Entspannungen, die er je erlebt hat. Später beschreibt er diese Entspannung: «Ich habe mich plötzlich so selig gefühlt und so aufgehoben. Wie es passiert ist, weiß ich gar nicht, ich bin einfach so da reingerutscht, da war eine sagenhafte Ruhe und ich war darin geborgen, warm und weich. Dunkel war es und irgendwie zeitlos. Ich bin da drin geschwebt und alles hat gestimmt und nichts gefehlt. Ich wußte gar nicht, daß ich so etwas fühlen kann, einfach so.»

Bob hat am Ende seiner Reise nach Innen einen Schritt zurück in die Gebärmutter gemacht und dort tiefste Entspannung und Geborgenheit erlebt. Auch diese Erfahrung hilft ihm beim Prozeß der Heilung seiner emotionalen Wunden und geburtsbedingten Konditionierungen. Er holt in dieser Entspannung nach, was ihm in den Wochen nach der Geburt verwehrt war: in der Atmosphäre völliger Geborgenheit, geschützt vor der aufdringlichen und fordernden Aufmerksamkeit seiner Mutter die Kraft zu finden, die er zum Eintritt in das Leben braucht.

Daß er jetzt dabei ist, diese Kraft in sich zu entwickeln, beweist die Tatsache, daß seine Heuschnupfen-Allergie verschwunden ist.

Am Beispiel Bob zeigt sich besonders deutlich das Wirken des Kontext Liebe, durch den er seine Liebeserfahrungen gestaltet: er lernt eine junge Frau kennen. Nachdem die beiden sich ein wenig beschnuppert haben, macht es 'klick'in ihm, und eine 'story' beginnt. Zu Anfang ihrer Bekanntschaft gewähren die beiden sich gegenseitig Freiheit und Achtung. Allmählich setzen sich jedoch die unbewußten Ängste durch und schaffen eine scheinbar neue, in Wirklichkeit aber alte, Realität. Über Liebe sagt er: 'wenn man liebt, muß man sich auf einiges gefaßt machen'. Lieben bedeutet also für ihn gleichzeitig, daß da etwas sehr Unangenehmes auf ihn zukommt. Stimmt, denn er hat sich ja eine Partnerin ausgesucht, die einiges von ihm fordert. Forderungen allesamt, denen er nicht gerecht werden kann und auch nicht gerecht werden will, denn er will sich nicht selbst aufgeben. Um das zu unterstreichen, geht er fremd, was seine Freundin stark verletzt. Dadurch kommt jetzt erst recht etwas Unangenehmes auf ihn zu: sie geht innerlich auf Distanz und verläßt ihn schließlich.

Sein Kontext Liebe, 'wenn man liebt, muß man sich auf einiges gefaßt machen', hat sich wieder einmal durchgesetzt und seine Gültigkeit bewiesen. Auf diese Weise schaffen wir die Bestätigung dessen, was wir unbewußt für die Realität von Liebe halten, immer wieder neu.

In seiner Geburt hat sich neben dem Kontext zur Liebe ein Kontext zum Leben gebildet, der zu dem von Liebe paßt. 'Das ist zuviel, das halt ich nicht aus' sind die zentralen Aussagen. Kummer ist Bobs erstes vertrautes Gefühl. Er sehnt sich nach einer Ruhe und einem Menschen, bei dem er 'einfach nur da sein kann', der nichts weiter von ihm will. Das war am Anfang seiner Story mit Carla auch der Fall gewesen, und deswegen liebte er sie. Dieser Platz und diese Freiheit, 'einfach nur da sein' zu können, ist eine Grundbedingung, wenn er sein Herz öffnen soll. Bob verliebt sich nicht oft, und wenn einmal, dann meist im Urlaub. Dann kann er sicher sein, daß keine aufreibenden Folgen aus seiner Liebe entstehen und er sich nicht 'auf etwas gefaßt machen muß'. Auch bei Carla verhielt es sich ähnlich. Als die beiden sich kennenlernten, plante Carla ja noch, nach Australien zu fahren.

Bob hat durch die schmerzhafte Trennung eine Menge über seinen Begriff von Liebe und sein Herz gelernt, nicht zuletzt deshalb, weil er das ganze Paket Liebe nach und nach ausgepackt hat. Jetzt ist ihm klar, was er braucht, um eine tiefe Herzbeziehung zu einem Menschen entwickeln zu können. «Ich darf mich einfach nicht drängen lassen. Ich muß klarmachen, daß ich Zeit brauche, und sie muß mich einfach so lassen, wie ich bin. Bei Carla bin ich ja fremdgegangen, um ihr zu zeigen, wo es genug ist. Das hat sie dann sehr verletzt. Ich glaube, wenn ich ihr auf andere Weise hätte zeigen können, wie sehr sie mich unter Druck setzt, dann wäre auch vieles anders gelaufen.»

Möglicherweise erscheint Ihnen dieses Beispiel extrem. Aus meiner Praxis kann ich aber versichern, daß es sich bei Bob keineswegs um einen Einzelfall handelt. Vielleicht haben Sie ja selbst einmal eine plötzliche Trennung erlebt und können sich an die damit verbundenen seelischen und körperlichen Qualen erinnern. Auch wer einmal einen Partner durch Tod verloren hat weiß, wie tief die Schmerzen gehen können, die durch den Verlust eines geliebten Menschen ausgelöst werden. Um so dramatischer ist es, wenn ein Mensch (durch seinen Kontext Liebe) immer wieder unter Trennungen leidet, die er selbst unbewußt herbeiführt. Einem solchen Menschen erscheint dies als Schicksal, dem er ausgeliefert ist. In Wirklichkeit aber kreiert er sein Schicksal selbst, nur, daß er sich dessen nicht bewußt ist.

Es gibt nur einen Ausweg aus einer solchen Situation: der Betreffende muß sich des Zusammenhangs Liebe bewußt werden und erkennen, wie er sich wieder und wieder in die gleiche Lage bringt, zum Beispiel, indem er sich immer wieder Partner aussucht, die ihn überfordern.

Home - ein Zuhause

Bob, der Mann aus dem letzten Beispiel, ist am Ende seiner Reise in ein Land gelangt, wo Milch und Honig fließen und wo wir uns in völliger Geborgenheit, Sicherheit und tiefster Entspannung treiben lassen. Es ist ein Gefühls-Raum, der an unseren Aufenthalt in der Gebärmutter erinnert, jenen eng umgrenzten Schutzraum, der unser Zuhause war in der Zeit der Symbiose.

Die Symbiose war der einzige Abschnitt unseres Lebens, in dem wir wirklich mit einem Menschen eins waren. Mit einem Menschen wieder eins zu werden ist auch die größte Sehnsucht aller Liebenden.

Es war das Paradies. Es war bequem, warm, sicher, ruhig. Wir schwebten, wurden versorgt, lagen direkt unter dem Herz des Menschen, der uns trug. Es war ein Paradies, aus dem wir mit der Geburt vertrieben wurden. Wen wundert es, daß wir uns oftmals nach den Empfindungen und der Entspannung jener Tage sehnen. Wir brauchen diese Wärme und Ruhe heute wie damals, und es ist oft der Geliebte, der uns Zugang zum verlorenen Glück der Symbiose verschaffen soll: 'ich bin ein Teil von dir', 'ich gehöre zu dir', 'wir gehören zusammen', 'ohne dich kann ich nicht sein', 'wir werden immer zusammensein', - so oder ähnlich drückt sich das in unseren Worten und Liebeserklärungen aus.

Wir erliegen der Versuchung, unsere Beziehungen nach dem Vorbild jenes Paradieses zu gestalten und alles zusammen machen zu wollen. Wir machen es uns zusammen gemütlich, fahren zusammen in Urlaub, planen zusammen, denken zusammen, träumen zusammen, gehören zusammen. Wir richten uns gemeinsam ein, schaffen uns einen gemeinsamen Schutzraum, in den wir uns kuscheln und zurückziehen können.

Wenn dann ein Partner aussteigt, werden wir ein zweites Mal aus dem Paradies vertrieben und verlieren das Zuhause, das der andere für uns sein soll. Deshalb versuchen wir, ihn an uns zu binden, deshalb versuchen wir, der Unsicherheit des Lebens *draußen* zu entgehen, wo wir uns allzuoft getrennt und einsam fühlen. Das Leben *drinnen,* in der Gebärmutter, hat uns vor allem durch körperliche und emotionale Geborgenheit verwöhnt. Dementsprechend sind die Versuche, wieder dorthin zu gelangen, auch am Körper orientiert. Der körperlichste und intimste Bereich, der Liebende verbindet, ist die Sexualität.

Jan - Einssein wollen

Jans Erlebnisse zeigen einen solchen - nicht untypischen - Versuch, die verlorene Geborgenheit durch Sexualität wiederzufinden.

Jan kommt flott und forsch auf mich zu. Sein Händedruck ist kräftig, sein Auftreten direkt und etwas zu selbstsicher. Jan ist vom Zusammenleben mit seiner Frau und vor allem vom Sex mit ihr frustriert.

«Ich liebe meine Frau und mache auch gern Sex mit ihr, obwohl wir schon lange verheiratet sind. Aber seit fünf Jahren läuft so gut wie nichts mehr auf dem Gebiet. Irgendwie hat sie sich da zurückgezogen. Auch wenn wir mal miteinander schlafen, dann ist sie nicht sehr beteiligt, sie läßt es halt so über sich ergehen. Das macht mich ganz krank, es nicht zu bekommen, und wir haben ständig Streit deswegen.»

Jan wirft beim Sprechen die Hände in die Luft und zuckt mit den Schultern - Gesten, die seine Ratlosigkeit zeigen. Aus großen, dunklen Augen schaut er hilfesuchend und traurig in die Welt. Seine innersten Gefühle stehen ganz im Gegensatz zu seinem forschen Auftreten. Innen ist er ein empfindlicher und sensibler Mann, der unter dem Gefühl großer Einsamkeit leidet.

Ich frage ihn nach Einzelheiten in seinem sexuellen Verhalten. Jan schildert, wie der Sex mit seiner Frau damals, vor fünf Jahren, abzulaufen pflegte. «Ich glaube, ich war damals noch ein richtiger Macho, viel mehr als heute. Ich habe sie halt wirklich benutzt, um mich an ihr zu befriedigen, sie gebumst. Eine Zeitlang war das auch ganz okay, aber dann hat ihr was gefehlt. Sie wollte dann nicht mehr so oft und das ist immer weniger geworden. Je mehr sie sich zurückzog, desto größer ist mein Drang geworden, mit ihr zu schlafen. Momentan ist es wie eine Gier in mir.» Seine Hände heben sich und formen Krallen. Sein Blick bekommt den Ausdruck von Gier.

«Manchmal hätt ich richtig Lust, ihr die Kleider vom Leib zu reißen und sie einfach zu nehmen.» Dann sinkt er zusammen und wird wieder der verzweifelte kleine Junge, der nicht versteht. «Aber für mich ist das auch nicht mehr so wie früher. Mir hat ja auch etwas gefehlt in der Bumserei, aber jetzt komm' ich nicht mehr an sie ran. Ich weiß gar nicht, was ich jetzt machen soll, was ich noch alles machen soll.»

Jan leidet regelrecht unter dem Drang und Druck seiner sexuellen Energie. Um sich wenigstens ab und zu Entspannung zu verschaffen, geht er in ein Bordell. Dort passiert ihm folgendes:

«Das ist ja alles ziemlich kalt, wie das abläuft. Ich fühl mich eigentlich nicht wohl danach, so zerrissen irgendwie. Dann wollte ich noch einfach da liegen und mich im Arm von den Mädels ein bißchen ausruhen, aber die haben mir etwas gesagt, was mich dann so getroffen hat, daß ich da nicht mehr hingehen kann. Die haben gesagt 'was du suchst, Kleiner, das gibt es hier nicht'. Das ist mir unter die Haut gefahren, vor allem, weil es nicht nur von einer kam. Irgendwie ist da was dran, ich war nie wirklich zufrieden, wenn ich von da kam, es fehlte mir etwas.»

Wir gehen diesen Gefühlen nach und stellen fest, daß er sich um die Herzgegend leer, öde und erschöpft fühlt. Wir nehmen Kontakt zu seinem Herz auf, und zum ersten Mal seit vielen Jahren erlaubt es sich Jan, sein Herz auszuschütten. Er spricht zu seiner Frau, den Bordellmädchen, zu allen Frauen schlechthin:

«Ich kann nicht mehr, ich bin völlig fertig. Ich fühle mich so müde. Ich kann mich anstrengen wie ich will, ich bekomme es doch nicht. Ich fühl mich hilflos und allein, so 'rausgeschickt und verlassen, das macht mich fertig. Was soll ich denn noch tun, sagt mir doch, was ich tun muß, laßt mich nicht hängen, ich brauche euch doch.»

Mit diesen Worten beginnt Jan zu weinen, zum erstenmal seit seiner Kindheit. Dieses Weinen erleichtert ihn vom Druck seiner unterdrückten Gefühle, der auf ihm lastet. Zum ersten Mal in seinem Leben überhaupt gesteht er sich ein, daß er jemanden braucht.

Die Maske des überlegenen Mannes, der immer weiß, was er machen muß, fällt ab, und zurück bleibt ein kleiner, verzweifelter Junge, dessen Kontext Liebe sagt, daß man Liebe an Geborgenheit erkennt und 'daß man darum kämpfen muß, etwas dafür tun muß'. In dieser Überzeugung spiegelt sich die Erfahrung des kleinen Jan, der sich nach der Nähe und dem Körper der Mutter sehnte und von ihr abgewiesen wurde. Da er diese Abweisung nicht verstehen kann, versucht er alles Machbare, von Verlockung und Verführung bis hin zum Versuch, die ersehnte Nähe gewaltsam zu erzwingen.

Wir arbeiten mit einer Kind-Phantasie weiter. Jan soll sich vorstellen, wie es ausgesehen hätte, wenn er alles von seiner Mutter bekommen hätte.

Jan fährt fort: «Sie liegt auf dem Bett, macht die Arme auf und läßt mich rein. Ich bin total froh und kuschel mich an sie, an ihren dicken Busen, der ist so groß, daß ich drin versinken kann. Wir sind beide nackt, und sie spielt mit mir, kitzelt mich und knutscht mit mir. Sie hält mich fest an sich und ich lache und bin glücklich.»

Jan hat sich mit dieser Phantasie entspannt, und tatsächlich zeigt er ein glückliches Lächeln. Er soll jetzt seiner Mutter erzählen, was er von ihr braucht. «Ich will doch bloß bei dir sein und dich spüren. Du bist so schön. Halt mich einfach fest. Es ist so schön bei dir, laß mich nicht los.» Jan kann jetzt nicht weitersprechen, da er in eine Stille und Ruhe unterhalb von Worten gleitet. Seine Augen klappen zurück, und er schwebt in Meditation in den Armen seiner Mutter. Nach 10 Minuten kehrt er zurück und fühlt sich ausgeruht und gestärkt.

Etwas ist passiert, wonach er sich so lange sehnte und was er durch all sein Machen und Tun nicht erreichen konnte: er hat losgelassen und Geborgenheit und Seligkeit in der symbiotischen Verbindung mit der Mutter gefunden. Danach hat er auch in der Beziehung mit seiner Frau gesucht, und die Sexualität sollte das Vehikel zurück in diese Geborgenheit sein.

Jan ist nicht der einzige Mann, der versucht, durch 'Bumsen' und gewaltsames Penetrieren in die Frau einzudringen, um dort einen Ruheplatz zu finden. Die Bordellmädchen haben gespürt, was er eigentlich suchte: angenommen werden, geliebt werden, jemanden zu haben, der auf ihn und seine körperlichen Bedürfnisse eingeht. Ihre brutale Offenheit 'was du suchst, gibt es hier nicht' hat ihm den letzten Stoß gegeben, hat ihn derart betroffen gemacht, daß er bereit war, in seinem Inneren nach der Lösung seines Problems zu suchen. 'Laß mich rein' sind die Worte, die zeigen, wohin der Weg gehen soll: über die Nähe und den Busen zurück ins Innere der Frau.

Zu den folgenden Sitzungen bringt Jan seine Frau mit, die bereits seinen Wandel wahrgenommen hat. Er ist jetzt weicher und zeigt seine Verletzlichkeit ihr gegenüber. Sie entdeckt in der Beratung auch ihren Anteil an der herzlosen sexuellen Routine, die nur dadurch entstehen konnte, daß sie ihm gegenüber passiv war und sich zum Opfer seiner Handlungen und seines Drängens machte. Langsam gibt sie ihre Verweigerung auf, und die beiden entdekken, daß sie sich auch Zärtlichkeit und Nähe geben können, ohne miteinander zu schlafen. Nach und nach kehren Herzlichkeit, Respekt und Liebe in ihre Partnerschaft zurück.

Sexualität bietet sich an für den Versuch, 'zurück' zu gelangen, denn sie ist der körperlichste und intimste Bereich, in dem wir die Nähe eines Menschen suchen. Vor allem beim Macher, beim Mann, der seine Schwäche und Hilflosigkeit verbirgt und seiner Partnerin Stärke vorspielt, wird Sexualität auf diese Weise 'mißbraucht'. Unter größtem Aufwand 'arbeitet' der Mann sich auf den Höhepunkt seiner Erregung hinauf, um dann durch den Erguß in das Tal der Entspannung zu rutschen.

Die Partnerin wird dabei übergangen. Da er entsprechend seiner männlichen Konditionierung seine Schwäche und Sehnsucht des 'laß mich rein' nicht zeigen will, wird daraus das zwanghafte 'ich will rein', das sich in aggressiver und beherrschender Sexualität ausdrückt. Das Herz bleibt dabei auf der Strecke.

Natürlich beschränken sich die Versuche, zur Symbiose zurückzufinden, nicht auf Männer. Frauen sehnen sich genauso nach dem verlorenen Paradies, nur versuchen sie auf andere Weise, dorthin zu gelangen, wo der andere unser Zuhause sein soll. Das ist vielleicht der Kern der Ehe(Beziehung): der andere soll unser Zuhause sein. Er soll uns die Geborgenheit und Sicherheit geben, die wir für uns selbst nicht finden können, er soll unserem Suchen und Sehnen ein Ende bereiten und für immer zu uns gehören.

Ingrid - Zusammengehören

Ingrids Beispiel zeigt, wie stark und versteckt die Sehnsucht, durch den Partner ins verlorene Paradies zu gelangen, in uns wirkt. Sie hat gerade die Trennung von ihrem Freund vollzogen und beschreibt mit ihren Worten, was sie in der Beziehung suchte:

«Aufgefallen ist er mir, weil er so weich wirkte. Ich war damals ja eigentlich noch mit einem anderen zusammen. In unserer ersten Nacht konnte er nicht mit mir schlafen, und das hat mir gefallen, weil ich sonst nur erlebt habe, daß die Männer immer scharf waren. Wir hatten später dann sehr viel Sex miteinander, und ich hab mich total in ihn verliebt. In der ersten Zeit war er noch mit anderen Frauen, und für mich war es eine große Überwindung, doch noch zu ihm zu gehen und auch öfter ein Nein zu bekommen. Ich bin dann durch Himmel und Hölle gegangen, weil mit ihm war es so schön, und wenn er mit anderen Frauen war, das war dann hart. Ich habe dann gelitten, weil er nicht erreichbar war. Aber ich war die ganze Zeit der festen Überzeugung, daß wir füreinander gemacht sind, und deshalb habe ich durchgehalten. Irgendwann hatte er sich dann ausgetobt und wollte nur noch mit mir sein.

Ich hatte ja schon immer das Gefühl, wir beide gehören zusammen, egal, ob er das kapiert oder nicht. Als wir dann zusammen waren, da waren wir uns treu, und ich bin dann auch dazwischengegangen, wenn er zu flirten anfing. Ich konnte ganz oft mit ihm verschmelzen, ich habe dann nicht gefühlt, wo sein Körper anfängt und meiner aufhört. Das war eine schöne Zeit, wir haben viel zusammen unternommen. Es war vom Gefühl her noch mehr als der Mann fürs Leben, es war einfach ein Gefühl, das ist es.

Er war dann für drei Monate im Ausland. Eines Tages haben wir telefoniert, und er hat mir erzählt, daß er wieder mit einer anderen Frau war, für eine Nacht. Zuerst hat mich das gar nicht besonders berührt, aber abends bin ich dann nach Hause gegangen, und plötzlich hatte ich das Gefühl, es ist vorbei. Irgendwas ist da in mir gerissen. Ich habe dann tagelang geheult und war völlig daneben.

Als wir uns nach den drei Monaten wiedersahen, hat sich das dann auch bestätigt, irgendwie war die Verbindung hin. Für mich war es so was wie: wenn ich Liebe nicht dauernd haben kann, wenn das nicht immer da ist, dann will ich es überhaupt nicht. Das hat mir'nen richtigen Schock versetzt, weil ich bis dahin immer geglaubt habe, daß wenn man zusammengehört, das hört nie auf. Es ist dann richtig was in mir gerissen. Ich habe Schluß gemacht mit ihm und will auch nichts mehr mit ihm zu tun haben.»

Ingrid steht noch unter dem Eindruck dieses Schocks. Ihre Energie ist flatterig, ihre Gesten sind zerfahren, ihr Blick verschwindet irgendwo in der Ferne. Ingrid ist dünn, ihre flache und eingesunkene Brust erinnert an magersüchtige Mädchen. Sie fühlt sich 'tot ums Herz' und 'irgendwie gar nicht ganz da'.

«Irgendwie», sagt sie, «fühle ich mich, seit das in mir gerissen ist, als ob jetzt alles vorbei ist». Sie kann dieses 'alles' nicht näher beschreiben. Sie legt sich auf die Seite, und ich massiere und wärme ihr Herz. Allmählich erreicht sie die Massage, und sie kann ihr Herz spüren. Ihr verkrampfter Unterkiefer zuckt, sie weint und gerät in eine tiefe Regression. Ingrid ist jetzt etwa acht Monate alt, kann noch gar nicht sprechen, liegt in ihrem Bettchen und schreit.

«Wie lange liegst du denn schon da?»

«Schon lange, es ist immer so. Sie sind weg (die Eltern) und lassen mich liegen. Ich weiß nicht, wann sie wiederkommen, ich habe Angst.»

Ingrid hört Geräusche, und das Licht geht an. Sie ist geblendet und kann gar nicht erkennen, wer da auf sie zukommt. Als sich jemand über sie beugt, erkennt sie den Vater. Er ist wütend und schreit sie an. Sie gerät in Panik und schreit dadurch noch mehr. Als er sie dann aufnimmt und heftig und wütend schüttelt, reißt in ihr ein Faden. Sie versteift ihren Körper und hält die Luft an. Ingrid erfährt noch einmal, was sie als Baby erlebte: wie sie ihren Körper verläßt.

Sie kann die ganze Situation von außen beschreiben. Sie sieht den Vater und das schreiende Kind ohne gefühlsmäßige Anteilnahme. Ich fordere sie auf, mir zu schildern, wie dieses Kind dort unten sich fühlt und was in ihm vorgeht.

«Es denkt, jetzt ist es aus, jetzt ist alles vorbei», und dann kommen die Schlüsselworte dieser für das Kind traumatischen Situation, «es denkt, besser nichts mehr fühlen». Mit diesen Worten löst sich Ingrids Blockade, und sie kehrt in ihren Körper zurück. Mehr als 30 Minuten liegt sie da, weint und entspannt sich. Ingrid findet wieder Kontakt zu ihren Gefühlen und ihrem Körper. Während sie immer wieder die Worte 'besser nichts mehr fühlen' wiederholt, verläßt der Schock langsam ihren Körper.

Ingrid hat die Beziehung zu ihrem Freund abgebrochen, weil sie enttäuscht war und sehr verletzt davon, daß er auch noch zu einem Zeitpunkt fremdging, da sie fest auf Zusammengehörigkeit vertraute. Sie reagiert auf diesen Bruch genau auf die gleiche Weise wie sie damals als Baby auf eine ähnlich schockierende und verletzende Situation reagierte. Sie glaubt, mit ihrem Freund alles erreicht zu haben, wonach sie sich so lange sehnte:
- endlich sind sie zusammen und sich auch treu, dann ist er drei Monate lang im Ausland und sie sehnt sich nach ihm (ihre Eltern sind schon seit Stunden weg und sie schreit nach ihnen),
- ihr Freund geht fremd, was ihren Gefühlen einen Schock versetzt (ihr Vater versetzt ihr einen Schock, indem er sie anschreit und schüttelt),
- der Schmerz und Schreck ist zu groß, als daß sie glaubt, ihn aushalten zu können, sie fühlt sich ganz taub und bricht die Beziehung zu ihrem Freund ab (sie bricht die Verbindung zu ihrem Körper ab: 'besser nichts mehr fühlen').

Natürlich war dies nur *ein* Erlebnis, das zu Ingrids Muster 'besser nichts mehr fühlen' geführt hat. Die Eltern ließen sie ja nicht nur dieses eine Mal liegen. Überhaupt hatten sie Schwierigkeiten, ihrem Kind körperliche Zuwendung und Liebe zu geben. Ingrid ist seelisch ausgehungert, was sich in ihrer eingefallenen Brust und ihrer Beinahe-Magersucht zeigt.

Ingrid schließt ihr Erlebnis aus der Babyzeit ab, indem sie so tut, als ob der Vater da ist und ihm nachträglich klar macht, was sie eigentlich von ihm gebraucht hätte. Sie erzählt ihm, daß «ich doch nur geschrien habe, weil ich so viel Angst hatte, allein zu sein». Daß «ich doch gar nicht verstanden habe, warum du mich so angeschrien hast» und daß «ich geglaubt habe, daß jetzt alles vorbei ist, daß du mich umbringst, weil ich dir so ausgeliefert bin». Sie sagt ihm, daß «du mich nicht anschreien sollst, weil das mir noch mehr Angst macht» und «daß du mich in den Arm nehmen und liebhaben sollst, weil ich ja klein und zart bin und dich brauche». Schließlich «sollst du bei mir bleiben, bis ich eingeschlafen bin und ganz ruhig schlafe».

In den Tagen nach der Sitzung fällt Ingrid einiges auf. Sie entdeckt Parallelen bei den Erwartungen an ihren Vater und an ihren Freund. Auch ihr Freund sollte bei ihr bleiben (treu sein) und nichts tun, was ihr Angst macht (fremdgehen). Er sollte ihr den gefühlsmäßigen Rahmen geben, in dem sie sich traut, 'zu fühlen'.

Indem sie die Erlebnisse der Regression weiter verarbeitet und in ihr Gefühlsleben integriert, öffnet sich langsam wieder ihr Herz. Die Gefühle für ihren Freund, von denen sie sich genauso abgeschnitten hatte wie vom Schmerz, kehren zurück, und Ingrid nimmt die abgebrochene Beziehung zu ihm wieder auf. Sie legt allerdings jetzt größten Wert darauf, rücksichtsvoll und mit Respekt behandelt zu werden, da sie jetzt von sich sagt, daß sie sehr 'zart und empfindsam' ist. Zugleich aber fühlt sie sich durch die Tiefe ihres Erlebnisses gestärkt und nicht mehr 'klein und ausgeliefert'. Sie geht mit neuer Perspektive in die Partnerschaft zurück.

•

Wie Ingrid, so geht es uns meistens in Ehe(Beziehungen). Wir haben eine Menge Erwartungen und Vorstellungen von der Liebe und vom Zusammenleben, vom Zusammengehören und davon, was in einer Liebe richtig und was falsch ist. Dabei sind uns aber die Hintergründe und Zusammenhänge gar nicht bewußt, die diesen Vorstellungen zugrundeliegen. Wir nehmen nicht wahr, wie sehr unsere Ideale von Partnerschaft durch die primären Erfahrungen geprägt sind, und vor allem durch Geburt und Säuglingszeit.

Primär orientierte Liebe - Überleben

Fassen wir zusammen: in den vorhergehenden Beispielen haben wir die Ehe(Beziehung) betrachtet, deren Grundlagen und Mechanismen dann besonders sichtbar werden, wenn zwischen den Partnern Spannungen bestehen oder Konflikte ausbrechen. Wir haben festgestellt, daß eine Ehe(Beziehung) entsteht, wenn Menschen das Verlangen entwickeln, eine Liebe zu festigen. Aus dem Sich-aufeinander-beziehen der Anfangszeit unserer Liebe formen wir die *Festung Ehe-Beziehung,* in der die Liebe sicher und unangefochten bewahrt bleiben soll.

Wir haben weiterhin gesehen, daß die grundlegenden Erfahrungen mit Liebe aus der primären, frühkindlichen Phase unseres Lebens stammen. Liebe war zu dieser Zeit etwas:

- auf das wir angewiesen waren
- das wir brauchten
- ohne das wir nicht überleben konnten

Das Kind, das wir einmal waren, war bereit, sich auf jede erdenkliche und notwendige Weise diese Liebe zu beschaffen und für sie zu kämpfen, denn ohne sie hätte es nicht überleben können. Das Thema der Primärzeit unseres Lebens ist Überleben, und an dieses Thema hat sich auch unser Begriff von Liebe gekoppelt.

Das Paket Liebe enthält mehr als reine Herzgefühle, es enthält eine ganze Überlebensstrategie, ein System von Gefühlen und Verhalten.

Diese Strategie wenden wir unbewußt auch als Erwachsene noch an, obwohl sie unter den veränderten Lebensbedingungen nicht funktioniert und heute dazu führt, daß wir die Situationen von damals immer wieder herstellen. In der primär orientierten Liebe öffnen wir jemandem unser Herz, den wir brauchen und von dem wir erwarten, daß er uns gibt. Heute führt das zu folgender Situation: sobald wir jemandem unser Herz öffnen, glauben wir auch, ihn zu brauchen, glauben wir, ihn halten zu müssen. Wir sagen ihm Dinge wie ‘ohne dich kann ich nicht mehr leben’, ‘ohne dich hat mein Leben keinen Sinn’. Wir sagen ihm *ich liebe dich,* aber wir meinen *ich brauche dich.* Wir empfinden uns abhängig und auf diesen ganz bestimmen Menschen angewiesen.

Die Richtung der primär orientierten Liebe ist vertikal, sie verläuft von oben nach unten und von unten nach oben.

Überleben ist der Kontext dieser Liebe. ‘Gib mir, denn ich brauche’ das, bin darauf angewiesen, um zu spüren, zu entspannen, um Ruhe, Geborgenheit und Harmonie zu finden, um leben zu können. Die Atmosphäre der Gebärmutter und der symbiotischen Verbindung der Säuglingszeit bilden den Rahmen dieser Liebe, die zurück will, in die Vergangenheit, ins Einssein mit einem anderen Menschen, ins sorgenfreie Paradies. Aber nicht nur die Merkmale der Symbiose haben sich im Paket Liebe gesammelt. Alle Erlebnisse und Erfahrungen um und mit Liebe, auch Schmerz, Enttäuschung, Angst und Mißtrauen sind darin enthalten.

Wir haben alle im Zusamenhang mit Liebe gemachten Erfahrungen der primären Phase unseres Lebens zum KONTEXT LIEBE zusammengefaßt. Dieser Kontext ist der Hintergrund, vor dem sich Liebe abspielt oder der Raum, in dem sich Liebe entwickelt. Er ist das Paket Liebe. In das Paket Liebe sind sowohl die Erfahrungen unserer Kultur, als auch die individuellen Erfahrungen der Familie gepackt. Dieser Zusammenhang Liebe organisiert auch heute noch unsere Erfahrungen mit und unser Erleben von Liebe.

Wir machen nicht zufällig immer wieder die gleichen Erfahrungen mit Liebe, sondern produzieren durch unsere Erwartungen und Handlungen diese immer gleichen Abläufe. Wir produzieren durch den Kontext Liebe unsere Erfahrungen. Er ist ein Muster, ein Raster, eine Schablone, ein Zusammenhang aus Ereignissen, Erlebnissen und Erfahrungen, der bewirkt, daß heute alles so wird, wie es damals war und der damit eine erwachsene Liebe verhindert. Je nach unseren persönlichen Erlebnissen sagt der 'Kontext Liebe' über Liebe:

- daß es sie nicht gibt
- daß man sie verdienen muß
- daß man auf sie nicht vertrauen kann
- daß man am Ende eh verlassen wird
- das man leiden muß, um sie zu verdienen
- daß man nicht gut genug dafür ist
- daß man darum kämpfen muß
- daß nicht genug davon da ist für uns
- daß man nicht wert ist, sie zu erhalten

und viele andere Möglichkeiten mehr. Durch diesen Kontext suchen wir unsere Partner aus, durch ihn schaffen wir Situationen und durch ihn tragen wir Konflikte aus.

Innere Kinder

Dieser Kontext (Hintergrund, Zusammenhang) ist sehr machtvoll, denn er hat die ganze Kraft der Gefühle, des Körpers und des Überlebenwollens in sich aufgenommen. Er ist stärker als unsere Gedanken und unser Verstand. Wir haben ihn aufgebaut, als wir ein Kind waren, und als dieses Kind lebt er in uns weiter. Er kann jedoch nur Macht über uns behalten, wenn er unbemerkt aus dem Versteck unseres Unbewußten agieren kann. Wenn wir ihn ans Licht des Bewußtseins bringen, erkennen wir seinen Aufbau und sind in der Lage, ihn zu verändern.

Menschen, die entdecken, daß hinter ihren Beziehungskonflikten und Spannungen Innere Kinder verborgen sind, erleben diese Entdeckung als große Überraschung und auch als Befreiung zugleich. Sie beginnen, sich selbst besser zu verstehen und gewinnen im Kontakt mit dem Inneren Kind die Fähigkeit wieder, ihre Gefühle zuzulassen und zu leben. Wenn wir den Inneren Kindern gestatten, ans Licht zu kommen, passiert zweierlei:

- wir hören auf damit, Gefühle zu verdrängen und einen emotionalen Stausee aufzubauen, dessen Druck vor allem im Kontakt mit dem Partner jederzeit die Staumauer durchbrechen kann,
- wir können diesen Inneren Kindern die Welt zeigen, wie sie heute ist. Unsere ganze Realität hat sich geändert, denn wir sind keine Kinder mehr, wir sind nicht hilflos, nicht ausgeliefert, nicht angewiesen, nicht abhängig. Langsam dringt diese Botschaft auch zu unseren Inneren Kindern vor und aus den dunklen, ängstlichen, mißtrauischen Kindern werden helle, frohe, aufgeweckte und spontane Wesen.

Wir können diesen Vorgang auch mit anderen Worten ausdrükken. Den meisten von uns ist heutzutage klar, daß Menschen entsprechend ihrer Umgebung und den Bedingungen ihrer Kindheit bestimmte Denk- und Wahrnehmungsmuster aufbauen. Vielen ist aber unbekannt, daß wir auch emotionale Muster aufbauen, die dann unser Fühlen und Empfinden bestimmen. Unsere Gefühle sind genausowenig 'rein' und 'unberührt' wie es Gedanken und Vorstellungen sind. Die Arbeit mit dem Inneren Kind setzt an diesem Punkt an.

Wir entdecken unsere emotionalen Stukturen und sind dadurch in der Lage, sinnvolle und sinnlose Muster zu erkennen und auszuwählen. Was *damals* eine sinnvolle Reaktion und ein wirkungsvoller Selbstschutz war, ist *heute* ein Hindernis.

Stellen Sie sich einfach einen Eskimo vor, der von klein auf gewohnt ist, den Pelzmantel anzuziehen, bevor er das Haus verläßt. Diesen Mantel nimmt er auch nach Kalifornien mit, denn er kennt das Land nicht und weiß nicht, daß es dort warm ist. Seiner Gewohnheit folgend, zieht er den Mantel immer noch an, bevor er das Haus verläßt. Natürlich fängt er an, fürchterlich zu schwitzen. Wie dem Eskimo geht es uns, wenn wir uns unbewußt auf alte, aus der Vergangenheit stammende Bewertungen einer Situation verlassen und auch mit den Reaktionen von damals versuchen, die Situation heute zu meistern. Nur daß wir dann nicht schwitzen, sondern leiden.

In Liebe und Partnerschaft unbewußt zu werden heißt, Opfer der Inneren Kinder zu sein. Wenn wir den Mut und die Bereitschaft besitzen, unseren Inneren Kindern zu begegnen, dann können wir uns für einen Kontext Liebe entscheiden, der gut für uns ist und uns zu befriedigenden Partnerschaften verhilft.

Das Innere Kind hält an seinen Überzeugungen und Gefühlen fest, weil es nichts anderes kennt als das, was es von der Welt und von der Liebe gelernt hat. Es ist aber grundsätzlich bereit umzulernen. Indem wir Kontakt aufnehmen zum Inneren Kind (zu den Gefühlen von damals), machen wir uns Gefühls-Strukturen bewußt, befreien die Gefühle aus ihrer Verbannung im Unbewußten und bauen aus unserer heutigen, realen Position als Erwachsene einen neuen, sinnvollen Kontext von Liebe auf, der nicht an Überleben orientiert ist. Wie sich später zeigen wird, ist der (Seelen)-Partner solch ein Kontext.

Solange sich in Beziehungen eigentlich Kinder und nicht erwachsene Menschen gegenüberstehen, kann es nicht zu einer Auflösung der Muster kommen, mit denen wir unsere Partnerschaften erschweren und zerstören. Wir wissen von diesen Vorgängen.

Wenn zwei Partner sich streiten, ist es für einen Außenstehenden leicht zu sehen, wie 'kindisch' sie sich verhalten, wenn das den Streithähnen selbst auch zuletzt auffällt. Doch auch wer dieses Kind in sich bemerkt oder kennengelernt hat, erfährt zumeist nur in Krisensituationen seinen wahren Einfluß und seine ungeheure Macht. Wir sind geneigt zu glauben, unsere Kindheit und ihre Erlebnisse seien abgeschlossen und ohne große Auswirkung auf unser heutiges Leben. Dies trifft jedoch nur teilweise zu.

Um Mißverständnissen vorzubeugen sei noch einmal betont, daß mit dem Inneren Kind nicht das Kind von damals gemeint ist, sondern diejenigen Gefühlsanteile und Überzeugungen von damals, die heute noch in uns wirken. Es ist ein anderer Name für eine bestimmte Art, die Welt zu sehen, zu fühlen, wahrzunehmen, für eine bestimmte Art, mit Problemen umzugehen und fertigzuwerden.

Die hier geschilderten Beispiele zeigen Personen, die ihren Inneren Kindern begegnet sind und dabei auch Schlüsselerlebnisse hatten, die mit Situationen aus der Vergangenheit zusammenhingen. Der einzige Sinn dieser Regressionen besteht aber darin, daß in einem solchen Schlüsselerlebnis das unbewußte Muster direkt, unmittelbar und fühlbar erlebt wird. Schlüsselerlebnisse machen den Kontext Liebe bewußt, und das auf einer sehr tiefen Erfahrungsebene. Ist er einmal erkannt, kann der Kontext immer wieder erkannt werden. So verliert er die Macht über uns, die ja nur darin bestand, daß er unerkannt, eben unbewußt war.

Woran merken wir, ob unsere Inneren Kinder am Werk sind? Das ist relativ einfach: immer wenn wir uns streiten, Vorwürfe machen, miteinander kämpfen, den anderen ins Unrecht setzen, Recht haben wollen, uns beschweren, beleidigt oder verletzt sind, wütend, ärgerlich, enttäuscht, wenn wir eifersüchtig sind, immer dann, wenn wir in einem Konflikt festhängen, wühlen unsere Kleinen im Inneren, kämpfen sie um ihr Recht (=Überleben).

Nicht immer ist der Kampf derart drastisch wie im Falle einer 71jährigen Frau, die aus Eifersucht ihren 76jährigen Ehemann erstochen hat. Aber zerstörerisch ist er in jedem Fall, und er zerstört, was uns so wertvoll ist - Liebe.

Wie die Beispiele zeigen, sind wir diesen Vorgängen allerdings nicht ausgeliefert, wenn wir die Bereitschaft haben, aus dem Beziehungsspiel 'Du' auszusteigen und unseren eigenen Ängsten, Erwartungen und Vorstellungen zu begegnen. Wenn wir die Verantwortung für unsere Lage in der Partnerschaft übernehmen und nicht dem Partner in die Schuhe schieben, dann kann eine Partnerschaft auch die Belastungen verarbeiten, die unsere Inneren Kinder in sie hineintragen.

Dann helfen wir uns gegenseitig dabei, die offen gebliebenen Erlebnisse der Kindheit abzuschließen und Helle Kinder zu werden, die Liebe dort suchen, wo es sie gibt, die wissen, daß es Liebe im Überfluß gibt und für die es weder Angst noch Mangel geben muß.

Wenn unsere Beziehungen allerdings auf der Grundlage des primären Kontext Liebe aufgebaut sind, dann wird dieses Haus entweder ein Gefängis sein oder mit Sicherheit zusammenbrechen.

Verlassen wir nun den Bereich der Ehe(Beziehung) und gehen wir weiter auf unserer Reise zum (Seelen)Partner.

Von der Liebe - Wirklich lieben

'Wirlich lieben' ist keine Utopie. Sie selbst haben diese Erfahrung gemacht.

Die an primärer Erfahrung orientierte Liebe habe ich beschrieben. Sie spielt in jeder Beziehung eine mehr oder weniger große Rolle. Dies Mehr oder Weniger bestimmt allerdings die Qualität einer Partnerschaft. Lieben indes ist mehr. Wäre der primäre Kontext von Liebe das einzige, das uns mit dem Partner verbindet, wahrscheinlich würde sich niemand mehr auf Partnerschaften einlassen.
Was also ist Liebe?

Ich begreife Liebe als den Zustand, in den wir gelangen, wenn sich unser Herz öffnet. Anders ausgedrückt könnte man auch sagen, Liebe ist ein Gefühl, das wir empfinden, wenn unsere Lebensenergie durch das Herz fließt. Wie gelangen wir aber in diesen Seins-Zustand? Ist dafür Überhaupt ein anderer Mensch nötig oder können wir auch unabhängig von anderen unser Herz öffnen?

Zweifellos zeigt uns die Erfahrung, daß es einfacher ist, wenn wir unsere Herzenergie mit der eines anderen Menschen verbinden. Die sich so verstärkenden Vibrationen dringen wiederum in unser Herz ein und helfen uns, es zu weiten. Von einem Menschen, der uns in den Zustand der Liebe versetzt, sagen wir, 'ich liebe dich'. Wir könnten auch sagen 'du machst mich lieben', oder ganz exakt ausgedrückt, 'durch dich gelange ich zur Liebe'.

Zusammensein - Tür zum Himmel

In der Festung Ehe beziehen wir uns aufeinander als Ehemann und Ehefrau. Es gibt aber auch die Möglichkeit, einander aufgrund der Kräfte und Energien MANN und FRAU zu begegnen:

«Wir kannten uns schon viele Wochen und hatten uns deutlich wahrgenommen. Für mich war sie all das, was ich unter einer Frau verstanden habe, leicht, weich, stark, selbstbewußt. Wir hatten keinerlei Eile, alles ist in seinem eigenen Rhythmus passiert. Langsam kamen wir uns näher, bis zu unserer ersten Nacht. Wir haben einander gespürt, lange bevor wir einander berührten, und doch wurde es intensiver, je näher wir uns kamen. Ich erlebte jede Berührung, habe jede Bewegung genossen, geatmet, in einer Intensität, die selbst durch Gedanken nicht gestört werden konnte. Alles stimmte von selbst, ergab sich von selbst. Kein Ziel, keine Eile.

Wir schliefen fast fünf Stunden miteinander, ohne daß ich an Orgasmus auch nur dachte, er wäre eher das zu frühe Ende dieser Begegnung gewesen und hätte etwas sehr Schönes weggenommen. Ich war Mann und Frau und sie war Mann und Frau. Ich gab mich ihr hin und sie ist in mich eingedrungen, die Grenzen lösten sich auf. Ich war sie, sie war ich. Jeder Augenblick dauerte.

Wir feierten ein Fest der Sinnlichkeit, das uns immer tiefer und weiter in stille Räume trug. Je länger wir zusammen waren, desto mehr pendelten wir zu einer Mitte hin, in der jede Bewegung in Stille und Ruhe versank. Einer Stille, in der wir vor Lebendigkeit vibrierten und doch nichts machen mußten. Eine Stille, in der sich jeder allein befand. Ganz. Vollkommen. Es war Ekstase. Durch sie bin ich dorthingelangt. Wir hatten uns aufeinander eingelassen, ohne zu fragen, zurückzuhalten, ohne zu verlangen, zu fordern. Ich habe erfahren, ich bin mehr als ein Mann. Ich bin alles. Ich trage all das in mir, es ist ein Teil von mir geworden.»

Dies ist der Bericht einer Begegnung, die vom *Sich-aufeinanderbeziehen* der Partner lebte. Keiner von beiden hat danach gefragt, ob morgen noch sein wird, was jetzt ist. Keiner hat diese Begegnung abhängig gemacht von Bedingungen und Vorstellungen, von Forderungen und Versprechen. Keiner hat versucht, eine Beziehung daraus zu machen. Die Begegnung wurde nicht von Vorstellungen bestimmt, vielmehr hatte sie ihre Basis im *Fühlen* und *Spüren* der sinnlich wahrnehmbaren, gegenwärtigen energetischen Verbindung. Dabei ist diese Schilderung nichts Besonderes. Jeder von uns hat in seinem Leben solche Begegnungen gehabt, und jeder sehnt sich nach ihnen und will mehr davon.

Derartige Begegnungen sind natürlich auch in einer Ehe(Beziehung) möglich. Zumeist liegen sie aber am Anfang dieser Beziehungen. Je länger die Partner dann zusammen*gehören,* je mehr sie sich aufeinander einspielen und miteinander arrangieren, desto geringer wird die Spannung, die eine derart elektrisierende Erfahrung ermöglicht.

Die Kraft der Anziehung unterschiedlicher Pole kennen wir vom Magneten. Wir wissen, daß Magneten sich an ihren entgegengesetzten Polen anziehen und an gleichen Polen abstoßen. Nicht anders ist es mit Mann und Frau. Jeder stellt einen Pol da, ist der Gegenpol zum anderen. In der Vereinigung der Pole erfahren wir uns als ein Ganzes.

Vereinigung

In der Vereinigung öffnen wir unser Herz und lassen das Leben ungeteilt in uns hineinfließen. Das Herz ist ein Bereich unseres Selbst, der nicht spaltbar ist. Unser Herz kann offen sein oder verschlossen, aber es kann weder werten noch bewerten, kann nicht gut noch böse voneinander unterscheiden. Es ist wie eine Blume, die sich öffnen oder schließen kann.

Wer die Welt durch sein Herz sieht, kann keine Polaritäten schaffen. Er kann sich nicht auf die Seite der Reichen oder Armen schlagen, nicht auf die Seite der Guten oder Bösen. Er kann einfach nur wahrnehmen und akzeptieren.

Akzeptieren ist die Qualität der Liebe. Damit wird Liebe als Kraft des Herzens zum Gegenpol unserer stark an den Kräften des Verstandes orientierten Welt. Der Verstand sieht, urteilt, wertet, spaltet, trennt. Das Herz fühlt, vereinigt, heilt, fügt zusammen.

Um leben zu können, brauchen wir beide Kräfte. Um lieben zu können, brauchen wir unser Herz. Wenn wir uns in unserer Welt anschauen, können wir uns ein Bild von der Verteilung und der Harmonie dieser Kräfte machen. Allzu oft herrschen die spaltenden und teilenden Verstandesseiten vor und das Herz muß sich diesen unterordnen. Deshalb ist jeder Augenblick der Liebe wertvoll, denn in ihm finden wir inneres Gleichgewicht und Harmonie, Kraft und Heilung.

Diese Liebe findet in der Gegenwart, im Augenblick des Erlebens, statt. Sie ist an Begegnung und an unserer Offenheit orientiert. Diese Liebe hat ihren körperlich-sinnlichen Aspekt im Erleben, im Spüren, Riechen, Atmen, Berühren, Eindringen, Aufnehmen, Durchdringen, Hingeben an den Augenblick des Erlebens und seine ganze sinnlich-energetische Weite.

Dabei kommt es letztlich nicht darauf an, wem oder was wir begegnen, mit wem oder was wir uns verbinden. Es genügt, wenn wir in der Lage sind, in der Begegnung unser Herz zu öffnen. Das kann ein Erleben mit einem anderen Menschen sein, mit einem Mann, einer Frau, einem Kind oder auch mit der Natur, den Elementen, einer Blume oder einfach mit uns selbst. Dieses Erleben führt uns über die Grenzen der Persönlichkeit hinaus in den Bereich der Seele, in dem wir uns jenseits von Verstand, Wertung, Bewertung und Rollenzuweisungen treffen.

In das Reich der Seele, das Reich der Lebensenergie, gelangen wir aber besonders einfach durch unseren natürlichen geschlechtlichen Gegenpol. In diesem Sinne wird der Partner Durchgang zum Himmel, ein Durchgang zum Erleben des All-ein-seins. Er wird zur Tür, durch die wir Zugang finden zu unserer eigenen, verschütteten und verborgenen Ganzheit.

Den anderen lieben

Im Zusammensein, in der Begegnung mit dem anderen öffnen wir unser Herz und - lieben. Dieses Öffnen des Herzens erlauben wir uns jedoch nur unter bestimmten Umständen, denn es macht uns verletzlich. Die Blume Liebe hat ein zartes Wesen. Der Bericht von Marion zeigt, in welcher Atmosphäre Liebe gedeihen kann:

«Wir sind schon einige Monate zusammen. Ich kann nicht sagen, wann es angefangen hat, denn wir sind uns Stück für Stück nähergekommen. Wir hatten beide schon so einige Erfahrungen mit Partnerschaft und Enttäuschungen hinter uns und wollten dieselben Fehler nicht noch einmal machen. Aus dieser Angst heraus waren wir dann manchmal eher übervorsichtig und haben in kritischen Situationen erst einmal Wert auf Abstand gelegt. Das war zwar nicht einfach, hat aber dazu geführt, daß wir uns einander immer wieder erneut nähern mußten, immer wieder schauen mußten, wo der andere jetzt ist und ob er Nähe will. Wenn der keine wollte, das haben wir dann halt schweren Herzens akzeptiert. Wir haben uns dann Zeit gelassen und sind tatsächlich immer wieder zusammengekommen. Ich glaube, diese Achtung voreinander, daß man den anderen läßt, die hat dazu geführt, daß wir immer mehr Vertrauen zueinander aufgebaut haben.

Ich habe von Anfang an sehr darauf geachtet, daß Gerd nicht versucht, mich zu ändern, damit ich so werde, wie er es will. Und er hat es eigentlich genauso gemacht. Das ist dann manchmal zu harten Situationen gekommen, wo wir dachten, jetzt ist es vielleicht vorbei oder wo zumindest plötzlich eine ganz schöne Lücke zwischen uns war. Aber es war einfach wichtiger, den Respekt und die Achtung voreinander zu wahren und den anderen so zu lieben, wie er ist, und wenn das mal nicht ging, dann lieber Distanz zu wahren, als sich gegenseitig fertigzumachen.

Als ich angefangen habe, zu begreifen, daß wir nicht trotz, sondern wegen des Abstandes immer wieder zusammenkommen konnten, da ist viel von der Angst, den anderen zu verlieren, weggegangen und ein Gefühl von Freude ist aufgekommen. Zuerst habe ich geglaubt, daß ich übermütig werde, denn ich habe mich plötzlich froh und stark und auch unabhängig gefühlt. Wenn ich dann allein war, da habe ich das erste Mal die Gewißheit gehabt, daß ich auch ohne Gerd glücklich sein kann, daß ich auch ohne ihn finden kann, was ich brauche, einfach aus mir heraus. Das ist für mich wirklich etwas Neues in Beziehungen. Sonst habe ich mich immer nur zusammen mit meinen Partnern empfunden, immer nur von 'wir' gesprochen, wenn ich eigentlich mich und meine Vorstellungen meinte.

Nachdem das mit dem 'wir' dann nicht geklappt hatte, und ich so richtig auf die Nase gefallen war, da habe ich dann gemerkt, daß das 'wir' gar nicht so existiert, wie ich mir es vorgestellt hatte. Wenn es das überhaupt gibt, dann höchstens in den wenigen Augenblikken, in denen man sich wirklich trifft und miteinander ein tiefes Erlebnis teilt. Aber auch in diesen Augenblicken kann ich jetzt bei mir bleiben. Früher bin ich da aufgesogen worden und habe mich nicht mehr richtig gespürt. Ich kann jetzt mit Gerd sein und auch ganz in der Verbindung aufgehen und trotzdem bei mir bleiben, das ist ein intensives Gefühl - und dann finde ich mich irgendwo, wo alles ruhig und schön ist, und Gerd ist nur ein Teil davon, gar nicht der Mittelpunkt. Überhaupt komme ich durch ihn mit vielem in mir selbst in Kontakt.

Das sind nicht immer nur angenehme Sachen, auch mit meiner Eifersucht, Angst, Wut oder einfach auch mit meiner Unzufriedenheit. Aber es ist halt meine Unzufriedenheit, nicht die von Gerd.»

Marion hat beschrieben, in welcher Atmosphäre sie und Gerd sich füreinander öffneten: indem sie Achtung und Respekt füreinander aufbrachten und bewahrten, haben sie eine Partnerschaft begonnen, in der sie zusammensein können und doch jeder er selbst sein kann. Sie gehören nicht zusammen, sie sind zusammen oder sie haben Distanz. Sie konzentrieren sich nicht auf das, was sein könnte oder sein sollte (ewige Liebe), sondern darauf, was jetzt ist: einmal große Nähe und ein anderes Mal Distanz.

In diesem Klima ist es einfach und natürlich, das Herz zu öffnen, denn man muß nicht befürchten, daß der andere dies ausnutzt und manipuliert. Wenn der andere uns 'wir selbst' sein läßt, können wir ihn lieben, können wir uns öffnen. Damit fängt jede

Liebe an. Wenn wir aber den anderen formen und verändern wollen, ist das auch zugleich der Anfang vom Ende der Liebe, auch wenn wir die Augen davor verschließen und weiterhin in einem Status quo zusammenleben.

Das Klima 'wirklich lieben' läßt sich beschreiben. Wenn Sie sich an den Beginn Ihrer Ehe(beziehungen) erinnern, werden Sie feststellen, daß Ihr/e Partner/in Ihnen und Sie ihm/ihr folgendes gegeben haben:

– **das Gefühl, ein begehrenswerter Mensch zu sein.**
Sie haben ihn umworben und alles Mögliche angestellt, seine Aufmerksamkeit zu erlangen. Sie haben in ihm einen einzigartigen Menschen gesehen, dessen Nähe und Aufmerksamkeit ihr Leben bereichert, und Sie haben ihn dies fühlen lassen.

– **Respekt für seine Ansichten und Meinungen.**
Sie haben Ihre Ansichten mit denen des Partners verglichen, aber nicht versucht, ihm die Ihrigen aufzuzwingen. Sie haben keinen Wert darauf gelegt, recht zu haben und stärker oder besser zu sein als ihr Partner.

– **Achtung vor seinen Gefühlen.**
Sie haben großen Wert darauf gelegt, Ihren Partner nicht zu verletzen. Wenn es doch einmal passiert ist, hat es Ihnen leid getan und Sie haben sich entschuldigt.

– **Platz für seine eigenen Interessen.**
Sie haben sich für die Eigenarten und Vorlieben Ihres Partners interessiert und nicht versucht, ihn von etwas abzubringen, das ihm Spaß machte und wichtig für ihn war.

– **das Gefühl, liebenswert zu sein so wie er ist.**
Sie haben Ihren Partner nicht kritisiert und nicht an ihm 'rumgenörgelt'. Er hat Ihnen - so wie er war - gefallen.

– **die Gewißheit, daß Sie ihn schön finden.**
Er war schön für Sie. Sein Körper, seine Gesten, seine Haltung haben Sie angezogen und fasziniert. Wenn Sie ihn berührten, konnte Ihr Partner das fühlen.

– **Verständnis und die Fähigkeit, zuzuhören.**
Sie haben Zeit und Energie für die Probleme Ihres Partners gehabt und haben ihm gern und geduldig Ihre Aufmerksamkeit, Ihre Klarheit und Ihr Verständnis geschenkt.

All das gehört zum Klima Liebe, und all das ist nicht selbstverständlich in Beziehungen. Wenn wir erst eine Weile zusammen sind, erwarten wir diese Dinge wie selbstverständlich vom Partner, tun uns selbst aber schwer damit, sie zu geben.

Wir glauben, einen Anspruch auf die Liebe des anderen zu haben und machen Liebe zur Verpflichtung. Niemand kann sein Herz aufgrund der Erwartungen eines anderen Menschen öffnen oder offenhalten. Sich öffnen ist eine Bereitschaft, die nicht erzwungen werden kann. Sich öffnen geschieht im Inneren des Menschen, und Zwang oder Pflicht führen genau in das Gegenteil: in die Angst(=Enge), in der wir uns verschließen und schützen.

Einen Menschen, der uns beengt, können wir auf Dauer nicht lieben. Genauso können wir kaum verhindern, einen Menschen zu lieben, in dessen Nähe wir uns weiten können. Für ihn öffnet sich unser Herz, denn durch ihn können wir zu uns selbst finden.

Über die Begegnung mit dem Partner nehmen wir Kontakt auf zur eigenen, verborgenen Vollkommenheit. Der Geliebte öffnet unseren Blick für die die Schönheit dieser Welt, und auch für unsere eigene Schönheit. Den anderen lieben heißt, in die eigene Sensibilität, Lust, Freude, Liebe, Ganzheit einzutauchen und in unserer Tiefe Kraft und Erneuerung zu finden. Den anderen lieben heißt, den inneren Reichtum zu entfalten und jenseits der Grenzen von Verhalten und Tun Entspannung in der emotionalen und geistigen Verbindung zu finden.

Den anderen lieben heißt, sich selbst zu begegnen.

Das ist das Geheimnis der Begegnung: im Partner finden wir uns selbst, unsere eigenen, tiefsten Gefühle, Gedanken, Vorstellungen, Phantasien, Wünsche, Begierden, Verdrängungen, unsere eigenen Stärken und Schwächen. Mit dem anderen in Harmonie zu sein heißt, im Himmel zu sein. Aber ohne ihn zu sein kann zweierlei bedeuten: entweder Alleinsein oder Einsamsein, entweder Friede oder Hölle.

Alleinsein - Begegnung mit sich selbst

Alleinsein ist etwas völlig anderes als Einsamsein. Im Alleinsein begegnen wir uns selbst. Im Einsamsein laufen wir vor uns davon.

Betrachten wir unseren Alltag und die tausend Dinge, die uns ständig beschäftigen und in Bewegung halten. Arbeit, Menschen treffen, Familie, Partner, Kinder, Freunde und vieles andere.

Wieviel Zeit in unserem Leben sind wir wirklich allein? Ich meine nicht einsam. Mit Alleinsein meine ich einfach, mit sich selbst zufrieden und in Harmonie zu sein, ohne daß jemand anderes dafür nötig ist. Vielleicht macht das zwei Prozent unserer Zeit aus, und das ist schon hoch gegriffen.

In meinen Gruppen begleite ich die Teilnehmer manchmal in eine Isolation. Für eine ihnen nicht bekannte Zeit sitzen sie mit verbundenen Augen einfach nur da und tun nichts. Man kann sich ganz einfach selbst genießen. Es geschieht aber etwas völlig anderes: schon nach einer, höchstens zwei Stunden kann kaum jemand mehr ruhig sitzen. Körper- und Gefühlsspannungen entstehen und verdrängte Gedanken und Ängste steigen auf. Nach einigen Stunden wird der Druck so groß, daß er nur schwer auszuhalten ist. Eine innere Spannung entsteht, die unerträglich scheint. Was ist geschehen?

Allein, ohne Ablenkung, begegnen wir vor allem unseren unbewußten und verdrängten Seiten. Alte Ängste und unverdaute Konflikte haben Gelegenheit, auf sich aufmerksam zu machen, da wir mit nichts anderem mehr beschäftigt sind, das uns ablenken kann.

Wer verdrängen will tut also gut daran, nicht allein zu sein, sich nicht der Dynamik seiner Psyche auszusetzen, und das genau ist es, was wir oftmals tun. Wir lenken uns ab und tun alles, uns nicht zu spüren. Die einfachste und beste Ablenkung ist ein Partner, der für sich den gleichen Zweck verfolgt, sodaß man sich gemeinsam ablenken kann. Das ist eine durchaus alltägliche Situation zwischen Paaren, die immer dann deutlich wird, wenn Vorwürfe und Forderungen aufkommen und das Beziehungsspiel beginnt.

'Du kümmerst dich nicht genug um mich', 'du solltest mal etwas mit mir gemeinsam unternehmen', 'du liebst mich nicht wirklich, sonst würdest du..', usw. Vom anderen wird erwartet, was man sich selbst nicht geben kann. Er soll unser Leben ausfüllen, er soll uns glücklich machen, er soll uns befriedigen, er soll uns Liebe geben, er soll für uns da sein, er soll verhindern, daß wir einsam sind. Die ganze Verantwortung für unsere Situation geht auf den Partner über. Stellen wir uns dies einmal bildlich vor.

Zwei Menschen gehen einen Weg gemeinsam, und jeder trägt sein Paket (an Ängsten, Wünschen, Erwartungen). Der eine verlangt vom anderen, daß er einen Teil seiner Last mitträgt. Jetzt trägt der eine leichter, der andere aber ist schwerer belastet. Er wird nach einer Weile protestieren - und schon sind wir im Beziehungsspiel 'Du sollst...'. Die Verteilung der Lasten wird jetzt im Kampf geregelt.

Partner, die zusammen sind, weil sie nicht allein sein können, haben ihrer Partnerschaft ein negierendes Motiv zugrundegelegt. Die Triebkraft ihrer Beziehung ist nicht ein positives *Ja zum Zusammensein,* sondern ein ablehnendes *Nein zum Alleinsein.*

Betrachten wir, was passieren kann, wenn wir uns auf das Experiment *Alleinsein* einlassen. Ruth nimmt an einer Meditation teil, die sich über fünf (!) Tage erstreckt. Hauptsächlich sitzt sie mit geschlossenen Augen da und versucht, den Atem zu spüren, wie er durch die Nase ein- und ausströmt. Es gibt keine Ablenkung, keine Unterhaltung, keine Aktivität, lediglich 30 Minuten vor dem Schlafengehen stehen für ein kurzes Sich-mitteilen zur Verfügung. Ruth berichtet:

«Den ersten Tag habe ich noch relativ gut überstanden, einfach weil ich den Willen dazu hatte. Mein Körper hat zwar ziemlich geschmerzt, aber ich habe durchgehalten. Am zweiten Tag dann ist es eine ziemliche Qual geworden. Die Gedanken und Bilder sind mir ohne Unterbrechung durch den Kopf gerast, und ich habe von meinem Atem nicht mehr viel mitbekommen. Was mir alles eingefallen ist, Dinge, die ich schon längst vergessen hatte. Es war wie ein Fernsehen, das ich nicht abstellen konnte, und dabei war das

Programm nicht mal gut. Gesichter, Gedanken, Ereignisse, Worte, Sätze, Bilder, alles durcheinander. Abends sind dann noch alle möglichen Begierden dazugekommen. Schokoladentorte, Eiscreme, Rotwein, alles mögliche ist über mich hergefallen und hat mich terrorisiert. Am liebsten wäre ich auf und davon und hätte mich vollgestopft mit dem Zeug. Ich habe richtig das Zittern angefangen vor lauter Gier.

In der Nacht habe ich dann davon weitergeträumt. Am dritten Tag war es besonders schlimm. Da habe ich mich unheimlich einsam gefühlt und mich einfach nur noch nach jemandem gesehnt, dem ich mich in den Schloß legen kann. Da sind so ziemlich alle Menschen aufgetaucht, die ich jemals geliebt habe und ich habe mich nach jedem gesehnt. Das war ein Gefühl, als ob ich ganz allein auf der Welt wäre, allein und verloren. Es hat sich angefühlt, als ob ich jeden Augenblick sterbe. Am liebsten wäre ich aufgestanden und hätte nach ihnen gerufen und geschrien. Ich habe dann ewig lange geweint und war wieder kurz davor, abzubrechen. Der Bauch tat weh, das Herz tat weh, der Rücken tat weh und meine Knie fühlten sich an, als würden sie bei der nächsten Bewegung auseinanderbrechen. Wenn nicht kurz danach das Gespräch am Abend gewesen wäre, ich hätte das nicht durchgehalten.»

Ruth hat sich mit dieser Meditation auf ein wirkliches Abenteuer eingelassen. Da ihr die Außenwelt keinerlei Ablenkung bietet, wendet sich ihre ganze Aufmerksamkeit nach innen. Sie kann in aller Deutlichkeit wahrnehmen, wie es dort aussieht: chaotisch.

Wünsche, Begierden und Gefühle tauchen aus ihrer Verdrängung empor und wühlen sie auf. Am schlimmsten erlebt sie ihre Einsamkeit, ein Gefühl, das sich auch in körperlichen Symptomen und Schmerzen äußert und vor dem sie am liebsten weglaufen würde. Schauen wir uns aber an, wie es für Ruth weiterging.

«In der folgenden Nacht habe ich dann zum erstenmal ruhig geschlafen. Am nächsten Morgen ist dann alles noch mal wiedergekommen, nur nicht mehr so stark, daß ich geweint hätte oder am liebsten weggerannt wäre. Ich konnte schon besser dabei zuschauen, wie es kommt - und nach 'ner Weile auch wieder geht. Abends war ich dann ruhig und irgendwie leer. Am letzten Morgen bin ich dann plötzlich sehr leicht geworden. Irgendwie hatte das Rattern im Kopf aufgehört, oder ich habe es nicht mehr so bemerkt. Auf jeden Fall habe ich Augenblicke erlebt, da war nur noch mein Atem da, oder nur noch das Zwitschern der Vögel oder das Rauschen vom Wind. Ich hatte so was schon vorher erlebt, aber noch nie so eindringlich und lange. Das ganze hat wie eine Droge gewirkt, ich habe angefangen, abwechselnd zu lachen und zu weinen, aber vor Glück.

Ich bin richtig geflogen, ohne daß ich einen Grund dafür nennen konnte. Das ging über ein paar Stunden so. Meine ganze Wahrnehmung war verändert. Nachmittags bin ich dann völlig ruhig und leer geworden, da war einfach nichts mehr, was mich in sich reingezogen hat. Zum Abschluß sind wir dann durch den Wald gegangen und da habe ich keinen Unterschied gespürt zwischen mir und den Bäumen und allem anderen, so als wäre ich selbst da drin. Es war alles eins.»

Ruth hat in den fünf Tagen eine Reise gemacht, die sie durch verschiedene innere Landschaften führte. Der zentrale Punkt ihrer Reise ist am dritten Tag ihr Kampf mit der Einsamkeit. Sie fühlt sich verloren und einsam, und diese Gefühle sind nur schwer zu ertragen. Sie wehrt sich dagegen und versucht, ihnen zu entkommen. Der einzige Ausgang führt aber in die Außenwelt, und das würde bedeuten, die Meditation abzubrechen.

Ruth macht weiter und etwas Überraschendes geschieht: sie findet Ruhe, indem sie aufhört zu kämpfen. Etwas in ihr dreht sich, wendet das Blatt. Sie hat bemerkt, daß alle Gefühle, Gedanken, Begierden und Bilder auftauchen und nach einer Weile weiterziehen. Nur wenn sie sie vertreiben will, wenn sie sie bekämpfen will, dann bleiben sie in ihrer Aufmerksamkeit hängen und sie wird sie nicht mehr los.

Den Kampf gegen ihre inneren Bilder kann sie nicht gewinnen. Sie hört zu kämpfen auf und damit verlieren die Dämonen ihre Macht, denn sie haben nichts, wogegen sie sich wenden können. Im Akzeptieren der Einsamkeit hat sich diese in Alleinsein verwandelt. Ruth ist *durchlässig* geworden, ihre Aufmerksamkeit ist jetzt weder innen noch außen, sondern in der Verbindung, 'alles ist eins'.

Natürlich lassen wir uns selten auf solch extreme Erlebnisse ein, und wir müssen nicht an einer derartigen Meditation teilnehmen, um unserer Einsamkeit zu begegnen. Jeder kennt dieses Gefühl, und manchmal halten wir uns über Monate und Jahre darin auf.

Dabei geht es uns nicht anders als Ruth. Einsamkeit ist wie Treibsand: je mehr wir dagegen ankämpfen, desto tiefer geraten wir hinein. Wir entwickeln tausend und einen Trick, um nicht einsam zu sein, nicht zu spüren, daß wir in dieser Existenz keinerlei Sicherheit haben, nicht zu spüren, daß der nächste Augenblick ungewiß ist, nicht zu wissen, daß der nächste Augenblick der letzte sein kann.

Doch unser Alltag liefert uns ständig Situationen, die die Gefahr der Einsamkeit mit sich bringen. Einmal ist es der Job, den wir verlieren, dann der Freund, mit dem wir zerstritten sind. Vor allem aber, wenn wir einem Menschen nahe sind, den wir lieben oder wenn wir mit einem Partner zusammenleben, ist die Angst vor der Einsamkeit unser ständiger Begleiter.

Daß wir diese Angst nicht wahrnehmen wollen und ins Unbewußte abschieben, ändert daran nichts. Es genügt, wenn der Partner abends mal nicht nach Hause kommt, und schon 'geht es los'. Oder wenn wir uns streiten, wenn der andere seinen eigenen Interessen nachgeht, wenn er anderer Meinung ist, wenn er uns kritisiert, wenn er einem anderen Menschen Interesse entgegen bringt, schon stehen wir am Eingang zur Hölle.

Einsamsein - Flucht vor sich selbst

yesterday,
Liebe war so einfach gestern
heute möcht ich mich verkriechen
ich sehn mich nach gestern
plötzlich bin ich nicht mal halb der Mann
der ich war
ein Schatten hängt über mir
ich sehn mich nach gestern.
Beatles, frei übersetzt

Einsamsein ist etwas völlig anderes als Alleinsein. In der Hölle der Einsamkeit werfen wir einen Blick auf unsere dunklen Seiten, begegnen wir allerhand Dämonen und Schatten. Ralf ist einsam. Seine Freundin hat sich von ihm getrennt:

«Die ersten Wochen waren am schlimmsten. Eigentlich war ich krank in der Zeit, ich hab mich auch krankschreiben lassen, weil ich so fertig war, daß ich nicht mehr arbeiten konnte. Sie wollte keinen Kontakt mehr mit mir, und das hat mich bald umgebracht. Ich habe schon gewußt, was da bei mir abläuft, es war ja nicht das erste Mal, daß 'ne Frau mich verlassen hat, aber es ist diesmal schlimmer gewesen. Ständig hat das in mir gewühlt.

Ich mußte etwas tun, um mich zu entspannen und wieder zu mir zu finden. Bettina hat mir keine Ruhe gelassen, daß heißt, ich hab mir keine Ruhe gelassen, weil ich pausenlos an sie gedacht habe, sie gesehen habe. Wenn die Klingel ging, habe ich gehofft, sie stände da. Wenn ich ein Auto gehört habe, habe ich mir eingebildet, sie wär es. Mir tat körperlich alles weh und auch seelisch. Mein Bauch schmerzte, die Nieren taten weh, der Kopf brummte. Schließlich bin ich ganz apathisch geworden und habe drei Tage und Nächte nur auf dem Bett gelegen, nichts gegessen, kaum was getrunken und nur noch die Decke angestarrt. Es war richtig so eine Art Abschalten, einfach, weil der ganze Rummel mich fertig gemacht hat.

Am nächsten Morgen bin ich dann aufgewacht und habe gespürt, daß ich durch das Gröbste durch war. Ich konnte auch wieder was essen und hatte Abstand gewonnen. In meinem Kopf war auch wieder Platz für etwas anderes als für Bettina.»

Ralf beschreibt, wie sich Einsamsein anfühlt. Er ist so voll von Ereignissen, Bildern und Stimmen, daß er keine Ruhe findet. Die Tatsache 'sie ist fort' und 'sie ist nicht da' ist derart schockierend, daß er dieser Realität zu entfliehen sucht. Er will Bettina herbeisehnen, herbeiwünschen, herbeiträumen. Er denkt ständig an sie, daran, wie schön es einmal war, wie unverständlich es jetzt ist, wie es wäre, wenn sie plötzlich in der Tür stände.

Ralf ist zwar ohne seine Freundin, aber er ist nicht allein. Er ist vielmehr voll von Bettina, denn seine Gedanken und Erinnerungen kreisen nur um sie. Den schönen Sonnenuntergang draußen kann er nicht genießen, denn 'sie ist nicht hier'. Er kann nicht essen, denn 'sie ist weg'.

Im Einsamsein sind wir voll von etwas, das nicht da ist, nach dem wir uns sehnen und das wir vermissen. Einsamkeit entsteht, wenn wir gegen Alleinsein kämpfen. Wir wollen nicht *hier* sein, wir wollen *dort* sein. Hier soll es nicht so sein, wie es ist, es soll anders sein. Wir sind voll von Sehnsucht.

Sehn*sucht* ist ein innerer Kampf, ein Versuch, die Realität des Alleinseins zu leugnen und in eine Traumwelt zu flüchten, denn die Realität des Augenblicks scheint uns zu hart. Darin gleicht Sehnsucht allen anderen Süchten, sie ist Flucht vor der Wirklichkeit. In uns ist kein Platz für Ruhe, denn in uns ist der Teufel los. Wir sind in der Hölle, wir schmoren im Fegefeuer, und wir sind dort, weil wir festhalten wollen, was vorbei ist. Wenn wir den Partner festhalten wollen, dann wird aus der Tür zum Himmel eine Falltür zur Hölle.

Wenn wir nur lieben können, weil ein anderer uns liebt, dann sind wir abhängig. Wenn wir uns selbst nicht lieben können, auch wenn niemand anderes uns liebt, dann leiden wir in der Hölle der Einsamkeit, dann quälen uns die Geister und Dämonen der Sehnsucht und Eifersucht.

Aus dieser Hölle gibt es nur einen Ausweg: die Liebe zu sich selbst zu entwickeln.

Sich selbst lieben

Angela hat eine Mordswut auf ihren Mann, der sich in eine andere Frau verliebt hat. Als er abends nicht nach Hause kommt, zerreißt sie alle seine selbstgemalten Bilder und richtet in seinem Zimmer ein Chaos an. Sie läßt das Schloß der Wohnungstür auswechseln und ist für ihren Mann nicht mehr zu sprechen. Angela kommt zu Einzelsitzungen, denn sie ist von der Heftigkeit ihrer Gefühle selbst überrascht und will einen Blick hinter ihre Eifersucht werfen. Sie kommt zu folgenden Kernaussagen über ihren Mann:

«Du bist gemein, einfach mit dieser Ziege rumzumachen. Was ist denn schon dran an der, was kannst du denn mit der machen, was du mit mir nicht machen kannst. Was ist denn besser an der, was hat die denn, was ich nicht habe...am liebsten würde ich dich umbringen...»

Angela ist in Kontakt mit einem Haß, der so stark ist, daß sie sich erst einmal Luft verschaffen muß, denn sie kann keinen klaren Gedanken fassen. Nachdem sie sich ausgetobt hat, hält sie erschöpft und schwer atmend inne. Jetzt ist ihr wohler. Ich frage sie danach, was sie eigentlich von Hans will.

«Daß du mich achtest, daß du nicht einfach zu jemand anderem gehst. Ich will, daß du dich entschuldigst für das, was du mir angetan hast.» Allmählich wird Angela sanfter. «Ich will, daß du zurückkommst und mir sagst, daß es dir leid tut.» Angelas Herz ist verletzt, sehr verletzt, wie an ihrer heftigen Reaktion zu sehen ist. Wir bleiben an diesem Punkt nicht stehen. Ich fordere sie auf, auszusprechen, was seine Untreue ihr ausmacht. «Es macht mich total wütend und verzweifelt. Ich fühle mich hilflos und gleichzeitig möchte ich um mich schlagen. Ich versteh einfach nicht, warum du das machst. Ich versteh einfach nicht, wieso du das nicht bei mir findest, wieso du zu jemand anderem gehen mußt. Was ist denn falsch mit mir, was fehlt dir denn bei mir?»

Angela kommt jetzt in Kontakt mit tieferen Gefühlen, die sich hinter der Eifersucht verbergen. «Ich habe mir doch alle Mühe gegeben, ich war doch da für dich. Ich komm mir so wertlos vor und so benutzt. Ich werde das Gefühl nicht los, was falsch gemacht zu haben, daß ich daran schuld habe und gleichzeitig wehre ich mich dagegen, weil ich weiß, daß ich nicht falsch bin.»

Die letzten Worte 'weil ich weiß, daß ich nicht falsch bin' sind ihr rausgerutscht. Sie sind die zentrale Aussage ihres Inneren Kindes, das da tobend und wütend um sich schlägt. Angela ist zwischen zwei Kräften gespalten, und dies macht ihre Ver-zwei-flung aus. Ihr Mann geht zu einer anderen Frau und gibt ihr dadurch das Gefühl, daß an ihr etwas falsch sein muß. Im Gegensatz zu ihrem Gefühl weiß sie aber vom Verstand her, daß mit ihr nichts falsch ist. Ihr Verstand wehrt sich gegen ihr Gefühl.

Wir forschen nach, aus welchen Situationen ihres Lebens sie diese Gefühle kennt. Angela erinnert sich an viele Begebenheiten, die meist mit ihrem Vater zusammenhängen. Ihre Erinnerung trägt sie durch die Pubertät weiter zurück bis zu einer Zeit, da sie noch nicht laufen konnte und gewickelt wird.

«Ich liege da und weiß, daß er gleich kommt. Ich freue mich schon darauf. Er lacht und spielt mit mir, dann kitzelt er mich und krabbelt mit seinen Fingern auf mir herum. Jetzt zieht er mich aus und wäscht mich in der kleinen Wanne. Er ist ganz zart und lieb und hält mich mit seinen großen Händen fest. Dann legt er mich wieder hin und trocknet mich ab. Jetzt nimmt er Creme und streicht mir den Popo und die Musch ein, das ist schön.»

Angela liegt wie ein Säugling da und hat die Beine angewinkelt und geöffnet. Ihre ganze Haltung ist auffordernd, ihr Gesicht zeigt Lust, Erwartung und Vergnügen. Dann kommt es aber unerwartet zu einem Einbruch:

«Irgendwas ist jetzt komisch, ich weiß gar nicht, was es ist. Er hat mich jetzt schon gewickelt, so schnell. Ich habe es gar nicht richtig mitgekriegt, aber es fehlt doch noch was. Das fühlt sich beschissen an, da fehlt was. Jetzt geht er und läßt mich hier liegen.» Ich frage nach ihren Gefühlen und erfahre, daß sie sich wütend und hilflos fühlt, und daß irgendetwas 'nicht stimmt'.

In ihrer Phantasie soll sie sich den Vater zurückholen und alles so weiterlaufen lassen, wie es schön für sie gewesen wäre. Angela läßt sich wieder nackt auf den Tisch legen und lang und ausgiebig liebkosen. Sie quietscht vor Vergnügen und genießt die körperliche Zuwendung des Mannes, der ihr erster großer Liebhaber war.

Als sie genug getobt hat, läßt sie sich noch lange von ihm halten, und erst dann gibt sie ihm die Erlaubnis zu gehen. Wir forschen weiter nach, was der lange und intime Kontakt für sie bedeutet.
«Das zeigt mir, daß er mich mag, daß er mich schön findet.»
«Was ist, wenn er dich schön findet, was ist dann mit dir?»
«Das ist gut, das gibt mir das Gefühl, richtig zu sein.»

Angelas Vater hat sich um seine Tochter sehr bemüht, hatte jedoch schon zur Sexualität des Säuglings ein gehemmtes Verhältnis. Er ignoriert die Aufforderungen und Signale des Kindes mit zunehmendem Alter, bis er dem schließlich pubertären Mädchen völlig aus dem Wege geht. In Angela entsteht das Gefühl, falsch zu sein. 'Irgendwas an mir muß nicht stimmen' sagt sie sich im Inneren. Diese Stimme bleibt, auch wenn sie vom Verstand her 'weiß', daß sie richtig ist und ihre Empfindungen natürlich sind. Sie fühlt sich gekränkt und in ihrer Selbstachtung verletzt.

In der positiven Phantasie hat sie entdeckt, daß Liebe und Zuwendung ihr das Gefühl geben, schön und richtig zu sein. Wenn sich jemand abwendet, löst das die alten Gefühle von Wut und Selbstzweifel aus. Das ist ihr mit ihrem Vater und auch mit ihrem Mann passiert. In den folgenden Sitzungen arbeiten wir konsequent mit den Gefühlen und der Liebe, die Angela für sich selbst empfindet. *Du bist schön* und *du bist richtig* sind die zentralen Botschaften, die wir zu ihrem Herzen senden.

Langsam taut das Eis und Angela begreift, daß Haß eine Reaktion auf enttäuschte Erwartungen und schmerzliche Zurückweisung ist. Sie gewinnt nach und nach Vertrauen und beginnt, sich selbst unabhängig von anderen mehr zu lieben. Die Sätze 'du bist schön' und 'du bist richtig' hat sie an die Wände ihrer Wohnung gehängt.

Sie spricht wieder mit ihrem Mann, jedoch ohne ihre Selbstachtung zu verlieren, ihn zu beschuldigen oder zu betteln. Angela begreift, daß sie richtig ist *so wie sie ist,* egal ob ihr Mann sie liebt oder nicht. In dieser Selbstachtung und Selbstliebe entspannt sie, verliert ihre Angst vor dem Alleinsein und vertieft und verbessert ihre Beziehung zu sich selbst.

Eifersucht und Einsamkeit sind Konflikte, die nur äußerlich mit unserem Partner zu tun haben. Der andere ist nicht für unsere Gefühle, unsere Wut, Angst, Sehnsucht, Verzweiflung oder unseren Haß verantwortlich. Aber er ist derjenige, der diese Gefühle auslöst, und deshalb erliegen wir leicht der Versuchung, ihm die Schuld zu geben. Seine Handlungen erzeugen den Funken, der das Pulver explodieren läßt. Das Pulver aus Lebensängsten und unterdrückten Gefühlen aber haben wir selbst angesammelt.

Solange der andere unsere Erwartungen erfüllt und bei uns bleibt, solange sind wir im Himmel und haben Frieden. Sobald aber die Verbindung auseinandergeht oder gefährdet ist - und sei es nur für kurze Zeit - fängt es in uns zu brodeln an. Alleingelassen fühlen wir uns nicht allein, sondern einsam.

Wir lieben uns nicht genug, um unsere eigene Gesellschaft zu ertragen, uns liebenswert und ganz zu fühlen unabhängig vom Partner und seiner Zuwendung.

Wie alle Lebensmuster, so haben auch die fehlende Selbstliebe und die Selbstabwertung ihre Wurzeln in den Erlebnissen der Kindheit. Liebe und Zuwendung sind Machtmittel, die viele Eltern zur Lenkung ihrer Kinder benutzen. Wenn die Kinder sich nach ihren Vorstellungen und Erwartungen verhalten, dann sind sie 'gut', 'lieb' und 'willkommen'. Wenn sie aber ihre Individualität entwickeln und nicht den Vorstellungen der Eltern entsprechen, dann sind sie 'schlecht', 'böse' und werden mißachtet oder gar bestraft.

Kinder reagieren auf diese Manipulationen, indem sie sich den Bedingungen anpassen und das tun, was sie tun müssen um Liebe zu erhalten. Sie verleugnen ihre Kraft und Selbstachtung und tauschen diese gegen die Zuwendung der Eltern ein. Tief in ihrem Inneren wissen sie aber, daß sie nicht um ihrer selbst willen geliebt werden. Sie verlieren auf diese Weise das Urvertrauen, das sie mit auf diese Welt gebracht haben. Sie verlieren das Vertrauen zum anderen und die Achtung vor sich selbst und lernen gleichzeitig, das 'Machtspiel Liebe' zu handhaben.

Wenn wir nicht allein sein können, wehren wir uns gegen den natürlichen Rhythmus des Nahe-seins und Fern-seins, wehren wir uns gegen die Pulsation in einer Beziehung.

Pulsieren - anziehen und abstoßen

Ein Mann geht zu seiner Geliebten, die ihm schon von Kindheit an versprochen war. Er klopft an die Tür und als niemand öffnet, da hämmert er dagegen. «Wer ist da?» kommt eine Frage von innen. «Ich bin es, Ich, mach auf, Ich, dein Geliebter!» ruft er ungeduldig. «Hier ist kein Platz für zwei, scher dich fort» ist die Antwort.

Er geht verstört weg und kommt nach einem halben Leben zurück. Diesmal klopft er leise an die Tür. «Wer ist da?» fragt die gleiche Stimme. «Du bist es» antwortet er und die Tür öffnet sich.

Ich habe das Herz weiter vorn mit einer Blume verglichen. Blumen öffnen sich bei Sonnenaufgang, und bei Sonnenuntergang schließen sie sich wieder. Dabei ist das eine nur möglich, wenn das andere nicht ausgeschlossen wird. Die Blume kann sich nur öffnen, weil sie geschlossen ist und nur wenn sie sich schließt, kann sie sich wieder öffnen. In der Dunkelheit der Nacht kehrt sie zu sich selbst zurück, bildet in sich neuen Duft, den sie beim nächsten Sonnenlicht verschenkt. Es ist ein pulsierendes Sich-öffnen und Sich-schließen, mit sich selbst sein und mit der Sonne sein.

Das gleiche geschieht im Herzen, wenn sich Menschen begegnen. Um sich zu treffen müssen sie auseinander sein, und nur, wenn sie wieder auseinander gehen, können sie sich erneut begegnen. In der Partnerschaft empfinden wir Begegnung als schön, Trennung aber fällt uns schwer. Begegnung unterstützen wir, gegen Trennung stemmen wir uns mit aller Kraft. Wohin das führen kann, zeigt das Beispiel von Ralf. Wir kennen Ralf aus dem letzten Abschnitt, seine Frau hatte ihn verlassen. Betrachten wir, wie er in diese Situation kam und was sein Anteil an dieser Trennung war:

Ralf lebt mit seiner Frau seit acht Jahren zusammen. Zwischen den beiden besteht seit geraumer Zeit aber wenig Verbindung, und Ralf läßt seine Frau mehr oder weniger links liegen. Er ist gelangweilt. Auf der einen Seite wünscht er sich insgeheim mehr Abstand und Freiraum, auf der anderen Seite hat er Angst, das zu äußern und zum Thema einer Auseinandersetzung zu machen. Er stellt lediglich innerlich Abstand her, indem er sich zurückzieht und für Bettina nicht wirklich erreichbar ist. Bettina spürt das und leidet darunter. Nach einigen Monaten holt sie sich was sie braucht, Aufmerksamkeit, Zärtlichkeit, Zuwendung, bei einem anderen Mann. Bei Ralf wird dadurch einiges ausgelöst:

«Am Anfang hat mir das nicht viel ausgemacht, ich habe mich, glaube ich, ziemlich sicher gefühlt und nicht gedacht, daß es was Ernstes wird. Aber dann habe ich schon gespürt, daß Bettina etwas bei ihm findet, was sie bei mir nicht mehr bekommen hat, über einen langen Zeitraum. Da habe ich es dann mit der Angst bekommen, und dann wollte ich wieder derjenige sein, mit dem sie all das erlebt. Ich habe dann von ihr verlangt, entweder er oder ich und habe ihr ziemlich Druck gemacht, damit sie ihn verläßt. Aber wahrscheinlich hat sie gespürt, daß dann mit mir das gleiche von vorne losgehen würde. Sie hat es genossen, von zwei Männern etwas zu bekommen. Ich habe dann verrückt gespielt und solange Terror gemacht, bis sie mich schließlich nicht mehr sehen wollte und sich getrennt hat.»

Das war der Punkt, als Ralf in die Beratung kam, an dem er in die Hölle seiner Einsamkeit stürzte. Er hatte durch sein Verhalten unbewußt herbeigeführt, was er bewußt vermeiden wollte: Abstand zwischen sich und seiner Frau herzustellen. Zuerst zieht er sich von Bettina zurück. Als sie sich dann mit einem anderen Mann einläßt, terrorisiert er sie und stellt sie vor die Alternative 'der oder ich'. So bringt er sie dazu, mit ihm zu brechen.

Ralf hat einen Trick angewendet, mit dem sich viele Paare helfen. Er hat einen Streit vom Zaun gebrochen, damit die ideale Ausrede für den Abstand zu seiner Frau gefunden und sich auf diese Weise Freiheit verschafft.

Bettina hätte von sich aus den Schritt der Trennung nicht getan, da sie das Zusammensein mit zwei Männern genoß. Nach einigen Wochen erkennt Ralf die Zusammenhänge. «Ich glaube, wenn ich von Anfang an ehrlich zu Bettina gewesen wäre, hätte ich uns viel Schmerz erspart. Aber an dem Schmerz war sicher auch etwas gut, auch wenn ich mich zuerst dagegen gewehrt habe. Mir ist klar geworden, wie sehr ich das Gefühl für mich selbst verloren hatte nach acht Jahren mit einer Frau. Aber als wir dann getrennt waren, davor hatte ich ja ziemlich Angst gehabt, da habe ich gemerkt, wie abhängig ich geworden war. Es hat sich wirklich angefühlt wie ein zweites Mal abgenabelt werden. Ich war ja kaum fähig, einen klaren Gedanken zu fassen, geschweige denn, mir eine schöne Zeit zu machen.

Heute bin ich eigentlich ganz froh, daß alles so gekommen ist, auch wenn die erste Zeit wirklich schwer war. Ich habe eine Menge über mich gelernt. Inzwischen habe ich mich wiedergefunden, und wir sind auch wieder zusammen. Das ging nur, weil ich aufgehört habe von ihr etwas zu fordern, was ich ihr selbst nicht geben konnte. Wir lassen uns jetzt mehr Freiheit. Das ist wirklich ein tolles Gefühl, das hätte ich früher nicht für möglich gehalten. Mal sind wir uns wirklich nahe, dann wieder können wir nicht viel miteinander anfangen. Jetzt akzeptieren wir das und brauchen uns nicht zu streiten, um uns aus dem Wege gehen zu können. Da wird mir richtig leicht ums Herz, und ich fühle mich nicht mehr verpflichtet, ihr alles zu geben, damit sie bei mir bleibt.»

Indem er durch die Erfahrung der Einsamkeit gegangen ist und das Land der Sehnsucht und unerfüllten Wünsche durchquert hat, ist Ralf wieder bei sich angekommen. Im Alleinsein hat er wieder ein Gefühl für sich bekommen. Das war sein Ziel, auch wenn er sich zuerst scheute, es direkt anzusteuern. Unbewußt hat er es aber doch getan, indem er es seiner Frau unmöglich machte, mit ihm zu sein. Erst nachdem er sich unabhängig von ihr wiedergefunden hat, ist die Freiheit des Alleinseins nicht mehr bedrohlich, sondern schön, ist sie nicht mehr Einsamkeit, sondern ein Platz der Selbstfindung, von dem aus er zu seiner Partnerin zurückkehren kann.

Der Wechsel von Zusammensein und Alleinsein ist etwas sehr natürliches. Doch gerade in einer Partnerschaft ist es schwierig, mit diesem Rhythmus zu gehen, denn jedes Auseinandergehen rührt an unseren verborgenen (über)Lebensängsten. Wir sind es nicht gewohnt, den Wechsel von Tag und Nacht, von hell und dunkel, von nah und fern, von heftig und zart, von Sommer und Winter, von warm und kalt, der uns überall in der Natur begegnet, auch in unserer Liebe wahrzunehmen.

Wir folgen den Idealen, die andere für uns entworfen haben und die behaupten, daß Liebe ewig währen und Herzen dauernd offen sein können. Wenn dann die Wirklichkeit nicht unseren Ideen entspricht, sind wir unglücklich und enttäuscht:

Gerd ist für kurze Zeit mit einer Frau zusammengewesen und hat ein tiefes Erlebnis von Liebe gehabt. Als es an den Abschied geht, fragt er, ob und wann sie sich wiedersehen. Da sie am nächsten Tag eine Weltreise antreten wollte, hat sie ihm geantwortet: «Ich weiß nicht, vielleicht gar nicht mehr.»

Gerd hat schwer an diesen Worte zu schlucken. Er war derart schockiert, daß er die letzten Stunden mit seiner Geliebten gar nicht mehr genießen konnte.

«Ich habe dann gebohrt und nachgefragt, wann sie wiederkommt, wo sie hinfährt, ob es ihr was ausmacht zu fahren, ob sie nicht lieber bei mir bleiben will und auf die Reise verzichtet. Als sie darauf nicht reagiert hat, habe ich ihr vorgeworfen, daß ihr wohl nichts an mir liegt. Ich bin sogar soweit gegangen, ihr an den Kopf zu knallen, daß ihre Liebe zu mir wohl nur gespielt und nicht echt war. Das hat sie ziemlich verletzt, und das wollte ich auch, ich war ja selbst total verletzt.

Schließlich bin ich auf und davon. Was mich am meisten schafft ist, daß es nicht mal einen Streit gegeben hat, keinen Grund, auseinanderzugehen, keinen Grund, warum wir nicht weiter zusammenbleiben sollten. Das geht mir nicht rein, daß sie einfach so weg will.»

Gerd wehrt sich. Als die Liebe bei ihm anklopfte, hat er die Tür bereitwillig geöffnet. Als sie aber wieder gehen wollte, hat er versucht, das zu verhindern und die Tür zu versperren. Als wir Kontakt zu seinem Herzen aufnehmen, läßt er seine Abwehr fallen und sagt unter Tränen die Schlüsselworte, die ihn aus seinem Schock befreien:

«Wenn Liebe nicht bleibt, dann will ich überhaupt nicht mehr lieben!»

Gerd läßt los. Nachdem er sich ganz entspannt hat, kehren auch die positiven Gefühle für die Geliebte zurück: «Es tut mir leid, daß ich so verletzend war und dich so bedrängt habe. Es war einfach unheimlich schön mit dir, und ich wollte dich nicht gehen lassen, wollte dich behalten. Aber jetzt ist es okay, auch wenn wir uns vielleicht nicht mehr wiedersehen sollten.»

Gerd ist jetzt zwar noch etwas traurig, aber auch sehr erleichtert. Er hatte sich geschützt, indem er sich vor dem Schmerz der Trennung verschloß. Indem er die Abwehr um sein Herz löst, den Schmerz zu- und durchläßt, ist jetzt keine Abwehr und kein Verschließen mehr nötig. Dadurch wird Gerd wieder offen, für eine andere Begegnung oder auch für seine Geliebte, falls sie wiederkommt.

Gerds zentrale Aussage war: 'wenn Liebe nicht bleibt, dann will ich nicht lieben'. In ihr zeigt sich, welche Erwartungen an und Vorstellungen von Liebe wir haben. Das ist ungefähr so als ob wir sagen 'ich will nichts mehr essen, denn morgen hab ich ja doch wieder Hunger' oder auch 'ich will nicht leben, weil ich ja doch irgendwann sterben muß'.

Diese beiden letzten Aussagen sind offensichtlich paradox und unsinnig. Wieso aber glauben wir von Liebe, daß sie für immer bleiben sollte? Wieso halten wir denselben Satz auf Liebe bezogen für wahr? Wieso sollte Liebe nicht genauso unberechenbar sein wie alles andere in unserem Leben? Darüber hinaus, was würde passieren, wenn wir Liebe berechnen könnten, wenn sie in ihrem Kommen und Gehen vorhersagbar wäre? Könnten wir sie dann schätzen und überhaupt noch lieben?

Liebe ist sicher einer der am meisten manipulierten Bereiche unseres Lebens. Wir haben viel Unsinn über Liebe gehört und gelernt. Von klein auf haben Menschen Liebe benutzt, um Macht über uns auszuüben. Liebe ist nicht nur das reine und unverdorbene Gefühl des offenen Herzens. Sie ist auch ein Bereich, in dem wir manipuliert wurden und manipulieren, in dem wir hypnotisiert wurden und in dem wir hypnotisieren.

Vielleicht liegt es nicht in unseren Händen zu bestimmen, wann wir der Liebe begegnen. Zumeist aber haben wir unsere Hände im Spiel, wenn sie uns verläßt, denn wir tun allerhand Dinge, durch die wir sie vertreiben.

Wenn Liebe sich nicht nach unseren Vorstellungen entwickelt, sind wir gekränkt, beleidigt, stolz oder verletzt. Wir sagen 'dann lieber gar nicht lieben' und verschließen uns mehr und mehr. Wenn Liebe dann wieder an unsere Tür klopft, sind wie nicht mehr bereit, zu öffnen.

Dabei muß es sich beim Wechsel, bei der Pulsation der Liebe nicht um so etwas drastisches wie eine Trennung handeln. Die tausend kleinen Abschiede des gemeinsamen Alltags gehören ebenso zum Wechsel von Nahe-sein und Auseinander-sein. Sie tun ebenso weh, und auch diesen Schmerz wollen wir vermeiden. Wir spüren ihn, wenn der Partner:
– allein ausgehen will
– nicht an uns gedacht hat
– nicht nach Hause kommt, ohne Bescheid zu sagen
– mal allein sein will
– auch ohne uns glücklich ist
– allein in Urlaub fahren will
– andere Freunde hat, mit denen wir nichts zu tun haben
– einen Blick auf jemand anderen wirft
– auch noch mit einem anderen Partner zusammen ist.

All das weist auf den Wechsel der Energien hin, den wir nicht verstehen und nicht wollen. Beziehung ist aber etwas sehr Bewegliches und unterliegt ständigem Wechsel. Wenn das Wissen um und das Vertrauen zu dieser Pulsation nicht vorhanden ist, wehren wir uns gegen jeden Wechsel, gegen das Kommen und Gehen im großen als auch im kleinen und versuchen, Nähe und Liebe festzuhalten.

Dabei verlieren wir jedoch unsere individuelle Eigenständigkeit und Besonderheit, kleben am Partner und verkleben die Beziehung. Wenn wir uns aber nicht gestatten auseinanderzugehen, allein zu sein, können wir auch nicht wieder zusammenkommen. Partnerschaft hat ein verborgenes Gesetz:

Wir können nur in dem Maße mit jemanden sein, in dem wir auch ohne ihn sein können.

Diese Aussage ist nur scheinbar paradox. Den Rhythmus vom Kommen und Gehen, vom Zusammensein und Alleinsein im Alltag zuzulassen, ist eine der größten Herausforderungen an Partnerschaft.

Liebe gibt dem Partner Freiheit, eine Freiheit, die wir nur geben können, wenn wir auf den anderen nicht angewiesen sind und unser Glück vom anderen nicht abhängt. Wenn wir den Partner brauchen, können wir ihm keine Freiheit geben, denn seine Eigenständigkeit und sein Wunsch, sich frei zu bewegen, gefährden unser Bedürfnis nach Sicherheit.

Im gleichen Maße aber, in dem wir den Partner benutzen, wehrt sich dieser dagegen. Er entwickelt Abwehrmechanismen als natürlichen Selbstschutz, die von Abneigung über Ekel bis Haß reichen können und wendet sich schließlich gegen uns. Dann kommt es zu Konflikten, zu Streit oder zu Distanz. Es ist schon seltsam, daß wir solche Vorwände brauchen, aber es fällt uns leichter, durch Streit Abstand herzustellen, als direkt und ohne Begründung zu sagen 'bitte laß mich jetzt allein, ich will allein sein'.

Streit hat einen Vor- und Nachteil. Der 'Vorteil' ist, daß beim Streit immer der andere schuld ist. Wenn wir ihn dazu bringen, mit uns zu streiten, trägt er die Verantwortung für Abstand oder Trennung, und wir sind 'unschuldig'. Der Nachteil ist, daß wir im Streit die empfindlichen Herzgefühle zerstören und damit auch unsere Offenheit füreinander.

Wenn wir auch ohne jemanden sein können, wenn wir mit uns selbst glücklich sind, ist Abstand kein Problem. Wenn wir aber mit jemandem zusammen sind, weil wir ohne jemanden nicht sein können, erstickt die Blume Liebe. Wenn wir uns selbst nicht lieben (Alleinsein) fällt es uns auch schwer, den anderen 'wirklich' zu lieben (Zusammensein), denn wir werden abhängig, und dafür hassen wir den Partner, und er haßt uns.

Wenn wir an die Tür des Herzens hämmern und schreien 'aufmachen, ICH bin es, ICH, ICH, **ICH,** dein Geliebter' werden wir feststellen, daß im Herzen des anderen kein Platz für unser ICH, unsere Wünsche und Forderungen, Vorstellungen und Erwartungen ist und daß wir Liebe nicht erzwingen können. Wenn wir jedoch erfahren, daß wir in der Atmosphäre von Liebe und Respekt aufblühen und uns weiten, können wir an die Tür klopfen und sagen 'du bist es', denn dann sind wir auf der Seelenebene mit dem anderen verbunden. Dann wird der Partner öffnen, denn wir benutzen und manipulieren ihn nicht, sondern teilen unseren Reichtum mit ihm.

Soweit habe ich die helle Seite der Liebe beschrieben. Es gibt aber eine dunkle Seite der Liebe in Beziehungen, die wir nicht leugnen können. Wenn wir 'wirklich lieben' wollen, müssen wir die dunklen Seiten unserer Partnerschaften verstehen, müssen wir die tiefe Weisheit begreifen, die sich in den Geheimnissen menschlicher Beziehungen verbergen. Diesem Zweck ist das nächste Kapitel gewidmet.

Vom Sinn der Beziehung

Hinter all dem Ärger und den Problemen einer Beziehung steckt ein Sinn. Wenn Sie ihn begreifen, werden Sie wissen, warum Sie gerade mit diesem Partner zusammen sind.

In diesem Kapitel werden wir uns mit den dunklen Seiten der Partnerschaft befassen. Der Begriff der Dunkelheit bezieht sich auf die unbewußten, verborgenen Aspekte unseres Lebens, er ist nicht als Wertung im Sinne von *schlecht* oder *negativ* zu verstehen. Die dunklen Seiten zu erkennen erweist sich als Schlüssel zum Verständnis der Dynamik einer Beziehung. Welchen Einfluß also hat das Unbewußte auf die Gestaltung einer Liebesbeziehung?

Das Selbst - Licht und Schatten

Wir treffen einen Menschen, und er übt eine starke Anziehung auf uns aus. Wir können diese Anziehung nicht erklären, wir können nicht sagen, wieso gerade grüne Augen und blonde Haare uns so faszinieren. Wir können allenfalls sagen, 'das ist mein Typ'. Aber auch ohne die Zusammenhänge zu begreifen, gehen wir auf diesen Menschen zu und beginnen, ein Verhältnis zu ihm aufzubauen.

Wer oder was hat uns dazu gebracht, das zu tun? Wer oder was hat die Leitung dieses 'Unternehmens Beziehung' übernommen? Unsere Bewußtheit war es nicht, denn wir sind ja dieser unerklärlichen Anziehung gefolgt, einem Magnetismus, den wir zwar in

Bauch oder Herz spüren können, der seine Geheimnisse aber vor unseren Gedanken verbirgt.

Wir sind den Kräften des Unbewußten gefolgt. Das Äußere des anderen, seine Körperhaltung, Gesten, seine Augen und seine Ausstrahlung haben uns in Sekundenbruchteilen eine Fülle von Informationen übermittelt. Nach diesen Informationen hat unser Unbewußtes seine Entscheidung getroffen und emotionale und auch sexuelle Energien aktiviert. Das geschieht für unser Wachbewußtsein zu schnell. Aber selbst wenn wir den ganzen Vorgang bewußt verfolgen könnten, die emotionalen und sexuellen Einflüsse wären doch stärker als unser Wille.

Vom Verhältnis der bewußten und unbewußten Kräfte im Menschen können Sie sich anhand eines kleinen Beispiels einen Begriff machen:

Stellen Sie sich vor, sie wären ein Eisberg. Etwa zehn Prozent Ihrer Substanz befindet sich dann über Wasser, die restlichen neunzig Prozent liegen unter der Wasseroberfläche. Es gibt zwei verschiedene Faktoren, die auf den Eisberg einwirken: der Wind, der auf die Spitze trifft und die Strömung, die den nicht sichtbaren Teil bewegt. Es ist ganz klar, daß der Eisberg sich mit der Strömung bewegt, denn die hat mehr Angriffsfläche zur Verfügung. Die Richtung des Eisberges hängt also von der Masse des unter Wasser liegenden Eises ab, von der größeren Masse des verborgenen Teils.

Nicht anders ergeht es uns Menschen. Wir glauben zwar, mit den zehn Prozent Bewußtheit unseren Kurs zu bestimmen, mit den zehn Prozent Klarheit, die wir normalerweise über unsere Handlungen haben, aber das ist nicht der Fall. Der Einfluß des Unbewußten auf unsere Handlungen, auf unser Leben und natürlich auch auf unsere Partnerwahl, ist wesentlich größer, auch wenn wir das zunächst nicht erkennen.

Es ist nicht die Spitze des Eisberges, es ist seine Gesamtheit, die den Kurs bestimmt. Der Mensch bestimmt den Kurs seines Lebens selbst.

Dieses Wort 'SELBST' hat es in sich. Es bedeutet soviel wie *das Unteilbare* oder *die Gesamtheit.* Wir sind der ganze Eisberg, nicht nur die kleine Spitze, die im Licht sichtbar wird. Wir sind eine unteilbare Gesamtheit unserer bewußten und unbewußten Teile.

Das Selbst 'Mensch' setzt sich also aus zwei Bereichen zusammen, dem Bewußten und dem Unbewußten. Das Bewußte ist der Teil des Lichtes, der Klarheit und Einsicht, der helle Bereich des Menschen. Das Unbewußte ist der Teil der Dunkelheit, der verborgenen Gefühle und Triebkräfte im Menschen. Früher hat man das Bewußte und Unbewußte folgendermaßen erklärt:

Es gibt 'oben' den Bereich des Bewußten, er thront über den Dingen und verschafft uns 'Überblick'. Es ist dies ein heller Bereich, der durch Licht dargestellt wird, denn hier sind die Dinge klar und einsichtig. Dann gibt es eine Schwelle, und darunter liegt der Bereich des Unbewußten, der Dunkelheit.

Um etwas über mein Unbewußtes zu erfahren, muß ich in diesem Modell 'herabsteigen' aus den klaren Höhen des Lichtes in das Dunkel meiner 'Unterwelt'. Dafür muß ich eine Schwelle, einen Widerstand überwinden.

Dieses Modell war sicherlich sehr sinnvoll als es entstanden ist und hat gerade den Bereich der Psychologie revolutioniert. Ich betrachte es aber in dieser Form als überholt, da es zu einer Reihe von Mißverständnissen führen kann, zu einer Reihe von Bewertungen uns selbst gegenüber.

In diesem Modell ist oben und unten deutlich voneinander getrennt. Es gibt das 'Höhere' und das 'Niedere', den Bereich des 'klaren, göttlichen Lichtes', des 'höheren Selbst' und das unheimliche, gespenstische, dämonische und vergrabene Unbewußte. Im Oben und Unten dieses Modells läßt sich unschwer eine Hierarchie erkennen. Wir steigen ins Unbewußte hinab oder in die Bewußtheit hinauf. Unsere Psyche erscheint als ein vertikales, zweidimensionales Gebilde und wir beginnen von DEM BEWUßTEN und DEM UNBEWUßTEN zu sprechen, ganz so als ob es sich um eigenständige Dinge und nicht um eine Idee, eine Erklärung, handelt. In Wirklichkeit existieren weder das Bewußte noch das Unbewußte.

Das Bewußte ist überall da, wo ich meine Aufmerksamkeit hinlenke, und das Unbewußte ist überall da, wo meine Aufmerksamkeit nicht ist.

Bewußtes und Unbewußtes liegen nicht in starren, abgegrenzten Bereichen, sie sind beweglich und verändern ihre Ausdehnungen. Bewußtheit ist da, wo das Licht meiner 'Lampe Aufmerksamkeit' hinleuchtet, alles andere wird in diesem Moment unbewußt, es bleibt verborgen. Im nächsten Moment richte ich meine Aufmerksamkeit in eine andere Richtung, und plötzlich wird etwas anderes bewußt und etwas anderes wird wieder unbewußt. Bewußtheit ist da, wo Licht ist, und das Unbewußte ist da, wo Dunkelheit ist. Diese Vorstellung läßt sich durch einen Kreis veranschaulichen, der in einem Bereich durch die Taschenlampe Aufmerksamkeit erhellt ist, der Rest ist dunkel.

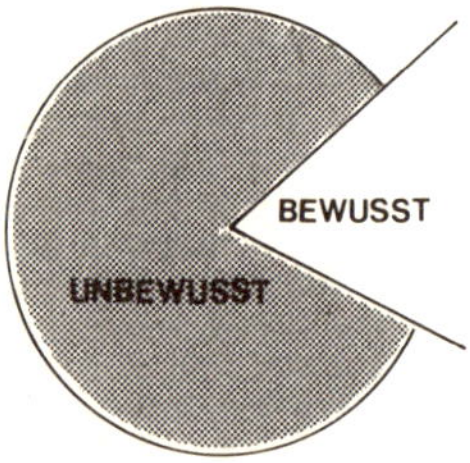

Je häufiger wir das Licht unserer Bewußtheit kreisen lassen, desto besser kennen wir uns im Dunkeln aus, desto einsichtiger wird das Unbewußte.

Was ist also zu tun, wenn ich mir bestimmte Bereiche meines Selbst bewußt machen will? Die Antwort heißt: den Reibungswiderstand überwinden und die Aufmerksamkeit dorthin bewegen, wo es etwas zu erkennen gilt. Und gerade in Partnerschaft und Beziehung erweist sich das Unbewußte als wahre Fundgrube.

Dynamik der Beziehung

Wenn das Unbewußte einen derart großen Anteil an den Entscheidungen unseres Lebens hat, dann trifft dies auch auf die Partnerwahl zu. In der Tat ist der Einfluß des Unbewußten hier sogar noch größer als in allen anderen Bereichen, wie wir im folgenden sehen werden.

«Ich verstehe nicht, wieso ich immer wieder den selben Typen begegne, wieso ich immer wieder auf die gleichen Männer reinfalle...»

«Ich begegne einfach immer wieder Frauen, mit denen mir so etwas passiert...»

«Es ist immer wieder die gleiche Sorte Männer, die mich anzieht, ich kann einfach nichts dagegen tun...»

«Es war einfach wie magnetisch, obwohl ich wußte, daß er genau so war wie die anderen, hab ich mich nicht dagegen wehren können...»

«Es war Liebe auf den ersten Blick...»

«Als ich sie sah, da war es schon um mich geschehen...»

Wie findet der Topf den passenden Deckel? Wie kommt es, daß wir immer wieder dieselbe 'story' erleben, immer wieder auf die gleiche Art von Mann/Frau reagieren und oft vor den gleichen Resultaten stehen? Wie ist es möglich, daß wir in Beziehungen so oft über den gleichen Stein stolpern?

Die Erklärung *Zufall* reicht für die komplexen Vorgänge der Partnerwahl nicht aus. Wenn Sie Ihre vergangenen Beziehungen betrachten, werden Sie heute bestimmt eine Menge Handlungen erkennen, die zu genau diesem Verlauf und keinem anderen führten. Vielleicht sind Sie in einem Kaufhaus Ihrem Partner wirklich zufällig auf die Füße getreten. Es war auch ganz normal, daß Sie sich entschuldigt haben. Aber der Blick, mit dem Sie Ihrem Partner das Signal 'ich mag dich' gaben, war sicher kein Zufall. Und es war auch kein Zufall, daß Sie ihn zu einer Tasse Kaffe eingeladen haben, ebensowenig wie es zufällig war, daß Ihr Partner diese Einladung angenommen hat.

Sicher war Ihnen damals nicht bewußt, daß in diesem Kaufhaus eine 'story', eine Beziehungsgeschichte ihren Anfang nahm und daß Sie selbst es waren, der das in die Wege leitete. Es gibt im Bereich unserer Beziehungen keine Zufälle, aber Ereignisse können zufällig erscheinen, wenn uns ihre Zusammenhänge verborgen bleiben.

Ich habe den Ablauf einer Beziehung in vier Abschnitte aufgeteilt, um die geheimen Abläufe von Partnerwahl und Beziehungsdynamik zu verdeutlichen. Diese vier Stufen sind:

– Anziehung
– Bindung
– Spannung
– Lösung

Begleiten wir ein Paar auf dem Weg durch seine Beziehung. Herrmann und Doro vertreten eine traditionelle Rollenaufteilung zwischen Mann und Frau, durch die sich die Dynamik der Begegnung auf einfache Weise deutlich machen läßt.

Herrmann ist ein Mann von 52 Jahren. Er hat im Laufe seines Lebens bestimmte Seiten seines Selbst stark entwickelt, von anderen Seiten wiederum hat er sich distanziert. Im bewußten Selbst haben sich folgende Eigenschaften konzentriert: die Fähigkeit zu handeln, sich durchzusetzen, sich zu behaupten und 'seinen Mann zu stehen'. Das sind Kräfte, über die er in seinem Leben bewußt verfügen kann. In sein unbewußtes Selbst, den Schattenbereich, hat er Empfindsamkeit, Zartheit und Freude verbannt. Diese Kräfte fehlen ihm zur bewußten Gestaltung seines Lebens, sie sind verdrängt.

Doro, 43 Jahre alt, hat ganz andere Bereiche entwickelt. Sie verfügt in ihrem bewußten Selbst über Genügsamkeit, Leichtigkeit, Freude und Zartheit. Im Schattenbereich, dem Unbewußten, verbirgt sie die Eigenschaften Stärke und Selbstbehauptung.

Herrmann und Doro repräsentieren zwei ganz verschieden entwickelte Bereiche des Bewußten. Ihre hellen Seiten sind gegensätzlich. Wenn wir aus beiden einen neuen Menschen basteln könnten, indem wir die hellen Seiten zusammenfügen, dann hätte dieser neue Mensch ein vollentwickeltes Selbst. Er würde über alle Eigenschaften verfügen, nicht nur über die eine oder andere Hälfte, wie das bei Herrmann und Doro der Fall ist.

Machen wir uns klar, was es für die beiden heißt, einen Teil ihrer Fähigkeiten ins Unbewußte verbannt zu haben. Herrmann hat keinen Zugang zu seiner Empfindsamkeit, zu seiner zarten und unschuldigen Seite. Er geht mit anderen Menschen - und sich selbst - grob und unsensibel um. Doro hat keinen Zugang zu ihrer Stärke und Unabhängigkeit, sie hängt sich an Menschen an und wird ein ideales Opfer der Manipulation anderer. Beide leiden unter ihrer Halbheit. Würde ihr Lebensweg nur vom bewußten Selbst bestimmt, die beiden wären zu ewiger Halbheit verurteilt, denn das bewußte Selbst weiß nichts von den verdrängten Teilen und will davon auch nichts (mehr) wissen.

In dem Augenblick, als Herrmann und Doro sich auf einer Betriebsfeier begegnen, nimmt aber das unbewußte Selbst, jener weitaus größere und mächtigere Bereich, die Dinge in die Hand:

1. Anziehung

Doro und Herrmann sehen sich und mögen sich auf den ersten Blick. Während der ganzen Feier haben sich sich im Auge und beobachten einander. Nach wenigen Stunden haben sie eine Vielzahl von Informationen ausgetauscht und wissen eine Menge voneinander, obwohl sie noch kein Wort gewechselt haben.

Anhand seiner Haltung, seiner Gesten, seines Gesichtsausdrucks und seines Blicks weiß Doro, daß Herrmann genau die Eigenschaften repräsentiert, die sie selbst verdrängt hat, die ihr fehlen, nämlich Stärke und Unabhängigkeit. Herrmann wiederum hat erkannt, daß Doro eine empfindsame und zartfühlende Frau ist und damit genau die Eigenschaften zeigt, von denen er sich in seinem Inneren abgeschnitten hat. Jeder findet den anderen äußerst interessant, sie gehen aufeinander zu und bekommen in ersten Gesprächen die Gelegenheit, ihre Eindrücke zu überprüfen. Sie lernen sich dabei kennen und schätzen. Sie bewundert die Sicherheit und Gewandtheit, mit der er schwierige Situationen meistert. Er wiederum ist gebannt von ihrer Spontaneität und Verspieltheit. Nachdem die beiden sich häufiger getroffen haben, macht es 'klick' und sie verlieben sich.

2. Bindung

Die erste Zeit schweben Herrmann und Doro im Himmel. Durch ihre Liebe kommt jeder mit den Energien in Kontakt, von denen er bisher getrennt war. Im Zusammensein mit Doro kommt Herrmann mit Zartheit in Kontakt und nur im Zusammensein mit Herrmann kommt Doro mit Stärke in Kontakt. Von jetzt an brauchen die beiden einander, wenn sie ganz sein wollen. Sie spüren das, denn wenn sie einmal für kurze Zeit nicht zusammen sind, vermissen sie einander und Verlustangst kommt auf. Sie sprechen darüber, und da es beiden so geht, entschließen sie sich, eine Bindung einzugehen. Sie sagen, 'ab jetzt sind wir ein Paar, wir gehören zusammen'. Um das sich und anderen zu zeigen, heiraten sie.

3. Spannung

Herrmann und Doro leben jetzt schon lange in einer gemeinsamen Wohnung und sehen sich Tag und Nacht. Jeder ist ständig mit dem anderen konfrontiert, sie weichen einander nicht von der Seite, denn sie wollen das Paradies ihrer Liebe auskosten. Nach einer Weile schon, als die erste große Welle der Verliebtheit verebbt ist, sieht jedoch vieles anders aus als am Anfang ihrer Beziehung.

Herrmann sieht in Doro jetzt mehr als die zarte und empfindsame Frau. Vielmehr geht ihm die Hilflosigkeit und Unbeholfenheit auf die Nerven, mit der sie sich im alltäglichen Leben bewegt und an ihn hängt. Er ist es leid, Dinge für sie zu regeln und die ganze Verantwortung der Beziehung nach außen hin zu tragen.

Doro hingegen ist es leid, sich von Herrmann kommandieren, beherrschen und unterdrücken zu lassen. Die ganze Art, wie er mit ihr umgeht, ruft ihren Widerstand hervor. Doro traut sich aber nicht zu offener Gegenwehr, also verschließt sie langsam ihr Herz und macht sich unerreichbar. So schützt sie sich vor seiner verletzenden Grobheit. Beide beginen, sich 'fürchterlich auf den Nerv zu gehen'. Es kommt häufiger zu Spannungen und Streit und immer seltener zu liebevollen Begegnungen.

4. Lösung

Von hier ab gibt es zwei Richtungen, in die sich die Beziehung der beiden entwickeln kann:

A - Trennung

Langsam aber sicher schwindet die Liebe in sich häufenden Auseinandersetzungen. Da keiner von beiden diese Entwicklung versteht und seinen eigenen Anteil daran erkennt, beschuldigen sie sich gegenseitig. Das Beziehungsspiel 'DU' beginnt. Der eine wirft dem anderen vor, nicht mehr so nett und liebevoll zu sein wie am Anfang der Beziehung. Da sie aus dem Chaos ihres Streits keinen Ausweg finden, entscheiden sie sich für Trennung. Sie leben zwar noch mehrere Jahre zusammen, innerlich aber, im Bereich ihrer Herzen, haben sie sich schon lange voneinander getrennt. Irgendwann schließlich lassen sie sich scheiden.

Jetzt sind sie getrennt. In ihrer Einsamkeit erinnern sie sich um so deutlicher an die erste, schöne Zeit ihrer Liebe. Herrmann vermißt seine zarte zweite Hälfte, das Leben erscheint ihm stumpf und farblos. Doro vermißt ihre starke zweite Hälfte, ihr macht das Alleinsein Angst. Stärker als je zuvor nehmen die beiden die Unvollkommenheit ihres Selbst wahr und leiden darunter. Jeder erklärt sich die Trennung damit, *daß der andere nicht der richtige Partner war* und beginnt, sich nach einem neuen, besseren Partner umzusehen, mit dem dann alles von vorne beginnen kann.

Das war aber nicht die einzige Richtung, in die der Konflikt der beiden gehen konnte. Ich habe hier den Weg beschrieben, den die Ereignisse gehen, wenn wir unbewußt handeln. Es kommt zu Auseinandersetzung durch Streit und Konflikt, und das führt dann zu Trennung und Einsamkeit. Etwas anderes passiert, wenn wir den Ursachen des Streits auf den Grund gehen:

B - Integration

Herrmann und Doro wollen begreifen, was eigentlich mit ihnen los ist und die Hintergründe ihres Konfliktes erkennen, bevor ihre Liebe ganz niedergekämpft ist. Sie schauen nach Innen und erkennen, daß sie eigentlich eine Menge voneinander lernen können, wenn sie nur bereit dazu sind. Aus dem Konflikt wird so eine Lernsituation, in der jeder einen Teil seines Selbst bewußt entwikkeln kann, den er bisher verleugnet hat.

Was war das Problem und was steckte dahinter? Herrmann war von der Schwäche seiner Frau genervt, er wollte damit nichts mehr zu tun haben, wußte aber auch nicht, wie er sich ihr gegenüber verhalten sollte. Da ihm nichts besseres einfiel, hat er sich auf seine gewohnt grobe Art verlassen und Doro von sich gestoßen. Darin zeigt sich aber seine eigene Schwäche und Hilflosigkeit: sobald er nicht mehr durchblickt, fühlt er sich hilflos und kaschiert dies durch Grobheit. In Doro ist er wie in einem Spiegel einer Schwäche begegnet, die er an sich selbst nicht wahrhaben will. *Er und hilflos*? Bevor er das zugibt, provoziert er lieber einen Streit, schafft sich die Partnerin vom Hals und beendet damit gleichzeitig die dauernde Provokation seines Schattens. Herrmann begann Doro zu hassen, weil sie ihn dauernd auf seine verdrängten Seiten, seine eigene Schwäche hinwies. Das steckte hinter der starken Abneigung Herrmanns.

Doro war von der Herrschsucht und Gewalttätigkeit ihres Mannes abgestoßen und wollte damit nichts mehr zu tun haben. Sie hat sich zugemacht und ihn 'auflaufen lassen'. Die Härte und Ausdauer ihrer Mauer gab selbst den groben Angriffen Herrmanns (er hat seine Frau zuweilen auch geschlagen) nicht nach. In ihrer Verweigerung und ihrer Fähigkeit, ihren Mann immer wieder bis auf's Blut zu reizen, war sie selbst stark und gewalttätig. *Sie stark und gewalttätig*? Das kann Doro nicht eingestehen, lieber läßt sie Herrmann weiter auflaufen, trägt ihren Teil zur Trennung bei und befreit sich durch die Scheidung von der ständigen Provokation ihres Schattens.

Nachdem Herrmann und Doro erkannt haben, daß sie im anderen hassen, was sie in sich selbst ablehnen, daß sie im Partner den eigenen, verdrängten Energien *Schwäche und Hilflosigkeit* und *Stärke und Herrschsucht* begegnet sind, beginnen sie einander zu verstehen. Die negative Ladung ihrer Beziehung löst sich im Begreifen der Hintergründe auf. Die Integration der Schattenanteile in das SELBST beginnt.

Herrmann kann jetzt seine eigene Zartheit und Empfindsamkeit zugeben, annehmen und sich entlasten, indem er Verantwortung abgibt und seinen Kopf auch einmal in Doros Schoß legt. Doro kann ihre Stärke zugeben, offen zeigen und entwickeln, indem sie Verantwortung übernimmt und sich behauptet.

Das muß jeder für sich machen, das kann der Partner nicht erledigen. An diesem Punkt der Beziehung besinnt sich jeder auf sich selbst, auf SEIN SELBST und geht ein Stück auf dem Weg seines Lebens weiter, der eigenen Vervollkommnung entgegen.

Sicher stimmen Sie mit mir überein, daß die Geschichte von Herrmann und Doro nicht zufällig diese Entwicklung genommen hat. Es ist kein Zufall, daß:

– die beiden sich verliebten
– sie eine Beziehung aufbauten
– es in dieser Rollenverteilung zu Konflikten kam
– es zur Lösung entweder über
– A - Trennung (dem eigenen Schatten ausweichen) oder
– B - Integration (des eigenen Schattens) kommt.

Die Vorgänge in Partnerschaften und Beziehungen sind nie zufällig. Sie folgen einem einfachen aber tiefgreifenden Mechanismus der Selbstregulation. Unser Selbst bedient sich des Liebespartners, um uns mit der Nase auf den eigenen Schatten zu stoßen. Es will uns zu unserem Glück zwingen, es will uns auf jeden Fall dazu bringen, ganz zu werden.

Dämonen

Ganz zu werden heißt, ins Dunkel, in den Schatten zu schauen und das annehmen, was wir abgespalten haben. Das tun wir allerdings nur ungern freiwillig. Es gibt in uns einen Widerstand gegen die Aufdeckung des Schattens.

Warum haben wir überhaupt einen Schatten gebildet und verdrängt? Warum hat sich Herrmann von seiner Zartheit getrennt und warum hat Doro ihre Stärke verleugnet?

In ihrer Kindheit sind die beiden zu typischem Rollenverhalten erzogen worden. Herrmann wurde immer dann verspottet, wenn er sich zart und empfindsam, 'wie ein Mädchen' verhielt. Um sich vor Ablehnung, Spott und Verurteilung zu schützen, hat er seine zarten Seiten im Dunkel des Unbewußten verborgen und vor sich und anderen geleugnet, diese Seiten überhaupt zu haben. Er ist ein 'richtiger Junge' geworden. An die Schwelle dieser Schatzkammer hat er einen Wächter postiert, der seine Zartheit vor Aufdeckung schützen soll, der seine Schätze bewachen soll. Diesen Wächter mit dem Namen 'Härte' hat Doro zu spüren bekommen. Der Wächter ist ein Dämon, ein Schutzgeist, der Eindringlinge abwehren und vertreiben soll.

Als kleines Kind hat es sich für Doro ausgezahlt, wenn sie sich raffiniert und taktisch verhielt. Wenn sie aber ihre Stärke offen zeigte und direkt auf ihr Ziel zuging, stieß sie auf Ablehnung. 'Mädchen prügeln sich nicht'. Doro lernte, ihre Ziele durch versteckte Manipulation anzusteuern, sie wurde 'ein richtiges Mädchen'. Ihre Stärke hat sie verborgen und einen Wächter davor aufgebaut. Herrmann hat sich an diesem Dämon mit dem Namen 'Hilflosigkeit', hinter dem eine heimliche Überlegenheit versteckt war, die Zähne ausgebissen.

Verdrängung ist, wie wir sehen können, ein Selbstschutzmechanismus. Erst wenn wir begreifen, daß es heute keine Nachteile mehr mit sich bringt, die dunklen Seiten zu zeigen, erlaubt unser Wachdämon den Zugang zum Dunkel und gibt damit den Weg zur Integration verdrängter Energien und Kräfte ins Bewußtsein frei.

Wer glaubt, sich der Weisheit des Selbst entziehen zu können, indem er der *Lernsituation Beziehung* ausweicht, vor der Konfrontation mit seinem Schatten wegläuft und die Trennung vom Partner herbeiführt, wird irgendwann feststellen, daß sein nächster Partner 'zufällig' genau der gleiche Typ Mann oder Frau ist und ihn vor die gleiche Situation stellt.

Das Selbst bedient sich menschlicher Beziehungen, besonders der Liebesbeziehung, um uns den Spiegel der Selbsterkenntnis vorzuhalten, der Erkenntnis unserer bewußten und unbewußten Anteile. Ich finde diese eingebaute innere Weisheit faszinierend und einer weiteren Betrachtung wert.

Das Selbst - das Unteilbare

Stellen Sie sich das Selbst als einen Kreis vor, der in seiner runden Form individuelle Vollkommenheit symbolisiert.

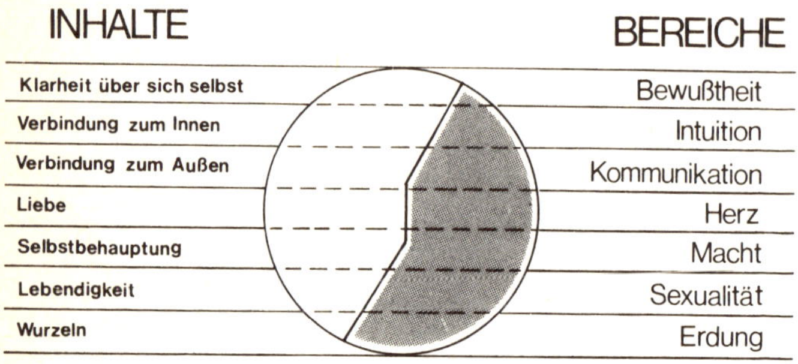

Dieses Selbst teilt sich in die Bereiche *Bewußt* und *Unbewußt, Hell* und *Dunkel,* auf. Bewußt sind diejenigen Kräfte, die wir entwickelt und in das Selbst integriert haben. Unbewußt sind alle Kräfte, die wir nicht wahrhaben wollen oder verdrängen. Sie werden aus unserer Wahrnehmung ausgeschlossen, weswegen wir uns halb und unfertig fühlen. In der Zeichnung sehen Sie die unterschiedliche Ausprägung der einzelnen Lebensbereiche und ihre Verteilung im hellen und dunklen Teil des Selbst. Der Mensch, den diese Zeichnung darstellt, hat die Bereiche Bewußtheit und Intuition stark entwickelt, hat aber Schwächen in den Bereichen Erdung und Sexualität.

Als so ein Kreis 'schweben' wir durch das Leben. Zum Teil verfügen wir über unsere Kräfte, zum Teil sind wir von unseren Energien abgeschnitten, was zur Folge hat, daß wir unzufrieden und unausgeglichen sind. Da wir unter dieser Halbheit leiden, versuchen wir, unsere Ganzheit, unsere Unteilbarkeit zu finden. Wir begegnen vielen tausend anderen Kreisen, aber nur ab und zu treffen wir einen, der zu uns paßt.

Dann beginnt die Dynamik der Beziehung in ihren vier Stufen Anziehung-Bindung-Spannung-Lösung abzulaufen.

1. Anziehung

In der Zeichnung sehen Sie die Begegnung 'zweier Selbst', deren Muster einander entsprechen. Was der eine besonders entwikkelt hat, ist beim anderen besonders verdrängt (wie im Beispiel von Doro und Herrmann). Die hellen Seiten dieser Kreise fügen sich zu einem ganzen Kreis zusammen.

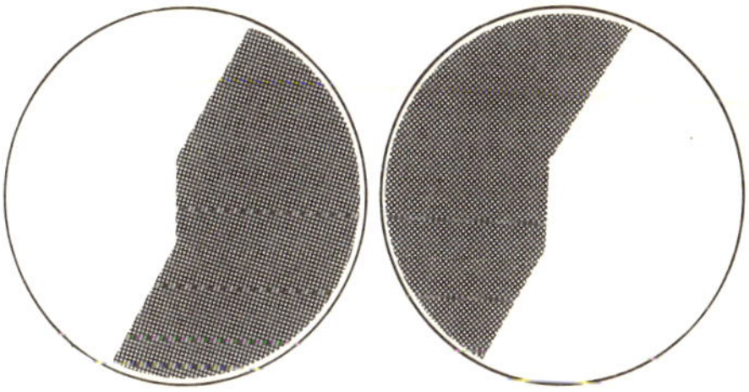

Wenn wir im Leben einem Menschen begegnen, dessen entwikkeltes Bewußtes, seine helle Seite, sich mit unserer hellen Seite zu einem Ganzen zusammenfügt, dann übt dieser Mensch eine magische, dem Verstand unerklärliche Anziehung auf uns aus. Wir suchen die Nähe dieses Menschen, denn in der Vereinigung mit ihm werden wir ganz.

Wenn wir einem Menschen begegnen, der wahrnehmbar die Teile repräsentiert, die in unser Unbewußtes verbannt sind, fasziniert und bezaubert er uns. In seiner Nähe finden wir, was uns selbst fehlt, deshalb suchen wir seine Nähe. Dann 'klickt' es. Klick macht es, wenn die beiden Halbkreise zusammenkommen, klick, und wir sind verliebt. Wir sind ganz. Wir haben gefunden, was wir suchten.

Für Verliebte ist die Welt rund. Nichts fehlt, nichts ist unvollkommen, nichts ist halb. Wann immer wir solch einem Gegenpol begegnen, macht es Klick. Liebe auf den ersten Blick funktioniert auf diese Weise, aber auch auf den zweiten oder dritten Blick. Ehe wir begriffen haben, ist 'es schon passiert'. Halten wir uns vor Augen, daß sich diese Vorgänge jenseits von Worten, Gedanken und Verstand, auf der Energie-Ebene, vollziehen. Wir denken nicht 'oh, das Muster dieses Menschen paßt zu meinem', wir fühlen und spüren es, wir nehmen es intuitiv auf, aber nicht bewußt wahr.

Das ist die Antwort auf unsere Frage, was hinter der magischen Anziehung des Partners steht: Der Partner repräsentiert im Außen unsere verdrängten inneren Energien und Kräfte. Das macht ihn so interessant und wichtig.

Es kann sich dabei um alle Bereiche menschlichen Daseins handeln, zum Beispiel Sexualität, die aktive oder rezeptive Seite, bestimmte Fähigkeiten, Stille und Meditation, Lebendigkeit, Weisheit, Klarheit, Kraft, Sensibilität, Freude oder andere. Wichtig ist nur, daß die Muster der beiden 'Selbst' sich entsprechen. Je genauer die beiden hellen Halbkreise zueinander passen, desto größer ist auch die Anziehung und das himmlische Gefühl der Einheit und Zusammengehörigkeit, das wir mit diesem Partner entwikkeln können.

2. Bindung

Da wir den Himmel aber nur zusammen mit dem Partner erleben können, brauchen wir ihn jetzt, um glücklich und zufrieden zu sein. Ihn zu verlieren würde heißen, das Gefühl der Ganzheit zu verlieren. Wir versuchen also, ihn zu halten und an uns zu binden - und gehen eine feste Bindung ein. Damit legen wir kleine Ketten an den Partner.

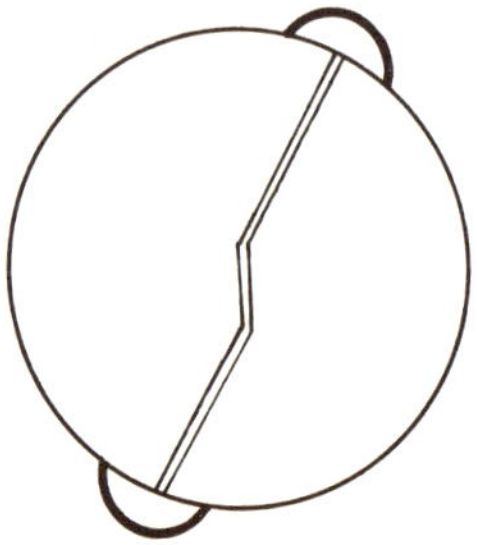

BINDUNG DER HELLEN SEITEN

Diese Ketten können aus Versprechungen bestehen, Wünschen, Schwüren, Absichten, aus allem, was geeignet erscheint, den anderen zu halten und zu verpflichten. Heirat ist eine solche Bindung.

Was jetzt geschieht, haben Millionen von Liebes- und Ehepaaren schon erfahren. Der andere wird zum Ersatz. Der andere wird zu jemandem, den wir 'brauchen', ohne den wir nicht leben können und wollen. Wir fangen an, den Partner zu benutzen und stellen tausend Forderungen an ihn. Er soll von jetzt an unser Glück garantieren, für unseren Zustand verantworlich sein. Das ist der Beginn des Beziehungsspiels 'DU'. So ist aus Liebe Ehe geworden, aus *Sich beziehen* wurde *Beziehung.*

3. Spannung

Spätestens an diesem Punkt beginnen in jeder Beziehung auch Probleme. Aus dem Himmel der Eintracht führt ein kleiner Schritt in die Hölle der Zwietracht. Auch das ist unvermeidlich und kein Zufall oder Unfähigkeit der Partner, wie Zeichnung 4 erläutern soll:

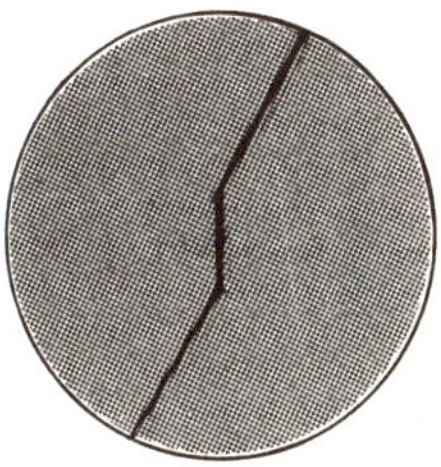

KONFRONTATION DER SCHATTEN

Denn in Wirklichkeit geschieht im Augenblick des ‘klick’ ja zweierlei: Zwei helle Hälften schieben sich zu einem Ganzen zusammen, aber unter den hellen Teil des einen schiebt sich zugleich der dunkle Teil des anderen Partners. Normalerweise würden wir uns in einem solchen Augenblick zurückziehen, aber die kleinen Ketten hindern uns daran.

Jeder sitzt jetzt auf den verdrängten Energien seines Partners und damit auf einer Ladung Dynamit. Jeder sitzt auf dem Schatten seines Partners. Dadurch wird der Schatten provoziert und ausgelöst. Weglaufen ist jetzt nicht möglich, wegen der Ketten (Hoffnungen, Erwartungen an die Beziehung). Die Harmonie der Liebenden wird durch die dunklen Kräfte auf die Probe gestellt. Diese warten ja schon lange auf eine Gelegenheit, emporzusteigen und sich zu befreien.

Die Spannung zwischen den Partnern verstärkt sich, es kommt zum Konflikt, in dem unbewußte Teile der Partner aufeinander treffen. Plötzlich stehen sich Dämonen gegenüber und kämpfen miteinander. Betrachten Sie die Gegenüberstellung einiger beispielhafter Schatten.

Schatten	contra	Schatten
Hilflosigkeit		Stärke
Moral		Lust
Angst		Macht

Natürlich tarnen sich die Schattenkräfte. Niemand gibt seine versteckte Hilflosigkeit oder versteckte Stärke offen zu. Schattenkräfte schieben nach außen den Wächter, den Dämon vor, dessen Aufgabe es ist, sie vor Entdeckung zu schützen. Im Beziehungskonflikt sieht das ganze dann so aus:

- versteckte Hilflosigkeit (im Gewand der Stärke) trifft auf versteckte Stärke (im Gewand des Opfers)
- versteckte Verklemmtheit (im Gewand der Moral) trifft auf versteckte Lust (im Gewand des Harmlosen)
- versteckte Angst (im Gewand der Arroganz) trifft auf versteckte Macht (im Gewand von Bewertung und Erwartung)

Die Spannung dieses Kampfes nimmt zu und führt zur:

4. Lösung

An diesem Punkt der Beziehung haben die Partner zwei Möglichkeiten:

A - Trennung

Sie entscheiden sich weiterhin für Verdrängung und machen aus ihrem Konflikt einen Dauerkrieg. Die Konsequenz hiervon ist früher oder später die Trennung, egal, ob es sich um eine innere Trennung (=nebeneinander herleben) oder um eine Scheidung handelt.

B - Integration

Sie (er)lösen ihre Schatten und machen sich den Hintergrund des Konfliktes bewußt. Anders ausgedrückt erhellt jeder einen Teil seines SELBST, der bisher im Dunkeln lag. Das heißt zum Beispiel, mit einer bisher verdrängten Zartheit in Kontakt zu kommen, oder mit der verborgenen Lust. Damit machen die Partner einen Lernschritt, der zu Bewußtseinserweiterung und Ausdehnung des hellen Bereiches führt. Konsequenz ist, daß die Spannung sich auflöst, der Weg für Liebe wieder frei wird, die Partner wieder zueinander finden und ihren Weg gemeinsam fortsetzen können.

Wenn Sie sich in ihren Beziehungen für den scheinbar einfachen Weg der Trennung entscheiden und damit Ihrem nächsten individuellen Lernschritt ausweichen wollen, werden Sie sich früher oder später mit dem gleichen Typ Mann oder Frau konfrontiert sehen.

Das ist der Sinn von Problemen und Konflikten in einer Partnerschaft: wir können durch die Auseinandersetzung mit dem Partner etwas über die unbewußten Seiten unseres SELBST lernen. Wir können bisher dunkle Teile hell (bewußt) machen und sie dadurch in unser Bewußtsein integrieren. So werden wir selbst ganz und gewinnen ein Stück Freiheit und Unabhängigkeit wieder, das uns einmal verloren gegangen ist.

Wenn Sie der Lösung eines Partnerschaftsproblems ausweichen wollen, werden Sie bald wieder über denselben Stein stolpern, wenn auch in Gestalt eines neuen Partners. Wir tragen die Ursache der Spannung in uns und mit uns, und wenn wir sie nicht lösen, tragen wir sie in die nächste Beziehung. Auch das ist dann kein Zufall, sondern von uns unbewußt selbst herbeigeführt.

Das Verständnis des Schattenbereiches ist ein Schlüssel zu funktionierenden Partnerschaften. Lassen Sie uns deshalb noch etwas tiefer in diesen Bereich hineingehen.

Schattenbereiche

In einer Partnerschaft begegnen wir den hellen Seiten des anderen, aber auch seinen dunklen Kräften. Die Begegnung der hellen Seiten führt zu Liebe, die Konfrontation mit den dunklen Seiten zu Streit und Haß. Die gegenseitige Provokation der Schatten (der unbewußten Bereiche) ist aber unvermeidlich, wir können ihr nicht ausweichen. Das wäre auch gar nicht sinnvoll, denn es hieße ja, die eigenen verdrängten Seiten zu ignorieren, weiterhin *halb* zu bleiben und eine wertvolle Lernchance ungenutzt zu lassen.

Wie aber begegnet uns der Schatten in der Partnerschaft, wie können wir ihn erkennen und was sagt er über unser Selbst?

Richten Sie Ihre Aufmerksamkeit bitte für einen Augenblick auf Ihre gegenwärtige Beziehung (oder die vergangenen, wenn sie momentan ohne Partner sind). Es gibt sicher eine ganze Reihe von Eigenschaften Ihres Partners, die

- Sie nicht leiden können,
- Sie nicht mögen oder hassen,
- Sie ablehnen und bewerten,
- Sie aus der Fassung bringen,
- Sie rasend machen,
- Sie nicht ertragen können,
- Ihnen zu schaffen machen.

Vielleicht regt Sie seine Starrheit auf, oder seine Empfindlichkeit nervt Sie. Vielleicht hassen Sie seine Arroganz oder lehnen seine Naivität ab. Vielleicht stößt Sie seine Gier oder sein Ehrgeiz ab. All das, was Sie an Ihrem Partner nicht mögen und was Ihnen den Kontakt zu ihm erschwert, weist den Weg zu Ihrem eigenen Schatten. Je mehr Sie emotional davon erregt und betroffen sind, desto näher kommt es Ihren eigenen verborgenen Kräften. Ich möchte dies in einer Reihe von Beispielen verdeutlichen:

Wie Marion ihrem Schatten begegnet

Marion hat die Gelegenheit, eine günstige und schöne Wohnung zu mieten, muß sich aber innerhalb von zwei Tagen entscheiden. Die Wohnung ist zu groß für sie, also schlägt sie ihrem Freund vor, gemeinsam einzuziehen. Ihr Freund zögert jedoch. Er kann sich nicht so schnell entscheiden, und die Gefahr besteht, daß die Wohnung an jemand anderen vergeben wird. Marion ist ungeduldig und macht Druck. Sie wirft ihrem Freund Entschlußlosigkeit und Lahmheit vor. 'Du mußt doch wissen, was du willst'.

Ungeduld, Druck und Zwang ist der Name des Dämonen, aus dem heraus Marion handelt. 'Schnell, jetzt entscheiden, sonst ist es zu spät' flüstert ihr der Dämon ins Ohr. Dieser Dämon verbirgt im Schattenbereich die Eigenschaften 'Geduld' und 'Entspannung', weil er befürchtet, damit im Leben zu kurz zu kommen. Wer geduldig handelt und in Ruhe seine innere Bereitschaft prüft, 'kommt zu spät', ist Marions Überzeugung.

Was Marion von ihrem Partner lernen kann

Wenn sie die Herausforderung des Schattens annimmt, kann Marion für sich selbst finden, was sie an ihrem Freund so nervt: sich Zeit lassen, sich nicht selbst unter Druck setzen, nach innen gehen und spüren, bevor sie handelt. Marion ist in ihrem Leben oft den Ratschlägen des Dämonen gefolgt, aus der Angst heraus, zu spät zu kommen. Sie hat nicht nur ihrem Partner Druck gemacht, sondern auch sich selbst. Geduld zu entwickeln und nicht aus Panik und Ängsten heraus zu handeln, ist ihr Lernschritt. Wenn sie ihn annimmt und Geduld zu einer ihrer Fähigkeiten macht, dann reagiert sie auch nicht mehr gereizt auf die 'Lahmheit' ihres Freundes.

Marions Schatten: Geduld, Vertrauen
Ihr Dämon: Drängen, Druck

Wie Arnold seinem Schatten begegnet

Arnold möchte am liebsten täglich mit seiner Freundin schlafen. Er besteht auf Sex, sie spielt eine Weile mit. Da ihr der Sex mit Arnold aber zu mechanisch wird, weist sie sein Begehren schließlich zurück. In Arnold brennt das Feuer der Gier, er will haben. Er wirft ihr vor, gefühlskalt und frigide zu sein. Ärger mit dem Fühlen hat aber nicht sie, sondern Arnold selbst. Sein Dämon Ärger verbirgt die Eigenschaften 'Einfühlung' und 'Herzspüren'.

Was Arnold von seiner Partnerin lernen kann

Auch Arnold kann für sich selbst entwickeln, was ihn an seiner Freundin stört: die Fähigkeit, in Sexualität nicht blind seinem Trieb zu folgen, sondern in Verbindung mit dem Herzen zu einer liebevollen und zärtlichen, wirklich befriedigenden körperlich-sinnlichen Vereinigung zu gelangen. Spüren und Einfühlen ist sein Lernschritt.

Arnolds Schatten: Einfühlung, Spüren
Sein Dämon: Ärger

Wie Marlies ihrem Schatten begegnet

Marlies ist mit einem 15 Jahre jüngeren Studenten zusammen. Dieser steht kurz vor seinem Examen, er ist aufgeregt und verunsichert. In seiner Angst klammert er sich an Marlies. Sie wirft ihm vor, 'ein jämmerliches Bild abzugeben' und 'keine Spur erwachsen zu sein'. Immer wenn er Trost und Unterstützung bei ihr sucht, verachtet sie seine Schwäche, verlacht ihn und weist ihn zurück.

Verachtung ist der Name ihres Dämonen. Er verbirgt tief in Marlies ihre Angst vor den Gefühlen der Hilflosikeit und Schwäche. Der Dämon flüstert ihr zu 'du mußt dich zusammenreißen, du mußt stark sein, sonst gehst du im Leben unter'. Marlies gönnt sich daher in ihrem Leben keine Schwäche, sie arbeitet hart und erfolgreich in ihrem Beruf.

Was Marlies von ihrem Partner lernen kann

Hilfe anzunehmen und nicht als Einzelkämpfer durchs Leben zu hetzen ist der Lernschritt für Marlies. Ihre eigene Bedürftigkeit und Sensibilität zu entdecken würde ihr helfen, Streß aus dem Alltag zu nehmen und mehr Freude an kleinen Dingen zu haben. Dann könnte sie sich auch einmal jemandem in den Schoß legen und sich verwöhnen und trösten lassen. Wenn Marlies diese Herausforderung annimmt, wird sie auch die Empfindlichkeit ihres

Freundes nicht mehr abstoßend finden.
Marlies' Schatten: Bedürfnisse, Zartheit
Ihr Dämon: Wertung, Verachtung

Wie Gudrun ihrem Schatten begegnet

Gudrun ist mit einem verspielten und phantasievollen Mann zusammen. Vor allem auf sexuellem Gebiet sucht er Abwechslung und läßt sich allerhand einfallen. Mal will er seine Frau unter der Dusche verführen, mal im Garten ihres Hauses. Dann will er sie mit Düften betören oder mixt Liebestränke. Eigentlich gefällt ihr das, aber manchmal geht es ihr zu weit. Sie erfindet Ausreden. Mal ist das Fenster auf, die Nachbarn könnten etwas hören, dann wiederum könnte ja gerade jemand in den Garten schauen und sie sehen. Sie wirft ihrem Mann vor, 'unmöglich' und 'unersättlich' zu sein.

In Gudrun meldet sich ein Dämon, dessen Name wir alle kennen. Moral ist sein Name. Er flüstert ihr ein, 'das tut man nicht' und 'niemand darf mitbekommen, daß es Spaß macht', denn 'dann bist du schlecht'.

Was Gudrun von ihrem Partner lernen kann

Lust an ihrer Lust zu haben, unabhängig von der Meinung und Beurteilung anderer zu ihrem Vergnügen an Erotik und Sinnlichkeit zu stehen, ist Gudruns Lernschritt. Sie hält sich innerlich zurück und scheut sich auch dann loszulassen, wenn das Fenster geschlossen ist. Wenn Gudrun sich ihrem sexuellen Erleben hingibt, wird sie auch den Experimenten ihres Mannes gegenüber aufgeschlossener sein.
Gudruns Schatten: Lust und Sinnlichkeit
Ihr Dämon: Moral und Bewertung

Wie Toni seinem Schatten begegnet

Toni liebt seine Freundin, aber eine Sache stört ihn sehr. Immer wenn sie innerlich belastet ist oder es ihr nicht gut geht, gibt sie ihm auf seine Fragen keine direkte, offene Antwort. Sie weicht ihm aus und gibt ihm so indirekt zu verstehen, daß er sie in Ruhe lassen soll. Toni findet dieses Verhalten 'unmöglich', ist wütend und läßt sie seine Verachtung und Geringschätzung spüren. Gerade das, was er von seiner Freundin will, kann Toni aber selbst nicht geben: Offenheit und Direktheit.

Er selbst steckt viel Energie in die Beziehung, aber wenn es ihm zu viel wird und er für sich sein will, dann stößt er seine Freundin durch verletzende Bemerkungen von sich, anstatt ihr offen zu sagen: 'du bist mir jetzt zuviel'. In ihrer Indirektheit, die ihn ja nervt, stößt er auf seine eigene Unfähigkeit, direkt zu sein.

Was Toni von seiner Partnerin lernen kann

Wenn er versteht, was hinter der Verschlossenheit seiner Freundin steckt, nämlich die Angst, den eigenen Raum nicht wahren zu können und die eigene Freiheit nicht anders durchsetzen zu können, könnte Toni seine Bedürfnisse nach Freiraum besser mitteilen. Er bräuchte ihre 'Schwäche' nicht zu verachten, weil er dann für seine eigene Unvollkommenheit Verständnis hätte.
Tonis Schatten: Angst, eingeschränkt zu werden
Tonis Dämon: Verachtung und Geringschätzung

Den Schattenbereich zu verstehen ist ein Schlüssel für harmonische Partnerschaften. Keinesfalls aber gehört alles, was uns am Partner nicht gefällt, zu unserem Schatten. Der Schatten läßt sich an der Aufladung (Dämon) erkennen, die in uns entsteht, an der Spannung, unter der wir stehen, an der Wut, der Angst, der Verachtung oder der Bewertung. Wut und Angst, Haß und Verachtung sind beispielhafte Dämonen. Alles, was uns aus der Fassung bringt, weist auf einen ausgelösten Schatten hin, zeigt uns, daß es an diesem Punkt der Beziehung etwas zu lernen gibt.

Da wir der Konfrontation mit dem eigenen Schatten und Dämon ausweichen wollen, hält uns ihn das Selbst, in seiner natürlichen Weisheit und seinem Streben nach Ausgeglichenheit, in Person des Partners vor Augen. Dadurch haben wir eine dauernde Gelegenheit, unser Selbst zu ergänzen und zu vervollkommnen. Der Partner fordert durch seine bloße Gegenwart die Teile heraus, die wir verbergen. Liebe und Partnerschaft bringen alles zum Vorschein, auch und gerade die dunklen Seiten unseres Selbst.

Wenn wir diese *Herausforderung Partnerschaft* annehmen, wird aus der Beziehung eine Abenteuerreise in die Tiefe der Seele.

Wenn wir die Vorgänge und die Dynamik unserer Beziehungen verstehen und auch unabhängig vom Partner Verantwortung für ihre Gestaltung übernehmen, werden Konflikte und Spannungen zu Chancen des individuellen Wachstums.

Am Scheideweg

Sie können entscheiden. Für die Vergangenheit oder die Zukunft Ihrer Beziehung.

Fassen wir die Erkenntnisse über Beziehungen und ihre Dynamik zusammen. Sobald eine 'story', eine Liebesbeziehung zwischen Partnern beginnt, kann sie zu dreierlei Erfahrungen führen:

- wir werden in der Verbindung der hellen Seiten 'eins' und erfahren Glück, Frieden und tiefe Befriedigung
- wir werden durch den Partner mit unseren Schattenseiten konfrontiert und erfahren Spannungen und Konflikte
- indem wir die Herausforderung durch den Partner annehmen, lösen wir die Konflikte auf, regulieren auf diese Weise das Selbst und erweitern den Bereich der Individualität.

Erinnern wir uns daran, daß wir selbst den Partner ausgesucht haben, mit dem diese 'story' passiert, auch wenn uns die Tragweite dieser Wahl nicht bewußt war. Die Partnerwahl ist vom unbewußten Teil des Selbst getroffen worden, mit dem Ziel, uns mit verdrängten Kräften in Kontakt zu bringen, zur Auseinandersetzung herauszufordern und dadurch zur Integration der abgespaltenen Teile ins Bewußtsein beizutragen. Das Unbewußte spielt bei der Wahl des Liebespartners die entscheidende Rolle.

Es fasziniert mich immer wieder zu sehen, wie die innere Weisheit unabhängig von unserem Wollen und Wissen funktioniert. Wir können eigentlich nichts falsch machen, wir regulieren uns immer SELBST. Aber wir können uns einige Runden auf dem Beziehungs-Karussell ersparen, wenn wir uns bewußt verhalten, Verantwortung für unsere Situation übernehmen und die Herausforderung der Partnerschaft annehmen.

Wenn Sie momentan verliebt sind oder wenn Sie sich gerade in einer 'story' befinden, dann können Sie sicher sein, daß es dort etwas zu lernen gibt. Sie sind nicht zufällig dort. Sie sind am Scheideweg und haben es selbst in der Hand, wie es von hier weitergehen soll. Sie bestimmen über das Wozu und Wie einer Partnerschaft.

Am Scheideweg stellen sich die Fragen: wozu bin mit diesem Partner zusammen? Was suche ich bei ihm? Wie will ich ihm begegnen?

Brauche ich die Sicherheit einer Ehe(Beziehung), brauche ich einen Partner, der seine Rolle als Ehefrau/mann erfüllt? Lebe ich eine Liebe, die auf Verhaltenszwängen und dem primären Kontext von Überleben aufgebaut ist, die ihre Lebendigkeit verliert und verwelkt? Erfordert meine Vorstellung von Liebe, mich zu verleugnen und 'der andere' zu sein, nicht meinen, sondern den Wünschen und Vorstellungen des Partners zu entsprechen, und fordere ich das auch von ihm?

Was suche ich in einer Beziehung, was will ich von Liebe und Partnerschaft? Suche ich die Verbindung zur Seele meines Partners? Gibt es einen Weg, mit dem Partner zu sein und doch 'ich selbst' zu bleiben? Muß sich Freiheit verlieren, wenn wir den Weg der Partnerschaft wählen? Gibt es einen Weg, Liebe und Freiheit zu verbinden?

Hinter all diesen Fragen steckt die eine: wer bin ich in der Partnerschaft und wie kann ich das, was ich bin, sein? Herauszufinden, wer wir sind, uns selbst zu finden und wir selbst zu sein ist ein Weg, auf dessen ersten Schritten wir entdecken, was wir nicht sind und auf dem wir verlieren, was wir bisher für uns gehalten haben.

Persönlichkeit - der äußere Ring des Selbst

Es gibt eine Selbsterfahrungs-Struktur, bei der sich zwei Partner gegenübersitzen und nur die eine Frage stellen: 'Sag mir, wer du bist'. Dies geschieht über mehrere Tage hinweg und wird nur von kurzen Schlafperioden unterbrochen. Wer sich auf dieses Abenteuer einläßt, erfährt einiges über seine Persönlichkeit. Es fängt an mit: ich bin Mann, ich bin Liebhaber, ich bin Vater, ich bin Lehrer, ich bin Sportler, ich bin Spieler, ich bin Sucher, ich bin ...., ich bin .... und so weiter, drei bis fünf Tage lang.

Mit jeder Antwort entstehen neue Fragen. Was ist das, ein Vater, eine Mutter, ein Liebhaber, ein Professor, ein Buchhalter, ein Sammler? Was sagt das über mich aus? *Bin* ich das?, oder *tue* ich das? Mit jeder Antwort wird klar, daß wir *das auch nicht sind,* daß auch das nur eine Rolle oder ein Verhalten beschreibt, nicht aber unser SEIN, unser Wesen erfassen kann. Mit jeder Frage blättert Stück für Stück etwas ab, was wir bisher für uns gehalten haben. Es ist, als ob eine Fassade abbröckelt, und allmählich wird darunter etwas frei, kommt eine Ahnung durch von etwas anderem, das wir sind.

Die abgefallene Fassade ist die Maske der Persönlichkeit, ist ein Gerüst aus Definitionen, Identifikation und Verhalten, mit dem wir unsere Rolle im Spiel des Lebens ausfüllen. Auf der Ebene der Persönlichkeit können wir einander Ehepartner sein, Vater oder Lehrer, können wir Rollen einnehmen, die unser Verhalten auf mehr oder weniger sinnvolle Weise regeln. Das sind für unser Leben sehr wichtige Rollen und wirksame Verhaltensweisen, ohne die wir zweifellos in der Außenwelt nicht zurechtkämen. In die Welt der Liebe aber finden Rollen und Personen keinen Einlaß, sie bleibt allem Äußerlichen verschlossen.

Wir können eine bedeutende Persönlichkeit *darstellen,* aber wir können nie eine solche *sein,* denn die Person ist lediglich ein Bild, das wir nach außen abgeben. Das Wort Persona bedeutet Maske, eine Maske, die wir Menschen gegenüber aufsetzen, die wir nicht in unser Inneres blicken lassen wollen. Diese Maske zeigt, was wir tun - und verbirgt, was wir sind.

Viele Menschen glauben, das zu sein, was sie tun, und begeben sich damit in ein Gefängis aus Verhaltenszwängen. Sie wollen ständig beweisen, daß sie bedeutend sind, daß sie wichtig sind und bleiben dabei auf der äußeren Ebene der menschlichen Realität hängen. Auf diese Weise wird das Leben leer und auch der größte Erfolg kann darüber nicht hinwegtäuschen. Die Welt der Rollen ist der äußere Ring des Lebens, ist ein Bereich, der von unserem innersten Kern, der Seele, am weitesten entfernt ist.

Wenn Partnerschaft auf Rollenzuweisung, auf der Verteilung von Pflicht und Recht basiert (Ehe bedeutet Recht, Pflicht), auf Versprechungen und Forderungen aufbaut, bleibt sie im äußeren Ring des Lebens verhaftet. Wenn Liebe dem Zweck Überleben und Sicherheit untergeordnet ist, wird sie oberflächlich und leer. Sie sagt uns, was wir tun und lassen sollen, aber sie zeigt uns nicht den Weg zu dem, was wir sind.

Vielleicht kommt Ihnen die oben beschriebene Selbsterfahrungs-Struktur 'Sag mir, wer du bist' seltsam vor. Aber eigentlich steht hinter Partnerschaft und Beziehung genau diese ohne Unterbrechung andauernd gestellte Frage an den anderen. *Sag mir, wer du bist* taucht im Alltag der Beziehung an allen Ecken und Enden auf. Wenn der andere uns liebt, wenn wir in den Zustand der Liebe fallen und viele Grenzen sich auflösen, dann stellt sich diese Frage. Und wenn der andere uns verläßt, wenn wir in unseren Grenzen verloren sind, dann stellt sich diese Frage. Sag mir, wer du bist, damit ich erkennen kann, wer ich bin.

Wir versuchen, die Tiefe des Partners auszuloten und seine Geheimnisse zu erforschen, denn seine Geheimnisse sind tief im Inneren auch unsere Geheimnisse. Das, was nach der Frage *Sag mir, wer du bist* übrigbleibt, wenn die 'Fassade Persönlichkeit' abgeblättert ist, kann nicht in Worte gefaßt werden. Das, was bleibt, kann nur individuell empfunden und gefühlt werden, denn es ist bei jedem Menschen verschieden ausgeformt. Das, was frei wird, ist unser Wesen.

Individualität - der Kern des Selbst

Der Weg zur Seele, zum Selbst führt uns von den Grenzen der Person zur Entdeckung unserer Individualität, unserer Einzigartigkeit, zu unserem Kern.

Das Leben ist unendlich variabel, und es drückt sich in millionenfach verschiedenen Formen aus. Pflanzen, Tiere, Elemente, Mineralien, Planeten, Sonnen, all dies unterscheidet sich von der Form her und verbindet sich in einem Kern: es lebt, es hat eine Seele.

Nicht zwei Dinge im Universum sind von gleicher Form, alles ist einzigartig. Besonders deutlich ist dies bei uns Menschen, von denen es - obwohl fünf Milliarden auf dieser Erde leben - nicht zwei gibt, die identisch sind. Jeder ist im Spiel des Lebens unverwechselbar, ist ein Individuum. In der östlichen Bildsprache wird der Mensch beschrieben als ein hohler Bambus oder eine Flöte, durch die die Melodie der Existenz klingt. Millionen von Flöten, der gleiche Wind, der durch sie weht, und doch Millionen verschiedene Lieder, Millionen verschiedene Töne, Millionen verschiedene Möglichkeiten, das Leben zu feiern.

Individualität ist der Magnet, der den Partner zu uns führt: unsere Einzigartigkeit, Schönheit, Ausstrahlung, unsere Qualitäten, unsere Andersartigkeit, unser auf eine ganz bestimmte Weise entwickeltes Selbst. Wenn der Partner das, was er bei Ihnen findet, überall bekommen könnte, dann gäbe es keinen Grund, gerade zu Ihnen zu kommen.

Individualität ist unbeschreibbar, weil es ein Erleben ist, ein Schmecken, ein Empfinden, ein Fühlen, ein Spüren, ein Durchlassen, ein Aufnehmen, ein Abgeben, ein Vibrieren, ein Sein. Sie läßt sich genausowenig beschreiben wie der Geschmack von Pfefferminze. Niemand kann über Worte den Geschmack der Minze erfahren.

Die Suche nach Individualität ist die Suche nach der Seele, nach meinem Klang, nach meiner Melodie, durch die ich dieses Leben auf meine Art genieße. Niemand kann dieses Lied für mich spielen und niemand kann mir die Noten schreiben, aber es gibt jemanden, der mir den Weg zur Seele zeigen kann: der Seelenpartner.

Seelenbegegnung

Das Wort Seele bedeutet *das Innere eines Dings*. Unsere Seele ist das Innere, der Kern unseres Wesens, in dem wir unteilbar sind. Ein Ruheplatz, in dem wir eins sind und Harmonie und Frieden mit uns und der Welt finden. Zu diesem Platz gelangen wir mit dem Partner besonders leicht, mit ihm finden wir Zugang nach innen, finden wir Ruhe im Kern. Je öfter wir den Weg nach innen, zur Quelle der Seele finden, desto weiter kann sich das Selbst auch nach außen entfalten und wirksam werden.

Der Partner ist einer der wenigen, manchmal der einzige, den wir die Maske unserer Persönlichkeit durchdringen lassen und dem wir Zugang zum Bereich unserer Seele gewähren. Hier durchdringen sich unsere Energien, denn indem wir uns öffnen, begegnen wir einander im Inneren. Wir erlauben die Begegnung der Seelen, in der wir schmelzen und ver-ein-en.

Woran kann man eine Seelenbegegnung erkennen? Es gibt in Ihrem Leben sicher einige Menschen, von denen Sie sagen würden: wir haben unser Wesen berührt. Was immer diese Menschen tun oder lassen, egal, wie ihr Verhalten ist, Sie würden immer eine tiefe Verbindung zu ihnen behalten, sogar dann, wenn Sie sich niemals wieder treffen sollten. Diese Menschen haben Sie hinter die Maske ihrer Persönlichkeit schauen lassen, ihnen sind Sie auf der Ebene der Seele begegnet.

Wenn sich unsere Seelen begegnen, wird eine Verbindung geschaffen, die Zeit und Ereignisse überdauert. Jenseits von Bewertung treffen wir jemanden in der akzeptierenden Atmosphäre der Liebe. Diese Liebe überwindet Trennung und Getrenntsein und schafft Einheit und Vereintsein. Sie führt zur Selbstverwirklichung der Partner.

Es ist nicht die Begegnung zweier Personen, die Liebe entstehen läßt, es ist die Begegnung zweier Seelen.

Es liegt in unserer Hand, ob und wie wir Partnerschaften nutzen. Beziehung ist der Bereich, in dem wir am meisten über uns selbst lernen können und der entweder zum Schlachtfeld oder zum Lernfeld der Partner wird. Zum Schlachtfeld sich bekämpfender Persönlichkeiten, auf dem Ehemann und Ehefrau um Besitz und Recht kämpfen oder zum Lernfeld zweier Individuen, die in gegenseitiger Herausforderung ihr bewußtes Selbst erweitern.

Der Partner ist Himmel und Hölle. Er hält uns den Spiegel der hellen und dunklen Seiten des Selbst vor Augen. Für das eine lieben wir ihn, für das andere hassen wir ihn. Wie auch immer wir den Spiegel aufnehmen, letztlich begegnen wir im anderen immer nur uns selbst. Am Scheideweg bleiben wir stehen und reflektieren. Hier fällt die Entscheidung, ob wir unsere Beziehungen an der Vergangenheit orientieren oder ob wir eine Zukunft schaffen, die unseren Bedürfnissen und Wünschen entspricht.

Die Geschichte von Beziehungsproblemen ist die Geschichte immer neu erstehender Vergangenheit.

Diese Vergangenheit fußt in den Beziehungsstrukturen unserer Familien und im sozialen Sicherungsnetz der Ehe(Beziehung). Wir sind nicht mit dem Ehe-Bild auf die Welt gekommen, wir haben dieses Konzept vorgefunden und zum Bestandteil unserer Denk- und Gefühlsstrukturen gemacht.

Das Wort Konzept bedeutet 'Entwurf' oder 'Vorsatz'. Genau das ist die Ehe. Ein Entwurf, ein System, das die Beziehung und das Zusammenleben von Mann und Frau regelt. Sie entstand als Gemeinschaft zur Sicherung des Überlebens. Fortpflanzung und Arbeitsteilung sind in ihr geregelt, auch die Frage der Altersversorgung und der Besitzverhältnisse. Dies war über einen langen geschichtlichen Zeitraum ein sinnvolles Konzept vom Zusammenleben der Geschlechter.

In den letzten Jahrzehnten aber hat die materielle Entwicklung eine auf Familienbasis organisierte Überlebensstruktur veraltern lassen. Niemand ist mehr auf eine Ehe angewiesen, um zu überleben, immer mehr Kinder werden außerhalb der Ehe geboren, und die Altersversorgung ist staatlich geregelt. Eigentlich braucht niemand in unserer Kultur die Ehe als vertragliche Verpflichtung, denn die materielle Entwicklung hat sie überflüssig gemacht, und langsam aber stetig vollziehen wir diese Entwicklung auch im Bereich unserer Psyche nach.

Ich wende mich hier nicht gegen das Zusammenleben zweier Partner, nicht gegen Zweisamkeit oder Partnerschaft. Vielmehr geht es mir um eine kritische Betrachtung der 'Vorstellung Ehe', des Konzepts Ehe, des DINGs Ehe, des Bildes Ehe, das lediglich in unserer Phantasie Glück verspricht, in der Realität unserer Beziehungen aber allzuoft zur Falle wird, in der Liebe und Beziehungsfähigkeit ersticken.

Ehe wird mehr und mehr zum behindernden Konzept, an dem unsere Versuche scheitern, eine befriedigende Partnerschaft aufzubauen. Konzepte sollen uns bei der Realitätsbewältigung helfen. Ihr Sinn besteht darin, uns zu verschaffen, was wir im Leben suchen. Ein Konzept ist gut, wenn es uns zu dem verhilft, was wir wollen, und es ist schlecht, wenn es uns nicht nützt. In diesem Sinn hat die Ehe als Konzept für Partnerschaft ausgedient, denn sie gibt uns nicht oder nur teilweise, was wir suchen.

Zahllose Ehen und außereheliche Beziehungen werden geschieden oder zerbrechen, weil die Partner sich an den alten Visionen und Bildern vom Zusammenleben orientieren. Wir verschwenden unsere Energie, unsere Träume und unsere Kraft an die Vergangenheit, eine Vergangenheit, die wir in uns tragen und der wir immer wieder zu neuer Realität verhelfen.

Stellen wir uns zwei junge Menschen vor, die gerade erste Erfahrungen mit Liebe und dem anderen Geschlecht machen. Wie werden sie aufeinander zugehen? Wird er sie ansprechen oder wird sie die Initiative ergreifen? Wie werden sie einander näher kommen? Wird er sagen 'ich möchte gern mal mit dir essen gehen' oder wird sie sagen 'du gefällst mir, laß uns miteinander schlafen'? Werden sie von ihrer Liebe erwarten, daß sie ewig hält - oder werden sie das offen lassen? Werden sie heiraten oder werden sie auf jedes Versprechen verzichten? Werden sie Erwartungen aufbauen oder werden sie sich Freiheit lassen? Werden sie miteinander kämpfen oder werden sie sich verständigen können? Werden sie nebeneinander herleben oder werden sie in der Lage sein, auch allein zu leben? Werden sie sich trennen und verbittern oder werden sie voneinander lernen und für Liebe offenbleiben? Welche Realität werden sie in ihren Beziehungen schaffen? Welchen Weg werden sie gehen?

Wir alle sind zuerst einmal den ausgebauten, breiten Weg gegangen, den alle anderen vor uns gingen. Man hat uns gesagt, er führe zu Glück, Frieden, Erfüllung und Sicherheit. Man hat uns jeden Schritt vorgegeben:

- such dir eine Frau/einen Mann, die/der zu dir paßt
- wenn du *die/den Richtige(n)* gefunden hast, halt sie/ihn fest und laß nicht mehr los
- verhalte dich entsprechend deiner Rolle als Ehemann/frau
- sei treu
- sorge für deine Frau
- opfere dich für deinen Mann
- paß auf, daß der andere dich nicht betrügt
- verlange dein Recht (Ehe=Recht)
- nur so kannst du glücklich werden.

Wir haben immer nur Menschen gesehen, die es so gemacht haben und so machen. Wir kennen keine anderen Wege, und wir haben keine anderen Bilder, an denen wir uns orientieren können. Deshalb gehen wir den breiten Weg, und er führt uns - nicht ans Ziel. Wir sind nicht dauernd glücklich, wir haben keine Sicherheit, keine Erfüllung gefunden. Wir gehen den breiten Weg ein zweites Mal, ein drittes Mal - und wir beginnen zu zweifeln, ob es der richtige Weg ist. Wir werfen einen Blick auf die Landkarte - stimmt sie überhaupt?
Gibt es das überhaupt:

- den oder die Richtige?
- den idealen Partner für's Leben?
- kann man Liebe festhalten?

– gibt es eine Rolle, bin ich nur Ehemann/frau?
– ist Treue sinnvoll?
– muß ich für jemanden sorgen?
– muß ich mich opfern?
– habe ich überhaupt Rechte/Pflichten gegenüber dem Partner?
– kann ich nur so glücklich werden?

Wir betrachten die Landkarte und sehen, daß wir hierhingekommen sind, weil wir den vorgezeichneten Wegen folgten, weil wir uns auf die Bilder und Zeichnungen verließen, die andere für uns gemacht haben.

Wie produzieren wir diese Vergangenheit, wie schaffen wir es, sie in Liebesbeziehungen hinein zu tragen? Wie bauen wir die Welt, die äußere und auch die innere Welt? Wenn wir wissen, wie wir diese Realität kreiert haben, dann haben wir auch den Schlüssel dafür in der Hand, eine andere Realität zu schaffen.

Visionen

Sie haben Ihre Beziehung oder Ehe kreiert. Wenn Sie die Kraft zur Gestaltung Ihrer Partnerschaft haben, dann können Sie diese auch jederzeit so verändern, wie sie es wollen.

Menschen haben Phantasie, d.h. die Fähigkeit, Dinge in ihrer Vorstellung entstehen zu lassen, die es nicht gibt. Wir können uns große, komfortable Raumstationen vorstellen oder Unterwasserstädte, in denen wir unter riesigen Glaskuppeln auf dem Meeresboden leben. Wir können Bilder entstehen lassen von einer Welt, wie wir sie uns vorstellen und wie wir sie wollen. Diese Bilder sind von Verstand und Gefühl gemeinsam konstruierte Visionen. Aus den Kräften des Denkens und Fühlens entstehen Visionen, und diese Visionen werden durch unser Handeln Wirklichkeit.

Wir kreieren diese Welt nach unseren Bildern, nach unseren Visionen.

Das Bild vom bösen Russen, der die Welt beherrschen will, hat mit beigetragen zu einer gigantischen Aufrüstung. Die Vision vom Energiemangel führte zum Ausbau der Kernenergie. Die Vision vom sauberen Brennstoff führt zur Erforschung der Sonnenenergie. Dinge kommen in die Realität über innere Bilder. Dinge passieren, weil wir sie uns zuerst vorstellen und dann unser Handeln nach diesen Vorstellungen ausrichten. Das bedeutet auch: solange wir uns etwas nicht vorstellen können, wird es nicht passieren.

Solange wir glauben, die Ehe(Beziehung) sei die einzige Form des Zusammenlebens der Partner, werden wir unsere Beziehungen nach altem Muster stricken und auch immer wieder vor den gleichen Ergebnissen stehen. Dabei gibt und gab es so viele verschiedene Beziehungsformen, die sich von unserer Ehe unterscheiden.

Können Sie sich vorstellen, als Frau mit mehreren Männern zusammenzuleben? Ihre Antwort ist wahrscheinlich *nein* und das beweist, daß Sie nicht in Tibet aufgewachsen sind. In Tibet war es bis vor wenigen Jahren noch üblich, daß eine Frau mehrere Männer hatte. Die Tibeter hatten ihre Gefühle und ihren Liebesbegriff dieser Vielmännerei angepaßt und damit gelebt. Erst durch den Kontakt mit anderen Kulturen kamen auch andere Vorstellungen, andere Möglichkeiten, andere Visionen und eine andere Realität.

Andere Völker praktizierten das Gegenteil - mehrere Frauen lebten mit einem Mann. Bei den Eskimos legten sich die Ehefrauen zu den Gästen ins Bett, und manche Südseevölker gewährten ihren Jugendlichen Ehen auf Probe. Jede Gemeinschaft hat ihre eigenen Bräuche und Gesetze, mit der sie das Zusammenleben der Partner regelt. In diese Beziehungsmuster werden wir hineingeboren, mit ihnen wachsen wir auf, an ihnen orientieren wir uns, und schließlich übernehmen wir sie.

Es liegt in unseren Händen, ob wir unser Handeln und Fühlen weiterhin an alten Bildern orientieren. Wir können neue Visionen entstehen lassen, neue Bilder und Vorstellungen schaffen, die unser Handeln in eine andere Richtung lenken und damit zu einer veränderten Realität führen. Wenn wir eine andere Realität in unseren Beziehungen wollen, dann brauchen wir neue Bilder, die uns zum Ziel bringen: zu lebendigen, erfüllten und liebevollen Partnerschaften.

Wir brauchen neue Visionen vom gemeinsamen Weg der Partner.

Wenn wir die Realität nach Visionen bauen, können wir sie durch Visionen auch verändern. Dann liegt in unseren Bildern ein Schlüssel für die Gestaltung unserer Beziehungen. In diesem Sinn sind Visionen Ausdruck einer Zukunft, die durch die Kraft unseres Handelns wirklich werden kann.

Am Scheideweg kreieren wir in der Gegenwart Bilder unserer Zukunft und brechen dadurch die Macht der alten Bilder. Vergangenheit ist, was wir vom Alten, schon Gewesenen in uns tragen. Zukunft ist eine Möglichkeit, etwas, das sich ereignen kann. Beides existiert gleichzeitig in uns. Vergangenheit und Zukunft sind keine Hirngespinste, sie existieren. Aber sie existieren nicht außerhalb unseres Verstandes. Wir haben die Fähigkeit zur Erinnerung und darüber hinaus zur Projektion. Wir können Vergangenes speichern und Zukünftiges projizieren. Hätten wir keine Erinnerung (=Vergangenheit), wir würden immer wieder über denselben Stein stolpern und uns an derselben Herdplatte die Hände verbrennen. Und könnten wir nicht projizieren (=Zukunft), wir hätten nie einen Herd gebaut.

Zeit existiert in uns. Vergangenheit und Zukunft sind Dimensionen des Verstandes und damit Teil unserer Wirklichkeit. Vergangenheit und Zukunft sind - bewußt oder unbewußt - ständig in unserer Gegenwart enthalten. Machen wir uns das an einem Beispiel klar.

Stellen Sie sich vor, Sie sehen einen interessanten Menschen in einer Bar. Sie betrachten ihn und es kommt Ihnen der Gedanke 'sieht genau aus wie Karl/Gerda, die ich letztes Jahr im Urlaub kennengelernt habe'. Nehmen wir weiter an, Sie haben mit Karl/Gerda im Urlaub schlechte Erfahrungen gemacht. Sie werden diesen Menschen in der Bar jetzt nicht ansprechen. Vergangenheit (Erinnerung) hat ihre Gegenwart (Distanz) und ihre Zukunft (alleine nach Hause gehen) bestimmt. Wer weiß, ob Sie nicht die Chance verpaßt haben, einen wunderbaren Menschen kennenzulernen.

Solche Dinge passieren uns täglich. Am Scheideweg stellt sich nicht die Frage: 'Ehe - ja oder nein', 'Beziehung - ja oder nein'. Am Scheideweg stellt sich die Frage nach der Qualität unserer Beziehungen. In Partnerschaften befinden wir uns täglich am Scheideweg. Wir sind dort:

- wenn das Beziehungsspiel 'Du' im Gang ist
- wenn wir uns streiten
- wenn wir Forderungen und Vorstellungen durchsetzen wollen
- wenn wir den Partner ändern wollen
- wenn wir ihn zwingen wollen
- wenn wir Liebe fordern
- wenn wir glauben, der andere sei 'schuld'
- wenn wir die Verantwortung für unser Fühlen und Erleben auf den Partner schieben wollen.

Am Scheideweg suchen wir neue, andere Wege, mit Liebe und Beziehung umzugehen. Auf die Rolle der Vergangenheit bin ich in den ersten Abschnitten des Buches eingegangen. Wir haben ihren Einfluß analysiert und ihre Bedeutung erfaßt. Widmen wir uns jetzt der Zukunft, den Möglichkeiten, die sich durch neue Visionen von der Partnerschaft ergeben.

Lassen Sie uns gemeinsam Visionen und Bilder von einer Partnerschaft entwickeln, in der sich unsere Seelen verbinden können und in der sich unsere Liebe entfalten kann.

Chris - ich selbst sein

Chris entwickelt in einer Übung folgende Vision von einer schönen Partnerschaft:

«Ich gehe meinen Weg, es ist ein breiter Feldweg, der durch eine leicht hügelige Landschaft führt. Es ist schönes Wetter und ich bin gut gelaunt. Von der Seite kommt ein anderer Weg, auf dem geht ein Mann. Hinter dem nächsten Hügel laufen die Wege zusammen, und wenn wir beide weitergehen, dann werden wir uns dort treffen. Ich bekomme ein wenig Herzklopfen, vielleicht sollte ich doch besser stehenbleiben und ihn erst mal aus der Entfernung betrachten. Ach nein, ich kann ja immer noch weitergehen, wenn er mir nicht gefällt.

Jetzt schauen wir uns an, ich finde ihn sehr interessant. Wir stehen voreinander und schauen uns an, einfach so, ohne was zu sagen. Er ist schön. Ich möchte ihn berühren. Ich strecke die Hand aus und nehme seine Hand. Ich geh näher auf ihn zu, und unsere Körper berühren sich leicht. Wir stehen ganz still da, der Wind spielt mit unseren Haaren, und es ist still und ganz intensiv. Es fühlt sich an wie Strom, der durch mich fließt und durch ihn auch. Nach einer ganzen Weile setzen wir uns ins Gras und schmusen sehr zart und liebevoll miteinander, keiner sagt etwas, aber wir lachen. Es ist schön, so verspielt und leicht.» Chris hat ein sanftes Lächeln auf den Lippen, als sie diesen Bildern folgt.

«Ich möchte jetzt weitergehen und stehe auf. Er schaut mich an, und ich reiche ihm die Hand. Er nimmt sie und steht auch auf. Wir gehen zusammen den Weg weiter, mal schauen wir uns an, mal die Landschaft. Als es dunkel wird, schlafen wir in einer Scheune, nebeneinander, aber wir schlafen nicht zusammen. Er drängt mich auch nicht, er will nichts von mir, was ich nicht auch will. Als die Sonne aufgeht, bin ich fröhlich wie ein Kind und lache und schlage Purzelbäume im Heu. Ich schmeiße Heu auf ihn, und wir machen eine Heuschlacht. Dann gehen wir weiter, Arm in Arm. Wir sind uns schon viel vertrauter.

Mittags kommen wir an einen Fluß, da baden wir zusammen und spielen im Wasser mit unseren Körpern. Jetzt küssen wir uns und im Uferwasser schlafen wir miteinander. Es ist ganz ruhig und dauert unheimlich lange. Wir liegen lange im Gras und ich summe ein Lied. Jetzt will ich allein sein, ich geh zum Wasser und laß mich treiben. Da ist eine Insel im Fluß, da geh ich hinauf und plötzlich hab ich Lust zu weinen. Ich bin froh und weine. Es ist schön.»

Chris liegt da, Tränen laufen über ihr Gesicht. Sie ist entspannt und gelöst. Ich frage sie, was das Schönste an ihrer Phantasie war, was sie am meisten berührt hat. Chris antwortet:

«Es war gar nicht das miteinander Schlafen, es war mehr die Art, wie wir miteinander umgingen. Wir haben uns verstanden, ohne zu sprechen, das war ganz toll und erleichternd. Auch wie wir uns zu Anfang begegnet sind, das war alles ohne Worte, einfach mit viel Spüren. Und was ich gemacht habe, das ging alles ganz selbstverständlich, ohne daß ich es erklären mußte oder rechtfertigen. Vor allem, daß ich nicht direkt mit ihm schlafen wollte, das war gut, daß das ohne viel Worte möglich war, oder wie wir im Heu 'rumgealbert haben oder im Wasser gespielt haben. Ich konnte halt alles machen, wozu ich Lust hatte, sogar weggehen nachdem wir miteinander geschlafen haben. Das hat mich froh gemacht, das fühlt sich an wie eine alte Sehnsucht.»

«Wie konntest du sein mit ihm?»

«Einfach so, wie ich bin.»

Genau das kann Chris in ihrer Ehe nicht. Sie lebt seit zwanzig Jahren mit einem Hochschullehrer zusammen und hat sich in dieser Zeit stark an ihrem Mann und seiner intellektuell geprägten Umgangsweise orientiert.

«Irgendwie sind wir ziemlich kompliziert miteinander. Über alles wird ständig diskutiert, dauernd wird irgendwas analysiert und auseinandergenommen. Ich glaube, wir können gar nicht mehr spontan sein, da ist immer gleich eine Hemmung da, ob das richtig und angemessen ist. Wenn ich mal albern bin, wird gleich diskutiert, ob ich unausgeglichen bin und was dahinterstecken könnte. Das ist so ein riesiges System von Ideen und Vorstellungen, wie man sein soll und sich verhalten soll. Ständig werde ich kritisiert, ich kontrolliere mich schon selber dauernd. Mal soll ich mehr soziale Kontakte haben und nicht zu Hause herumhängen, dann soll ich mich wiederum nicht wegschleichen vor der Familie. Ich bin nie genug oder richtig.

Wir schlafen auch nicht viel miteinander, es macht mir kaum noch Spaß. Ich bin auch nicht richtig dabei. Wenn ich an die ganzen Gespräche denke, ob ich einen Orgasmus habe oder nicht, ob er vaginal ist oder klitoral, ob ich mich gehen lassen kann, ob ich einen Block hier oder da habe, da vergeht mir die Lust. Dabei ist er selbst so eingeschränkt, daß er immer die gleiche Sache ablaufen läßt.

Am liebsten würde ich mal ganz was Verrücktes machen, aber dann halte ich mich zurück, das paßt nicht in den Rahmen. Mit den Kindern, wenn ich mit denen spiele, da kann ich albern sein. Aber mit meinem Mann ist alles so festgefahren. Es hat schon gar keinen Sinn mehr, darüber zu reden, wir reden doch aneinander vorbei. Ich fühle mich so richtig gefangen in den ganzen Vorstellungen, richtig eingesperrt. Wir versuchen dauernd, irgendwas zu sein, was wir nicht sind, aber wir kriegen es doch nicht hin. Ich bin es leid, mich nach dem ganzen Kram zu richten, ich will einfach nur noch so sein, wie ich bin, egal ob das 'vernünftig' oder 'unsinnig' ist. Ich will mal nur machen, wozu ich Lust hab.»

Chris fühlt sich in einem engen System von Vorstellungen und Ideen eingesperrt. Die Kommunikation mit ihrem Mann läuft hauptsächlich über verbale Auseinandersetzungen. Der Bereich des Fühlens kommt zu kurz, der Kopf bestimmt die Beziehung. Zwischen den Partnern herrscht eine verkrampfte und verspannte Atmosphäre, in der sie sich nicht mehr direkt begegnen können.

Chris versucht, sich entsprechend den von ihrem Mann übernommenen Idealvorstellungen zu verhalten und eine anerkannte und vernunftbezogene Frau zu sein. In der Enge dieser Rolle verliert sie das Gefühl für sich selbst. Es hat auch keinen Sinn, mit dem Ehemann darüber zu reden, da er seine intellektuelle Hochburg nicht verläßt. Er hat zu seinen eigenen Bedürfnissen und Emotionen ein distanziertes Verhältnis, und die gleiche Distanz hält er auch zu seiner Frau. Beide haben sich von ihren Gefühlen distanziert, aber Chris leidet darunter mehr. Im Netzwerk ihrer Vorstellungen ist auch die Idee enthalten, daß man Gefühle beherrschen und kontrollieren sollte. Spontaneität ist einer vernunftbestimmten Haltung gewichen, 'man' verhält sich jetzt, wie es erwartet wird und wie man es selbst von anderen erwartet.

Chris leidet unter diesen Zwängen und entwickelt eine Phantasie, in der all das vorkommt, was in ihrem Alltag fehlt: fühlen, spüren, spielen, schmusen, albern sein, zwanglos miteinander schlafen, ihren Impulsen folgen, still sein. Weite und nicht Enge ist die Atmosphäre, in der sie sich wohlfühlt. All das kann sie zusammenfassen zu einer Aussage: 'so sein, wie ich bin'. Bei diesen Worten weint sie, denn das auszusprechen erleichtert.

Zu sein, wie sie ist, das hat sie sich in den langen Jahren ihrer Ehe immer weniger gestattet. Durch die Phantasiereise bekommt sie eine Menge Bilder und Informationen aus ihrem Unbewußten, in denen sich ihre Sehnsucht ausdrückt, zu machen, wozu *sie* Lust hat und nicht, was andere von ihr erwarten.

In einem fiktiven Gespräch mit ihrem Mann macht sie sich dann Luft: «Ich bin das dauernde Gequassel leid. Ich habe auch keine Lust mehr, mich zu rechtfertigen, was ich wann wo wie warum wieso mache oder nicht mache. Mir ist auch die ganze politische Lage wurscht und die 'Perspektiven der Hochschulpolitik' jucken mich nicht für einen Pfennig. Du bist so'n richtiger Langweiler, du hast doch nur Angst, dich mal zu zeigen, du versteckst dich doch nur hinter deinen ganzen Argumenten. Mach doch deinen ganzen Kram, aber laß mich damit in Ruhe. Du kannst quasseln soviel du willst, aber ich werd mal wieder machen, wozu ich Lust habe und mir nicht die Zeit versauern mit deinen trockenen Freunden.

Vor allem hab ich die Nase davon voll, wie du mich haben willst. Wenn es dir nicht paßt, wie ich bin, dann schieß doch in den Wind, ich zwing dich ja nicht, bei mir zu sein.»

Chris hat richtig Spaß daran zu schimpfen und es 'ihm mal zu zeigen'. Sie zieht Grimassen und wirft mit Kissen um sich. Schließlich lacht sie und sagt:

«Mein Gott, ich bin ganz schön blöd!» Sie erkennt, wie sehr sie auf das Spiel eingestiegen ist und sich dabei von sich selbst entfernt hat. Damit will sie jetzt Schluß machen und auch unabhängig von ihrem Mann die Dinge unternehmen, die ihr Spaß machen. Vor allem aber will sie aufhören, sich nach seinen Ideen und Vorstellungen zu richten und dem Bild einer intellektuellen Frau nachzueifern.

Chris weist in ihrem Beispiel darauf hin, was uns in Partnerschaften immer wieder passiert: Wir geben uns selbst zugunsten einer Vorstellung auf. Wir fangen an, uns mehr oder weniger nach dem Bild zu richten, das der andere von uns hat, denn wir wollen seine Liebe und Anerkennung. Deshalb verstellen wir uns, spielen eine Rolle, verleugnen unser wahres Gesicht 'um der Liebe willen'.

Gegenseitige Kritik und Nörgelei schaffen Spannung und Enge. Gleichzeitig behandeln wir den Partner nicht anders, auch er soll sich nach unseren Erwartungen richten. Hinter dieser Opferbereitschaft steckt aber weder Selbstlosigkeit noch Liebe. Wir schließen einen Handel ab, bei dem wir unsere Spontaneität und Selbstbestimmung gegen das Versprechen eintauschen, daß der Partner bei uns bleibt. Wir verzichten für ein wenig Sicherheit auf unsere Lebendigkeit.

Die Vorstellung hinter diesen Verhaltensweisen lautet *Ich muß mich selbst aufgeben, um die Liebe eines anderen zu bekommen. Ich darf nicht ich sein, ich muß er werden.* Auf diese Weise wollen wir die Nähe verstärken, die uns verbindet, aber wir erreichen ungewollt das Gegenteil. Anstatt *eins* zu werden, werden wir *niemand.*

Die Vision von Chris enthält eine ganz andere Botschaft. Sie sagt, wir sollen 'wir selbst sein' und unsere Individualität und Einzigartigkeit erweitern. Nur so können wir unsere Seele erhalten und auf der Ebene der Seele Verbindung mit dem Partner aufnehmen.

Das bedeutet, den Partner nicht ändern zu wollen und seine individuelle Eigenart zu respektieren und zu lieben, aber auch, sich nicht nach den Vorstellungen des anderen zu richten. Chris ist in diese Lage gekommen, weil sie ihrem Kontext Liebe gefolgt ist, der sagt: 'du mußt dich verleugnen, um Liebe zu bekommen, du mußt etwas anderes darstellen, als du bist, sonst bist du nicht liebenswert'.

Ihre Vision weist in eine andere Richtung, eine Richtung, in der es für sie in der Partnerschaft weitergeht.

Klaus - jetzt lieben

Klaus lebt seit drei Jahren mit Regina zusammen. Er entwickelt folgende Phantasie:

«Regina und ich gehen auf dem Weg entlang, es ist mehr ein Feldweg, viele Steine liegen darauf, und da sind lauter Kuhlen. Ich muß aufpassen und vorsichtig gehen, damit ich nicht falle. Da geht rechts ein Trampelpfad in die Berge, der ist sehr schmal, und da fangen gleich die Felsen an. Regina traut sich nicht zu klettern, sie sagt zu mir, daß ich alleine gehen soll. Sie geht den Feldweg weiter und ich fang an, den Berg hinaufzuklettern. Jetzt haben wir uns aus den Augen verloren, aber das macht nichts, hinter dem Berg führen die Wege wieder zusammen.

Der Weg wird steiler, und ich genieße es, meine Kraft zu spüren, wenn ich mich an den Felsen hochziehe und immer höher komme. Ganz oben ist ein flacher Felsvorsprung, von dem kann ich weit übers Land schauen. Ganz hinten geht die Sonne unter. Ich sitze einfach da, es ist unheimlich still und weit, und ich atme die Ruhe ein, die hier oben ist. Kein Mensch kommt vorbei, ich bin ganz allein.»

Klaus ist sichtlich entspannt, er fühlt sich wohl, und mit einem tiefen Seufzer räkelt er sich auf seiner Matratze. «Jetzt wird es dunkel, ich rolle meinen Schlafsack aus und schaue noch lange in die Sterne. Da ist eine Sternschnuppe, ich wünsche mir, so was noch oft zu erleben. Am Morgen esse ich in Ruhe mein Frühstück. Nachdem die Sonne mich gewärmt hat, wandere ich eine ganze Zeit auf dem Bergrücken. Hier und da sehe ich Menschen, wir winken uns zu. Dann komme ich an eine Hütte, da sind lauter Wanderer zusammen. Sie feiern ein Fest und laden mich ein. Wir tanzen und lachen miteinander. Ich bleibe solange hier, wie ich will.

Nach zwei Tagen zieht es mich wieder ins Tal. Ich beginne den Abstieg und am Abend sehe ich ganz hinten den Feldweg. Wo die Wege sich treffen, setze ich mich hin. Nach ein paar Stunden kommt Regina anspaziert. Wir gehen zusammen weiter, keiner stellt Fragen. Es ist sehr still.»

Klaus ist von seiner Phantasie sehr berührt. Auch in seinen Bildern drückt sich eine Sehnsucht aus, die er im Alltag seiner Beziehung nicht erfüllen kann. Klaus berichtet von der Realität in seiner Beziehung:

«Ich liebe Regina sehr, aber seit wir zusammen sind, hat sie diese Angst, daß ich sie verlassen würde. Im ersten Jahr ging es ja noch, da haben wir alles zusammen gemacht und sind uns quasi nie von der Seite gewichen. Aber dann habe ich angefangen, mehr für mich zu machen. Ich habe ein paar Interessen, die hat Regina nicht, aber ich will trotzdem nicht darauf verzichten. Und dann habe ich auch noch ein paar Freunde, mit denen kommt sie nicht gut aus.

Je mehr ich meinen Interessen nachging, desto stärker ist ihre Angst geworden, mich zu verlieren. Sie hat dann immer stärker dagegen gekämpft, daß ich meine Sachen mache, und wir haben uns immer mehr gestritten. Wenn ich mal alleine weggehe, dann ist sie total mißtrauisch und unterstellt mir, daß ich sie betrügen will. Sie hat dann angefangen, hinter mir herzuspionieren und mich dauernd zu kontrollieren. Wenn wir zusammen durch die Stadt gehen, paßt sie auf, ob ich Frauen hinterherschaue und wenn ich das mal tue, dann sieht sie gleich einen Beweis darin, daß ich sie nicht wirklich liebe und am liebsten verlassen würde. Wenn das so wäre, dann hätte ich das schon lange getan. Aber es ist nicht so, und trotzdem gibt sie ihr Mißtrauen nicht auf.

Das macht ganz schön was kaputt zwischen uns. Ich muß ihr dann ständig beweisen, daß ich sie liebe, damit sie nicht zumacht. Das ist ein irrer Streß für mich, den halte ich nicht mehr aus. Ich habe sie ständig im Nacken sitzen, und ich trau mich schon nicht mehr, einer Frau nachzuschauen, selbst wenn Regina gar nicht in der Nähe ist. Sie könnte ja an der Ecke stehen und mich beobachten und es mir dann aufs Brot schmieren. Außerdem habe ich in letzter Zeit öfter Herzschmerzen bekommen, ich glaube, das nimmt mich alles sehr mit. Es verletzt mich, daß sie den Gefühlen nicht vertraut, die wir miteinander haben.

Ich sehne mich nach Vertrauen und Ruhe. Natürlich weiß ich nicht, ob ich ewig mit Regina zusammenleben werde. Wer weiß das schon. Aber wehe, ich würde ihr das sagen, sofort wäre der Teufel los. Im Gegenteil, ich mache ihr alle möglichen Versprechungen, dann habe ich wenigstens Ruhe oder es entspannt sich alles so, daß wir uns nahe kommen können. Wenn das so weitergeht, dann macht ihre Angst alles kaputt, was zwischen uns schön ist. Ich halte das auf jeden Fall nicht mehr aus und will auch nicht mehr.»

Reginas Liebe zu Klaus hängt von einer grundlegenden Bedingung ab: *ich kann dich nur lieben, dir nur vertrauen, wenn ich sicher bin, daß du mich nie verläßt und mir versprichst, für immer bei mir zu bleiben.* Tief in ihr sitzt die Angst vor dem Verlassenwerden, dem Schmerz der Trennung und des Einsamseins. Ihr Kontext Liebe sagt *wenn ich vertraue, dann werde ich enttäuscht.* Regina glaubt, es könnte ihr helfen, den Liebhaber zu kontrollieren und sich so Sicherheit zu verschaffen.

Auf diese Weise aber trägt sie ihren inneren Kampf in die Beziehung und macht eine entspannte und liebevolle Atmosphäre schwierig. Gleichzeitig verletzt sie Klaus mit ihrem Mißtrauen, denn in ihrer Panik kann sie die Realität - Klaus liebt mich - nicht ungetrübt wahrnehmen und anerkennen. Langsam aber sicher kreiert Regina auf diese Weise die Realität, vor der sie sich fürchtet, nämlich die Gefahr, verlassen zu werden. Klaus hat weder Lust noch Kraft, weiterhin ihre Ängste zu beruhigen, da seine Bemühungen ja doch nur wenig Erfolg haben. Darüber hinaus reagiert er mit körperlichen Symptomen auf die Enge, in die seine Herzgefühle gezwängt werden, er bekommt Herzkrämpfe. Da sein Herz für Regina offen ist, tut ihm der Kampf auch weh.

In seiner positiven Phantasie vom gemeinsamen Weg der Partner kann Klaus all das machen, was im Alltag mit Regina nicht möglich ist. Er kann seiner eigenen Wege gehen, Menschen treffen, seine Interessen verwirklichen und zu ihr zurückkehren, wenn er sich danach fühlt. Beide treffen sich wieder, gehen gemeinsam ihren Weg weiter und niemand stellt Fragen, niemand muß sich rechtfertigen.

In der Folgezeit kommen beide Partner zusammen in die Beratung. Klaus bleibt dabei, daß er so nicht mehr will und so bleibt Regina nichts anderes übrig, als die Verantwortung für ihre Ängste zu übernehmen und sich mit ihrem Inneren Kind vertraut zu machen. Sie erkennt die Zusammenhänge ihres Kontext Liebe mit ihrer Kindheit und langsam gelingt es ihr, das Mißtrauen des Inneren Kindes zu heilen. Dadurch ist sie in der Lage, Klaus zu vertrauen und ihm mehr Freiraum zu geben, ohne mit Panik und Kampf zu reagieren.

Die Vision von Klaus enthält die Botschaft, nicht nach dem Morgen der Liebe zu fragen, nicht Sicherheit zu suchen, sondern 'jetzt zu lieben', unser Herz für die Begegnung zu öffnen, wenn sie geschieht und keine Bedingungen an die Dauer einer Liebe zu stellen.

Wir wissen nicht, wie lange eine Liebe dauert, sie kann einen Augenblick oder ein Leben währen. Die einzige Sicherheit ist: wenn wir Liebe erzwingen wollen, wird sie schnell vergehen.

Marion - frei sein

Marion ist von der Reaktion ihres Freundes verunsichert, der ihr mit dem Abbruch der langjährigen Beziehung gedroht hat, falls sie an ihrem Plan festhält, für einige Monate ins Ausland zu gehen. Für Thomas ist ihre Absicht ein Vertrauensbruch und der Beweis, daß sie ihn nicht liebt.

Marion entwickelt in ihrer positiven Phantasie von den Seelenpartnern folgende Bilder:

«Ich gehe von der Straße aus einen steil nach oben führenden Weg, der mich zu einer Plattform bringt. Dort oben war ich schon oft, und ich weiß, daß ich dort jemand treffen werde, mit dem ich schon lange verbunden bin. Wir waren schon oft dort, sein Weg führt von der anderen Seite zur selben Plattform. Wir wissen, daß jetzt die Zeit ist für unser Treffen und machen uns beide auf den Weg. Als ich oben ankomme, sehe ich ihn schon da stehen, und wir gehen würdevollen Schrittes aufeinander zu.

In der Mitte der Plattform ist ein Marmorplatz, da stehen Möbel aus Marmor im Freien und ein Buffet und gute Getränke stehen bereit. Das gehört alles uns, solange wir wollen. Wir haben viel Zeit, hier oben spielt so vieles keine Rolle, was unten in der Welt wichtig ist. Hier oben sind wir einfach miteinander und genießen das Zusammensein. Es ist ein Platz zum Ausruhen und auch ein Platz für Freude. Wir schlafen miteinander und baden in großen Marmorbadewannen. Wir liegen in der Sonne. Jetzt spüre ich, daß mich etwas ruft und es Zeit wird für mich, zu gehen. Wir umarmen uns zärtlich und gehen zu unseren Wegen zurück. Ich weiß nicht, wann wir uns wiedertreffen werden, aber ich weiß, daß es geschehen wird. Wir gehen, wie wir gekommen sind. Es ist gut.»

Auch in diesen Bildern können wir bis in alle Einzelheiten verfolgen, was in Marions Beziehung nicht so läuft, wie sie es sich wünscht. Marion sagt zu ihren Bildern folgendes:

«Ich weiß schon, was sie bedeuten. Es fühlt sich gut an, diese Bilder zu sehen, das bestärkt mich in meinem Entschluß. Da kann ich kommen und gehen, ohne Streß zu bekommen. Ich will mein Leben und auch meinen Beruf nicht einer Beziehung unterordnen, bei der ich abhängig werde, oder die mich derart einschränkt. Thomas ist ja nur auf meinen ausdrücklichen Wunsch hin mit zur Gruppe gekommen, weil ich hoffe, ihm verständlich machen zu können, was dieser Auslandsaufenthalt für mich bedeutet.

Wir kommen auf keinen grünen Zweig, was dieses Thema angeht, da ist er völlig stur. Er setzt mich ja so stark unter Druck, daß ich schon kurz davor war, die Reise abzusagen und auf eine berufliche Chance zu verzichten, die so schnell nicht wiederkommt. Aber für mich ist es jetzt klar, daß ich fahre, auch wenn die Beziehung dann zerbricht. Es ist nur so blödsinnig, ich sehe gar keinen Grund dafür, und es tut auch weh, weil ich ihn liebe.»

Marion ist ver-zwei-felt. Sie soll sich zwischen Beruf und Liebe entscheiden, zwischen ihrer Unabhängigkeit und ihrem Herz.

Auch wenn es ihr schwerfällt, sich für den Beruf zu entscheiden und der Erpressung nicht nachzugeben, ist sie damit gut beraten. Unbewußt würde sie Thomas dafür hassen, daß er sie zum Verzicht auf ihre Karriere gezwungen hat.

Thomas ist aufgebracht und verbittert über die Absicht seiner Freundin und beharrt auf seinem Standpunkt:

«Die Zeit mit dir war wirklich schön, aber wenn du mich wirklich so liebst wie du sagst, wie kannst du das dann alles aufs Spiel setzen wegen so einem halben Jahr. Das ist so lange, da kann alles mögliche passieren. Auf jeden Fall werde ich nicht hier sitzen und auf dich warten. Wenn du gehst, ist es vorbei!»

Marion ist traurig, Thomas beleidigt, die Situation festgefahren. Ich fordere Thomas auf, seinerseits eine Phantasie entstehen zu lassen, die schön für ihn ist.

«Wir gehen den Weg und wissen, daß wir zusammengehören. Es herrscht ein ziemlicher Trubel auf der Straße, und wir könnten uns verlieren. Aber wir passen auf, daß wir uns in dem Chaos nicht verlieren. Da sind auch Menschen, die wollen Marion weglocken, die halten ihr lauter schöne Dinge hin, damit sie in eine Seitengasse reinläuft. Ich lache da nur drüber und brauche mich da gar nicht darum kümmern, denn da ist so eine starke Verbindung, daß uns nichts auseinanderbringen kann. Das ist ein tolles und unheimlich starkes Gefühl, wie wir da langgehen.»

Ich greife in seine Phantasie ein und frage ihn, wie es denn wäre, wenn er mit Marion gemeinsam in so eine Seitengasse reinläuft. «Das ist nicht gut, die haben da nichts Gutes im Sinn. Marion würde da vielleicht schon reingehen, aber ich kann sie davon abhalten. Es ist besser so, es ist gefährlich und dunkel in diesen Gassen.»

Thomas Bilder spiegeln die Erwartungen, die er auch im Alltag an seine Freundin hat. Sie soll dem Weg folgen, den er für richtig hält und sich nicht auf ungewisse Abenteuer einlassen. 'Seitengassen' (Reisen ins Ausland) sind dunkel und gefährlich. Es erscheint ihm selbstverständlich, daß Marion auf seiner Straße mit ihm geht. Er verlangt etwas von ihr, was er selbst nicht zu tun bereit ist: die eigenen Interessen zurückzunehmen, um die Beziehung aufrechtzuerhalten. Darüber hinaus droht er mit dem Ende der Beziehung, falls sie sich seinen Vorstellungen nicht anschließt.

Liebe ist für seinen Verstand eine Verbindung, *die durch nichts auseinandergebracht werden kann.* Ganz so ist es aber nicht, denn die Absicht seiner Freundin belastet ihn derart, daß er lieber selbst Schluß macht, als die vorübergehende Trennung zu ertragen.

In seinem Inneren, unterhalb seines Verstandes, im Bereich der unbewußten Ängste und Gefühle sitzt die Angst vor dem Einsamsein. Mit Marion zu sein, gibt ihm 'ein unheimlich tolles und starkes Gefühl', und ohne sie zu sein würde ihn genau das Gegenteil fühlen lassen. Lieber will er sich auch von seinen liebevollen Gefühlen für Marion abschneiden, als sein Herz für jemanden offen zu halten, der scheinbar nicht zu ihm hält.

Thomas befindet sich im kindlichen Kontext Liebe. Er hat das Gefühl, ohne Marion nicht zurecht zu kommen, kann diese 'Schwäche' aber nicht zugeben, im Gegenteil, er leugnet sie. Nach außen spielt er den starken und unnachgiebigen Mann, der nicht auf seine Freundin warten will. Aus dem kindlichen, hilflosen 'ich brauche dich' des kleinen Thomas ist das bestimmende 'ich will dich' des Mannes Thomas geworden. Doch vor uns steht ein Mann, in dem sich ein kleines Kind versteckt, das um Liebe kämpft. Er spricht nicht von *brauchen,* sondern von *wollen* oder *nicht wollen.* 'Ich will, daß du hierbleibst, ich will nicht, daß du gehst. Und wenn du doch gehst, dann zeigt das, daß du mich nicht liebst'. Obwohl er sich von Marion abwenden will, ist er davon überzeugt, daß eigentlich sie ihn verläßt.

Die Situation beginnt sich aufzulösen, als ich zwei Gruppenmitglieder bitte, den ganzen Konflikt als Marion und Thomas wie ein kleines Theaterstück vorzuspielen und auch die gleichen Worte und Argumente zu verwenden. Die beiden spielen das Stück 'Abschied an der Weggabelung', bei dem es darum geht, den anderen auf den eigenen Weg zu ziehen und zu zerren. Sie machen ihre Sache so gut, daß die ganze Gruppe und auch Thomas und Marion zu lachen anfangen. Thomas bekommt direkt vorgeführt, was er nicht wahrhaben will. Er kann sich nun nicht länger vormachen, wie rein und selbstlos seine Liebe ist und wie undankbar und lieblos Marion mit ihm umgeht. Er ist still und nachdenklich geworden.

Als Marion zu ihrer Reise aufgebrochen ist, trennt er sich nicht von ihr, auch wenn ihm dieser Schritt schwerfällt. Aber er hat bewußt gehandelt und ist nicht Opfer seines Kontext Liebe geworden. Er hat Verantwortung für seine Gefühle übernommen und damit die Herausforderung Partnerschaft angenommen.

Die Vision von Marion enthält die Botschaft, die Freiheit des anderen nicht im Namen der Liebe einzuschränken, sondern 'aus Liebe Freiheit zu geben'.

Der Satz 'ich liebe dich' ist sicher eine der am meisten mißbrauchten Aussagen, mit der wir den Partner dazu bringen wollen, sich unseren Forderungen unterzuordnen. Das Wort Liebe bedeutet in seinem sprachlichen Ursprung 'gern haben' und 'begehren'. Oft wäre es ehrlicher, wenn wir dem Partner sagen würden, 'ich *will* dich, ich begehre dich', als ihn mit unserer sogenannten Liebe zu verpflichten und zu erpressen.

Hinter dieser Art von Liebe verstecken sich Innere Kinder, die Nähe und Aufmerksamkeit begehren und nicht verstehen können, wenn sie einmal nicht bekommen was sie brauchen oder wollen. Als Kind konnten wir das ja auch nicht verstehen, als erwachsene Menschen aber sind wir durchaus in der Lage, die Verantwortung für unser Wollen und unsere Begierde zu übernehmen.

Der Weg aus dem Mißverständnis 'ich liebe dich = ich begehre dich = du bist mein' führt über das Kennenlernen des Inneren Kindes, also der Gefühls-Strukturen der Kindheit.

Wenn es überhaupt ein Kriterium gibt, an dem wir erwachsene Liebe erkennen können, dann ist es, dem anderen Freiheit zu geben - die Freiheit, er selbst zu sein und sein Leben zu leben. Wie schwer uns das fällt, wirft ein Licht darauf, wie sehr wir noch im kindlichen Kontext von Liebe verstrickt sind.

Gerolf - teilen, ehrlich sein

«Wir gehen den Weg und es passieren allerhand schöne Dinge. Wir lachen und verstehen uns gut. Ich liebe Anna, aber da ist etwas, was ich ihr sagen möchte. Wir gehen durch einen ruhigen Wald bis zu einer kleinen Senke, da fließt ein Bach, niemand sonst ist in der Nähe. Wir setzen uns hin, und ich erzähle ihr, daß ich mit einer anderen Frau zusammengewesen bin. Sie hört mir zu, und als ich fertig bin, fragt sie mich, wieso ich das mache, ob ich mich verliebt habe, was mich zu ihr hingezogen hat.

Ich erzähl ihr, daß die Frau sehr schön ist und daß ich mich schon lange von ihr angezogen fühlte, daß es schön war mit ihr zu schlafen und daß ich in meinem Leben noch nie wirklich monogam war. Für mich ist das wie naschen. Wenn mir eine Frau wirklich gefällt, dann will ich auch näher mit ihr sein. Es ist nicht dasselbe wie mit Anna, das kann ich nicht vergleichen, es ist anders. Klar bin ich in dem Augenblick auch verliebt, sogar ziemlich. Aber es ist doch ein ganz anderer Mensch. Das ist unheimlich sinnlich, der Geruch, die Haut, die Spannung wenn man sich näher kommt, die Berührungen, das ist alles faszinierend. Das ist für mich kein Gebumse, da bin ich wirklich dabei.

Ich frage Anna, ob sie das verstehen kann, und sie lächelt und sagt ja. Sie macht mir keine Szene und Vorwürfe und sagt auch, daß sie manchmal selber Lust hat auf ein Abenteuer. Wir erzählen uns alle Geheimnisse, die wir bisher voreinander verborgen haben, da kommt einiges bei raus. Es fühlt sich aber gut an, nichts verheimlichen zu müssen. Ich fühle jetzt eine starke Verbindung zu Anna.»

Gerolf und Anna haben in ihrem Zusammenleben keine großen Probleme. Sie sind sich in den zwei Jahren ihrer Beziehung immer näher gekommen und haben Vertrautheit entwickelt. Gerolf hat aber aus Unsicherheit und aus schlechtem Gewissen seiner Freundin bisher nichts von seinem Seitensprung erzählt, nicht so sehr, weil er ein Ende der Beziehung befürchtet, sondern weil er Anna nicht verletzen will. In seiner Phantasie kann er das Geheimnis lüften, weil er sicher ist, daß sie ihn versteht, ein Herz für seine 'Naschereien' hat und ihm keinen Strick daraus dreht. Sie geht sogar soweit, ähnliche Begierden zuzugeben.

Anna ist selbst anwesend. Sie muß lachen und versichert ihm, daß seine Phantasie nicht so weit von der Wirlichkeit entfernt ist, sie interessiere sich wirklich für den einen oder anderen Mann. Außerdem habe sie sich gedacht, daß so etwas in der Beziehung früher oder später auftauchen würde. Sie fühlt sich jetzt unsicher und zitterig, so offen habe sie noch mit keinem Liebhaber darüber gesprochen.

Beide haben Angst, aber beide wollen die Augen nicht davor verschließen, daß sie nicht monogam sein wollen. Sie wissen von der Unvorhersagbarkeit der Ereignisse und daß es keine Sicherheit gibt, wenn sie sich diese Freiheit geben. Trotzdem entscheiden sie sich dafür, keine Geheimnisse zu haben und offen und ehrlich miteinander umzugehen. Gerolf hatte mehr aus der Gewohnheit seiner alten Beziehungen heraus den Seitensprung verheimlicht.

Ich begleite die beiden noch über einige Wochen hinweg durch verschiedene Paarsitzungen. Sie sind ihrem Entschluß treu geblieben und erzählen, was dadurch im Alltag passiert:

«Es ist eine ganze Menge ausgelöst worden, an Ängsten und Mißtrauen. Wir haben jeder gemerkt, wie unsicher wir mit uns selbst sind und wie so ein Seitensprung alles in Frage stellen kann, was man glaubt, miteinander aufgebaut zu haben. Anna ist dann auch fremdgegangen, und plötzlich war so eine Scheu und auch eine leichte Entfernung da, so als wenn sich jeder erst mal ein Stück zurückzieht. Wir haben uns dann viel erzählt und darüber geredet, ganz ehrlich und ohne den anderen schonen zu wollen, indem man was verheimlicht. Zuerst war das ganz ungewohnt, aber dann haben wir gemerkt, daß wir gar nicht so unterschiedlich sind und daß wir viele Dinge ähnlich empfinden.

Es ist sehr erleichternd geworden, einfach zu zeigen wie man ist, selbst wenn man es selbst nicht versteht. Wir haben abgemacht, keine Vorwürfe und keine Beschuldigungen aufeinander loszulassen, aber das ist uns nicht so leicht gefallen. Die erste Reaktion ist oft, dem anderen eins überzuziehen, aber es steckt doch immer die eigene Verletztheit dahinter, wenn man auf den anderen losgeht. Wenn wir die gezeigt haben, ist es gleich weicher geworden. Es ist wieder etwas von dem Respekt wiedergekommen, den wir am Anfang unserer Beziehung füreinander hatten. Wahrscheinlich, weil es nicht mehr selbstverständlich ist, daß wir zusammen sind. Im Ganzen sind wir uns durch die ganze Sache eigentlich näher gekommen.»

Gerolf und Anna haben sich auf ein wirkliches Abenteuer der Reise nach Innen eingelassen. Sie folgen ihren Impulsen und ihrer Wahrheit, selbst dann, wenn sie dafür keine Erklärung finden.

Die Botschaft in Gerolfs Bildern lautet: teilen - ehrlich sein, der eigenen Wahrheit vertrauen, sich zeigen mit allen Seiten, sich selbst vertrauen und erreichbar sein für das, was den anderen bewegt.

Gerolf und Anna haben sich mit ihren Abmachungen in unbekanntes Gebiet gewagt. Nie zuvor sind sie mit einem Partner derart offen gewesen und haben sich derart preisgegeben. Für den anderen wäre es leicht gewesen, aus Enttäuschung und Verletztheit 'Schluß zu machen'. Für die neue und ungewohnte Art miteinander umzugehen haben sie kaum vorgefertigte Verhaltensweisen, auf die sie zurückgreifen können. Sie lernen, in die eigene Kraft zu vertrauen und die Wahrheit des Partners anzunehmen und zu akzeptieren. Indem sie ihre Beziehung nicht für selbstverständlich und für alle Zeiten gesichert halten, respektieren sie die Eigenart und Eigenständigkeit des Partners immer wieder aufs Neue.

Dem Partner gegenüber Dinge zu offenbaren, die wir selbst nicht verstehen, die wir ihm nicht erklären können, die zu unserer Eigenart gehören, stellt eine hohe Anforderung an die Beziehung. Den anderen zu akzeptieren, auch wenn wir ihn nicht verstehen, läßt ihm Freiheit, er selbst zu sein. So baut sich zwischen den Partnern Vertrauen auf und gleichzeitig damit der Mut und die Fähigkeit, zu zeigen, anzunehmen, zu akzeptieren, erreichbar zu sein, zu verstehen, zu lieben.

Viele Mißverständnisse innerhalb von Partnerschaften sind auf fehlende oder unvollständige Kommunikation zurückzuführen. Wir verheimlichen dem Partner Dinge, weil wir einen Nachteil befürchten, wenn wir völlig offen und ehrlich sind. Damit verschließen wir uns vor dem anderen und schaffen genau das Gegenteil von Liebe und Nähe: Distanz. Wenn wir aber offen und ehrlich teilen, was in uns vorgeht, gewinnen wir das Vertrauen des Partners und auch unabhängig von ihm mit Sicherheit eines: uns selbst.

Marlene - treu sein

«Ich gehe den Weg, er führt durch ein fruchtbares Tal voller Früchte und Blumen. Es ist sehr warm, ich habe nichts an. Alle Menschen, denen ich begegne, sind nackt, das ist in dem Land hier etwas ganz natürliches. Ich komme zu einer Wiese, da steht eine große Tafel mit tollem Essen darauf, ein riesiges Büffet. Da sind viele Männer und Frauen, die gehen um den Tisch und nehmen sich, was ihnen gefällt. Sie füttern sich gegenseitig und spielen mit den Speisen, sie necken sich und sind zärtlich miteinander.

Es ist eine ganz leichte Stimmung, verspielt und doch knistert es. Es sind schöne und stolze Menschen, die sich für ihre Körper nicht schämen. Jemand faßt mich von hinten an und hält mir sanft die Augen zu. Dann führt er etwas zu meinem Mund, es ist ein Stück Ananas. Ich lache und sauge den Saft auf. Als ich mich umdrehe, ist er schon wieder weg. Ich fange an, mich ungezwungener zu fühlen, ich probiere von den Früchten, soviel ich will.

Da ist ein Mann, der mir gefällt. Ich gehe zu ihm, ich nehme Wein und lasse ihn auf seine Lippen tropfen. Er lacht und leckt ein paar Tropfen auf. Da kommt ein anderer Mann, und beide verwöhnen mich mit Speisen, fassen mich zart an und schmusen. Wir spielen mit unseren Körpern, wir legen uns auf die Wiese und streicheln uns. Die beiden sind kein bißchen eifersüchtig aufeinander. Als wir miteinander schlafen, kommt ein dritter Mann dazu, er schaut uns an und streichelt mein Gesicht. Er nimmt meinen Kopf in seine Hände, es ist ein Tanz. Ich versinke wie in einem Rausch, alles andere ist verschwunden.»

Betrachten wir Marlenes Alltag, aus dessen Begrenzungen ja die Phantasiebilder ihre Energie bekommen. Marlene erzählt von der Beziehung zu ihrem Freund:

«Ich bin mit Helmut zusammen, und ich bin faktisch gesehen treu. Das heißt, ich würde schon fremdgehen, aber das gäbe ein fürchterliches Theater, das erspare ich mir lieber. Ansatzweise habe ich das schon einige Male erlebt, das hat mir gereicht. Mir ist momentan die Beziehung zu Helmut wichtiger als das Fremdgehen, weil ich vor Helmut lange alleingelebt habe und das Zusammensein jetzt nicht aufs Spiel setzen will. Ich müßte mich schon doll verlieben, um das Risiko einzugehen.

Aber trotzdem nimmt es etwas weg, weil ich es ihm doch übelnehme. Ich war vor ihm kein Kind von Traurigkeit und bin es auch jetzt nicht. Ich weiß nicht, wie lange das hält, denn irgendwie ist es schon ein Machtspiel, und ich gebe halt momentan nach. Früher oder später muß er sich aber doch anschauen, was mit seiner Eifersucht los ist. Es ist eine Entscheidung, die ich getroffen habe, aber lange werde ich die vielleicht nicht mehr aufrecht halten können.»

In ihrer Phantasie erlebt Marlene die ganze Freizügigkeit, die sie sich mit Helmut nicht erlauben darf. Sie taucht ein in die Welt der Sinne und der körperlichen Empfindungen und das gleich mit drei Männern. Äußerlich ist sie Helmut treu, aber in ihrem Inneren weiß sie, daß es früher oder später doch passieren wird. Sie geht momentan auf seine Bedingungen ein. In ihrer Phantasie zeigt sich aber eine tieferliegende Sehnsucht.

Die Botschaft ihrer Bilder ist: auf Dauer kann man nur 'sich selbst treu sein', den eigenen Bedürfnissen und Energien vertrauen. Wirkliche Treue ist nur einem Menschen gegenüber möglich und sinnvoll: uns selbst. Das heißt, uns anzunehmen wie wir sind, nicht Vorstellungen zu folgen, die uns sagen, wie wir sein sollten. Wenn wir uns verstellen müssen, um die Liebe eines anderen zu erhalten, wird Sexualiät und Liebe zum Tauschhandel, und dabei verliert die Liebe.

Sexualität

Sexualität ist der Bereich, in dem sich Verbindung und Nähe am deutlichsten zeigen. Wenn wir mit jemandem körperlich zusammen sind, öffnen sich alle Sinne wie Pforten, durch die das Erleben in uns eindringen kann.

Wir riechen, schmecken, fühlen, sind aktiv und geben, sind rezeptiv und nehmen, erleben den Augenblick mit höchster Intensität. Sexualität bringt die Welt des Körperlichen mit in die Beziehung, und auf keinem anderen Gebiet ist unsere Erfahrung von den Erlebnissen der Kindheit so geprägt wie hier, auf keinem anderen Gebiet sind die Vorstellungen von Partnerschaft so fest wie hier.

Der Körper soll nur dem Partner offen sein und sein Körper soll nur für uns erreichbar sein. In der Erfahrung unseres Inneren Kindes ist Liebe und Überleben direkt an den Körper gebunden. Wir sind gesäugt, getragen, gewickelt, behütet, liebkost, gestreichelt, gewärmt worden - all das war Ausdruck von Liebe, und es war *körperlicher Ausdruck* dieser Liebe. Wäre uns der Körper der Eltern entzogen worden, wir hätten nicht überlebt. Wir haben einen natürlichen Anspruch auf körperliche Zuwendung besessen, und diesen Anspruch bringen wir in unsere Beziehungen heute mit ein.

Die Verletzung des Gebots Treue ist nicht nur ein Scheidungsgrund für jede Ehe, sie bringt auch Zwist und Zwietracht in fast jede Partnerschaft. Eifersucht ist sicher eines der großen Themen zwischen Liebenden. Dem Partner treu zu sein wird allgemein als Liebesbeweis gesehen und anerkannt. Der andere darf Freunde haben, mit denen er die Erlebnisse geistiger Dimensionen teilt. Er darf Freunde haben, mit denen er emotionale Erlebnisse teilt und auch ein Herz für jemand anderen haben. Aber er soll niemand anderes haben, mit dem er die Freuden des Körpers teilt. Wehe, er 'geht fremd', dann werden tiefste (Über)Lebensängste berührt, und das ist alles andere als angenehm.

Als ich einmal eine größere Lebensgemeinschaft besuchte, konnte ich folgende Begebenheit beobachten.

Mark, ein kleiner Junge von vier Jahren, wanderte jeden Abend mit seinem Bettzeug vom Erdgeschoß zum zweiten Stock, morgens kam er mit seinen Sachen wieder runter. Im Erdgeschoß wohnte er mit seinen Eltern und Geschwistern. Im zweiten Stock wohnte eine erwachsene Frau, in die hatte er sich verliebt. Also zog es Mark jeden Abend dorthin. Er verbrachte einige Wochen bei dieser seiner 'Geliebten', bis die Affäre von alleine endete.

Seine Mutter erlaubte ihm diesen 'Seitensprung', obwohl sie ein wenig eifersüchtig war und mir versicherte, daß es ihr schon einen Stich gab zu sehen, wie selbstverständlich und problemlos der kleine Mark mit der Situation umging, wie er zeitweise einfach seine Mutter wechselte. Mark hatte es auch einfach, denn seine Mutter hat ihn nicht bestraft, ihm nicht ins Gewissen geredet und ihm nicht aus Verletztheit ihre Liebe entzogen. Er brauchte nur seinen natürlichen Empfindungen zu folgen, denn seine Mutter ließ ihm Freiheit. Sie war ihm mehr als Mutter, sie war ihm Seelenpartner. Seine Energie konnte sich entfalten, er wurde nicht in ein bestimmtes Verhaltensmuster gepreßt, vielmehr konnte er eine Erfahrung machen, die sein zukünftiges Verhältnis zu Frauen und Liebe beeinflussen wird.

Sexualität ist der am meisten mystifizierte und tabuisierte Bereich in Partnerschaften. Die Bewertungsskala des Sex reicht von der 'niedrigsten' bis zur 'höchsten und heiligsten' der menschlichen Aktivitäten. Wenn wir lernen, Sexualität als einen Bereich des Kontaktes neben vielen anderen zu betrachten und vom Kontext 'Überleben' zu befreien, werden viele Probleme und auch Eifersucht sich auflösen.

Sexualität in den Kontext 'Vergnügen' zu stellen, ändert unsere Sichtweise. Warum sollten wir uns nur mit einem Partner vergnügen und Freude an unserem Körper empfinden. Gibt es irgendeinen außerhalb unserer Konditionierungen liegenden zwingenden Grund für Treue? Ich habe bisher noch keinen solchen gefunden. Sicher ist Eifersucht eines der intensivsten und machtvollsten Gefühle, deren wir fähig sind, und das Thema Sexualität und Treue ist eine der größten Herausforderungen, der wir in Partnerschaften begegnen. Die Ehe(Beziehung) hat Treue zur Regel und den Bestand der Partnerschaft von der Einhaltung dieser Grundbedingung abhängig gemacht.

Wenn wir eine neue Qualität in Beziehungen suchen, dann müssen wir viele Regeln und Gewohnheiten der alten Beziehung in Frage stellen, und dazu gehört auch Treue und der Bereich der Sexualität. In der Praxis der Ehe(Beziehungen) ist dies Tabu ja längst gebrochen, auch wenn die meisten Partner ihren Seitensprung verheimlichen oder - während sie mit ihrem Partner schlafen - in ihrer Phantasie mit einem Wunschpartner zusammen sind.

Der gemeinsame Weg der (Seelen)Partner

Sie werden von anderen Menschen bekommen, was Sie selbst zu geben bereit sind. Geben Sie Ihrem Partner Verständnis, Freiheit und Liebe, dann werden Sie Verständnis, Freiheit und Liebe erhalten. Geben Sie Angst, Mißtrauen und Kontrolle, dann werden Sie Angst, Mißtrauen und Kontrolle erhalten.

Im vorigen Kapitel haben sich aus inneren Bildern die Visionen von Seelenpartnerschaft entwickelt. Diese Bilder sind keineswegs abgehobene Träumereien. Vielmehr sind sie Ausdruck des Wirkens unbewußter Kräfte. Sie sprechen eine fast vergessene Sprache: die Sprache der Bilder, die unseren Gefühlen näher ist als die Sprache der Worte. Mystiker aller Jahrtausende haben sich der Bildsprache bedient, um seelische Vorgänge auszudrücken.

Erinnern wir uns: das Selbst, die unteilbare Gesamtheit des Menschen, besteht aus einem bewußten und einem unbewußten Teil. Gedanken stehen mehr unter dem Einfluß des bewußten Teils, der offenliegenden Seite. Bilder aber geben uns direkte Auskunft über den Zustand des unbewußten Teils. Denn bevor der Verstand sie erkennen und bewerten kann, haben wir sie schon gesehen. Bilder lassen sich nicht filtern, und so berichten sie uns von Verdrängungen, Wünschen und Sehnsüchten, die wir uns nicht eingestehen wollen. Zugleich werden diese Bilder von Empfindungen und Gefühlen begleitet, die wir ansonsten gern zurückhalten.

Diese Visionen geben Auskunft über das in uns schlummernde Potential einer Zukunft, die sich in der Vereinigung von bewußten und unbewußten Kräften entfaltet. Vision ist keine Träumerei, sie ist Ausdruck einer in uns entstehenden Zukunft, ist das, was wir wahr machen können, wenn wir die Energien der hellen und dunklen Bereiche des Selbst zusammenfließen lassen.

Wenn wir unser Handeln von neuen Visionen leiten lassen, können wir die Zukunft schaffen, die wir suchen. Die Bilder der Gruppenteilnehmer schaffen Visionen in Bezug auf uns selbst und auf das Verhältnis zum Partner. Sie drücken unsere Sehnsucht danach aus:

– jetzt zu lieben, nicht nach morgen zu fragen
– zu lieben und doch unsere Freiheit zu erhalten
– mit jemandem Freude und Nähe zu teilen
– uns selbst treu zu sein, unsere Wahrheit zu leben
– wir selbst zu sein, unsere Individualität zu entfalten und zu entwickeln
– den Rhythmus von Nähe und Distanz, von Kommen und Gehen zuzulassen
– die Herausforderung Partnerschaft anzunehmen und die Abenteuerreise zum Selbst zu beginnen

Diese Visionen unterscheiden sich grundlegend von den alten Bildern der Ehe. Der Unterschied kristallisiert sich in folgenden Punkten:

	Ehe	(Seelen)Partner
DAUER:	für immer	unbestimmt, jetzt
ATMOSPHÄRE:	Rechte+Pflichten	Freiheit
ZIEL:	Sicherheit	Selbstverwirklichung

Diese ganz unterschiedlichen Visionen schaffen ebenso unterschiedliche Realitäten zwischen den Partnern. Als Ehe(Beziehungs)-Partner sagen wir:

– wir sind zusammen, weil wir nicht allein sein wollen
– wir ergänzen uns; was der eine nicht hat, das hat der andere
– wir gehören zusammen, denn wir brauchen einander
– Liebe nimmt Freiheit, sie schafft Verpflichtung
– wir nehmen uns selbst zurück, um die Verbindung zu erhalten.

Als Seelen-Partner sagen wir:

- wir sind zusammen, weil wir in der Begegnung uns selbst näher kommen, weil der andere 'Tür zum Himmel' ist
- im anderen erkenne ich, was mir fehlt, was ich für mich entwickeln kann, erkenne ich meine verborgen Kräfte
- wir sind zusammen, aber wir brauchen uns nicht
- Liebe gibt Freiheit, sie schafft Weite
- wir leben unsere Individualität, denn sie schafft Anziehung in der Partnerschaft.

Wir selbst haben die Realität unserer Ehe(Beziehung) geschaffen, und wir werden unsere Partnerschaften nur verändern können, wenn wir unseren Blickwinkel verändern, wenn wir nicht den Bildern und Versprechungen der Vergangenheit folgen, sondern aus unseren Gefühlen und Gedanken neue Bilder kreativ entstehen lassen.

Wir müssen aufhören uns vorzumachen, daß wir den anderen brauchen, ohne ihn nicht leben können. Wir müssen aufhören zu glauben, daß Liebe für immer halten soll und uns zu etwas Bestimmtem berechtigt oder zu etwas Bestimmtem verpflichtet. Wir müssen uns eingestehen, daß Liebe etwas anderes ist, als wir durch die Brille unserer kindlichen Erfahrungen zu sehen vermögen, daß wir meist 'ich liebe dich' sagen, aber 'ich will dich' meinen.

Wir müssen manchmal bereit sein, in das Niemandsland neuer Erfahrungen vorzustoßen, auch wenn wir dabei oft erst einmal in der Luft hängen.

(Seelen)Partner

(Seelen)Partner ist ein Konzept der Partnerschaft, das keine neuen Regeln gibt, sondern alte Regeln auflöst und damit der eigenen Erfahrung Platz macht.

Was geschieht, wenn wir unser Verhalten nach Regeln ausrichten? Wir werden versuchen, uns entsprechend der Regel zu verändern, uns an die Regel anzupassen. Damit verraten wir aber unsere Individualität, unsere Seele. Ganz ohne Regeln können wir andererseits aber nicht leben. Deshalb ist es besser, wir machen Regeln, die zu uns passen, als daß wir uns zu den Regeln passend machen. Seelenpartner ist ein offenes Konzept, für das Sie Ihre eigenen (jederzeit veränderbaren) Regeln entwerfen können. Seelenpartner ist ein Konzept, das sagt: finde *deine* Wahrheit, folge *deiner* Wahrheit. Sei treu, wenn du treu sein willst, komm, wenn du kommen willst, geh, wenn du gehen willst, liebe, wenn du lieben willst und sei allein, wenn du allein sein willst. Folge dem Rhythmus *deiner* Liebe.

Schau nicht auf die Dauer, sondern auf die Qualität der Beziehung, denn Freiheit ohne die Liebe des Partners ist möglich, aber Liebe ohne Freiheit ist unmöglich. Diese Einsicht zerstört eine unserer größten Illusionen und Sehnsüchte: mit einem anderen Menschen völlig eins zu werden, endlich nicht mehr allein zu sein, endlich für immer verbunden zu sein.

Diese Sehnsucht versuchen wir in unseren Beziehungen zu erfüllen, auch wenn das Leben immer wieder lehrt, daß wir den Schlüssel nur in uns selbst finden können. Jedoch kann uns die Nähe eines geliebten Menschen dabei eine unschätzbare Hilfe sein. Ihm gegenüber öffnen wir uns, er führt uns nahe ans Ziel, mit ihm begeben wir uns tief nach innen, auf die Ebene der Seele. Lassen Sie mich das konzeptlose Konzept 'Seelenpartner' skizzieren::

Was ist ein Seelenpartner?

Jemand, mit dem wir uns auf der Ebene der Seele treffen, jenseits von Rollen und Rollenverhalten. Auf der Seelenebene spielen wir nicht Ehemann oder Ehefrau, haben wir keine Rolle. Hier *sind wir Energie, Mann und Frau,* tauchen wir ein in das Energiefeld des anderen, vibrieren in gemeinsamer Schwingung, verbinden wir uns durch Nähe und Intensität mit unserem eigenen Kern. Eine solche Begegnung ist eine Erinnerung an uns selbst.

Wozu einen Seelenpartner?

Im Kontakt mit dem anderen fällt es uns leichter, zu unserer eigenen Mitte zu gelangen. Der andere wird zur Tür zum Himmel, durch die wir Zugang zu unserer verborgenen Ganzheit finden.

Was passiert mit dem Seelenpartner?

Indem wir den anderen akzeptieren und lieben, so wie er ist und nicht, wie er sein sollte; indem er uns liebt, so wie wir sind und nicht, wie wir sein sollten, fangen wir auch an, uns selbst mehr und mehr zu akzeptieren und zu lieben, so wie wir sind. Liebe entsteht, wenn wir die sich entwickelnde Individualität im Klima von Freiheit und Unabhängigkeit miteinander *teilen*.

Was ist die Herausforderung?

In der Begegnung mit dem anderen werden wir für kurze Zeit ganz. Wenn die Begegnung endet, spüren wir umso deutlicher unsere Halbheit. Der andere wird so zum Spiegel, in dem wir den Zustand unseres Selbst erkennen können.

Was ist das Ziel?

Das Ziel der Seelenpartner ist die Entwicklung des Selbst, die Realisierung der eigenen Unteilbarkeit und Vollkommenheit, bei der sie sich gegenseitig unterstützen.

Was sind die Hindernisse?

Denk- und Gefühlsmuster aus der Vergangenheit, die uns immer wieder auf die Ebene der Personen und Rollen ziehen, wo wir ein festgelegtes Bild vom anderen haben und Liebe festhalten wollen. Diesem Bild soll der andere entsprechen, er soll unsere Erwartungen erfüllen, Sicherheit geben und für uns da sein.

Was ist die Vision?

Das Bild vom gemeinsamen Weg zeigt Menschen, die auf dem Weg des Lebens ein mehr oder weniger langes Stück gemeinsam gehen. Sie wissen nicht, wo der Weg hinter dem Horizont verläuft. Sie gehen miteinander und sind offen für Veränderungen und Wechsel. Sie leben in einer Atmosphäre von Freiheit und Freundlichkeit, die ein Klima für wirkliche Liebe schafft.

Der ideale Partner

Manche Menschen fragen: 'Gibt es wirklich einen Seelenpartner, gibt es wirklich jemanden, der zu mir paßt? Gibt es den idealen Partner? Ist mein Partner der ideale Partner?' Diese Menschen müssen sich die Frage gefallen lassen: 'Sind denn Sie selbst ein idealer Partner?'

Können wir vom anderen etwas erwarten, das wir selbst nicht geben können? Selbst wenn wir den idealen Partner treffen würden, für ihn wären wir nicht interessant, denn wir könnten ihm nicht auf gleicher Ebene begegnen. Die Wahrheit ist:

Der Partner, den Sie jetzt haben, ist der ideale Partner, er ist genauso viel oder wenig ideal wie Sie selbst.

Sie haben ihn ausgesucht. Auch wenn Sie allein sind und keinen Partner haben, Sie haben sich diese Situation gewählt, und diese Situation ist der Ausgangspunkt für jede weitere Entwicklung. Es ist ja nicht zufällig, daß Sie da sind, wo Sie sind, es hat ja einen tieferen Sinn: denn genau hier können Sie etwas lernen. Das kann alles mögliche sein. Vielleicht ist es, eine längst fällige Auseinandersetzung zu führen, oder wieder einen Schritt auf den Partner zuzugehen. Vielleicht ist es, Ihr Herz auszuschütten. Vielleicht ist es, eine alte Gewohnheit abzustellen oder gar, sich vom Partner zeitweise oder ganz zu trennen und das Alleinsein lernen.

Was immer Sie an diesem Punkt Ihres Lebens zu lernen haben, Nähe oder Trennung, Liebe oder Abschied, die Entwicklung Ihrer Kraft oder Ihrer Sensibilität - Sie haben genau den richtigen Partner, der Sie zu diesem Lernschritt herausfordert. Sie haben (sich) genau die richtige Situation, die Sie meistern können, geschaffen. Es gibt einen Weg in jede Situation, einen Weg ins Alleinsein oder in Probleme, und es gibt auch einen Weg aus jeder Situation heraus. Wenn wir in eine Sackgasse hineingelaufen sind, können wir auch wieder herausgehen. Folgende Fragen können Klarheit schaffen:

Wenn Sie allein sind und einen Partner suchen:

- Was hält mich vom Kontakt ab? Fühle ich mich unwert? Habe ich Selbstzweifel, Hemmungen, Komplexe?
- Was trage ich aus alten Beziehungen unverarbeitet mit mir herum? Welchen unangenehmen Gefühlen will ich ausweichen?
- Habe ich etwas nicht verziehen, halte ich an Wut oder Haß fest?
- Was lehne ich an Männern/Frauen ab, wovor habe ich Angst?
- Was ist mein Ziel, was will ich erreichen?
- Was ist der nächste Schritt, der mich dem Ziel näherbringt?

Wenn Sie in einer Beziehung sind:

- Läuft alles zu meiner Zufriedenheit? Womit bin ich nicht zufrieden? Was vermisse ich? Was schränkt mich ein?
- Gibt es Ungeklärtes, Unausgesprochenes zwischen uns? Erlaube ich mir, wirklich meine Bedürfnisse und Wünsche zu äußern?
- Will ich mit diesem Partner sein? In dieser Weise?
- Was liegt mir am Herzen? was will ich erreichen, was ist mein Ziel in dieser Partnerschaft?
- Was ist der nächste Schritt, der mich dem Ziel näherbringt?

Wir werden immer genau dem Partner begegnen, der uns selbst entspricht. Wenn wir also den Seelengefährten treffen wollen, so müssen wir dessen Qualitäten in uns entwickeln. Der Seelengefährte ist eine Qualität, eine Eigenschaft, eine Fähigkeit, die in uns selbst entsteht. Er ist ein Ziel, das wir Schritt für Schritt erreichen, indem wir die Herausforderung Partnerschaft annehmen. Es ist aber immer der nächste, kleine Schritt, der uns einem Ziel näherbringt, auch wenn wir ab und zu einmal einen Sprung machen. Ausgangspunkt jeder Reise ist der Punkt, an dem wir uns jetzt befinden.

«Auch eine tausend Meilen lange Reise beginnt vor Deinen Füßen» (Chinesisches Sprichwort)

Ich lade Sie ein, im nächsten Abschnitt die Vision Ihrer Seelenpartnerschaft zu entwickeln.

Machen Sie Ihre eigene Vision

Erst wenn Sie sich vorstellen können, daß eine Veränderung möglich ist, wird diese Änderung möglich sein.

wo kommen wir her
wo befinden wir uns
wo wollen wir hin

auf dem gemeinsamen Weg der Partnerschaft?

Mit der Beantwortung dieser Fragen befaßt sich dieses Kapitel. Die Antworten sind so vielfältig und verschieden wie die Wege und die Menschen, die auf ihnen gehen.

Das Bild vom Weg begleitet uns durch dieses Buch, das Bild vom Lebensweg, der mit der Zeugung beginnt und mit dem Tod endet. Es ist ein sehr kraftvolles Bild, das Auskunft über unsere Vergangenheit, Gegenwart und Zukunft gibt. In den Bildern vom Weg (wie in allen Phantasien und Träumen) verknüpfen sich die Kräfte von Gefühlen, Sehnsüchten, Gedanken, Hoffnungen, Befürchtungen und Erwartungen miteinander.

Sie können Ihre eigene, individuelle Vision erleben, wenn Sie an dieser Stelle mit mir gemeinsam den Schritt zur praktischen Erfahrung tun. Lassen Sie uns in die Welt der Bilder und Visionen eintreten. Es spielt dabei keine Rolle, ob sie momentan in einer Beziehung sind oder alleine leben. Es gibt zwei Möglichkeiten, diese Vision entstehen zu lassen. Die erste funktioniert so:

- Sie setzen sich in Ihren bequemsten Sessel, lesen die einzelnen Abschnitte der Phantasiereise durch, schließen nach jedem Abschnitt die Augen und lassen die Bilder auftauchen. Machen Sie sich Notizen, damit Sie diese später auswerten können. Die zweite Möglichkeit ist aufwendiger, aber auch intensiver. Sie brauchen dazu:

– ein Zimmer, in dem Sie ungestört sind
– einen Freund, eine Freundin als Begleitung
– Papier und Bleistift
– einen Kassettenrecorder und Musik
– etwa eine Stunde Zeit.

Die Reise ist in drei Schritte unterteilt, die wir am Ende einzeln betrachten werden. Sie selbst sind jetzt der aktive Teil(A), der Begleiter übernimmt den rezeptiven Teil(R). Die Anweisungen für den Partner A finden sich in der linken Spalte, die für Partner R in der rechten Spalte. Später können Sie dann die Rollen wechseln und selbst zum Begleiter werden. Lesen Sie zuerst die ganze Übung durch, bevor Sie anfangen.

SCHRITT 1 - die Phantasie vom Weg

Partner A (aktiv) macht es sich auf einer Matratze bequem. Partner R (rezeptiv) legt die Kassette ein, setzt sich in einen Stuhl und hält Schreibzeug bereit. Partner A liest die 'Erweiterung des Inneren Raumes' vor (Übung 1 im Übungsteil); wenn diese Einführungs-Übung beendet ist, stellt Partner R die Musik ab und gibt folgende Anweisung:

«Laß in deinem Inneren Raum ein Bild auftauchen von einem Weg. Schau dir den Weg an, du bist auf diesem Weg, beschreibe ihn. Beschreibe alle Einzelheiten, alles, was zu dem Bild gehört.
- was ist es für ein Weg?
- was ist für eine Jahreszeit?
- was für eine Tageszeit?
- ist es kalt oder warm?

- bist du allein oder sind Menschen mit dir?
- wo ist dein Partner, taucht er in deinen Bildern auf und wenn ja, wie taucht er auf?»

Partner A fängt an, die auftauchenden Bilder zu beschreiben, und zwar nur die Bilder, nicht, was er darüber denkt. Die Bilder dürfen nicht verändert werden. Akzeptieren Sie, was auftaucht, ohne es zu bewerten, auch wenn Sie die Bilder nicht verstehen oder wenn sie Ihnen zunächst nicht gefallen sollten.

Partner R schreibt Stichworte mit und gibt weitere Anweisungen:
«Wie fühlst du dich an dieser Stelle des Weges, in dieser Gegend? Wie ist es, dort zu sein?»

Beschreiben Sie Ihre Gefühle und Empfindungen, versuchen Sie, nichts zurückzuhalten, sprechen Sie alles aus, vertrauen Sie Ihren Gefühlen.

Partner R fährt fort:
«Jetzt dreh dich um und beschreibe den Weg, den du gekommen bist. Geh in deinen Bildern zurück und
- betrachte die Landschaft, durch die du gegangen bist
- die Menschen, denen du begegnet bist
- wo und wie taucht dein Partner auf?
- Welche Empfindungen und Gefühle hast du, wenn du diese Bilder betrachtest?»

Partner A beschreibt weiter, was bei ihm auftaucht, was er sieht und fühlt mit den Bildern vom Weg, den er gekommen ist.

Partner R schreibt in Stichworten mit und gibt weitere Anweisungen:
«Jetzt geh wieder zum Ausgangspunkt, schau nach vorne und stell dir vor, daß sich die Gegend hinter dem nächsten Hügel verändert. Dort ist alles so, wie es dir gefällt.
- die Gegend und die Menschen sind so, wie es gut für dich ist
- auch mit deinem Partner passiert das, was du willst und was schön für dich ist
- beschreibe die Gegend,
- die Menschen,
- und was dort für dich passiert.»

Bis hierhin sollten etwa 30 Minuten vergangen sein. Wichtig ist es, sich Zeit zu nehmen, Pausen zu machen, die Bilder einfach auftauchen zu lassen und die Anweisungen langsam und ohne Druck zu geben. Partner A erzählt immer in der Gegenwartsform, so, als ob die Dinge gerade jetzt für ihn geschähen. Er sagt 'ich gehe' und nicht 'ich ging' oder 'ich würde gehen'. Wenn Gefühle auftauchen, heißen Sie diese willkommen. Das können Tränen sein, aber auch Lachen oder Staunen.

Am Ende der Reise legt Partner A sich auf die linke Seite und ruht sich etwa 10-15 Minuten aus. Sie können ruhige Entspannungsmusik laufen lassen. Sprechen Sie während dieser Entspannung noch nicht miteinander. Sollten Sie keinen Partner haben, dann sprechen Sie die kleine Reise auf Kassette und spielen Sie diese selbst ab. Die Auswertung der Bilder geschieht in:

SCHRITT 2 - die Bedeutung der Phantasie

Anhand der Aufzeichnungen betrachten sie noch einmal die Bilder und erinnern Sie sich an die Gefühle, die sich mit diesen Bildern verbunden haben.

Wir haben den Weg nach hinten (Vergangenheit), am 'Jetzt-Punkt' (Gegenwart) und nach vorne (Zukunft) erforscht. Jetzt gilt es, die Informationen und den Gehalt der Bilder zu verstehen. Dabei soll uns ein verkürzt zitiertes Beispiel helfen. Ingo hatte folgende Phantasie:

Vergangenheit

«Ich drehe mich um und schaue zurück. Der Weg wird da noch enger, es wird Dickicht, und ein Wald fängt an. Da ist es ziemlich dunkel drin und man kann sich leicht verirren. Eigentlich ist gar kein Weg mehr zu sehen, nicht mal ein Trampelpfad. Ich laufe da mehr oder weniger ziellos herum und suche, wo es langgeht, wo es rausgeht. Ab und zu sehe ich jemanden auftauchen, aber die sind gleich im Gestrüpp wieder verschwunden. Ich blicke nicht durch, ich fühle mich ziemlich alleine und verwirrt.»

Gegenwart

«Ich bin auf einer Lichtung angekommen, eine kleine Wiese. Ich setze mich hin und ruhe mich aus. Das tut gut, einfach so zu liegen. Es ist heller hier, die Sonne kommt ab und zu durch. Ich lege mich hin und mache die Augen zu. Ich schlafe und denke an nichts. Als ich aufwache, sehe ich am anderen Ende der Wiese eine Frau sitzen. Sie schaut zu mir rüber. Ich bin ganz gespannt und verlegen. Ich schaue sie an, weiß aber nicht, wie ich mich verhalten soll. Wir winken uns zu. Ich fühle mich unsicher.»

Zukunft

«Hinter dem nächsten Hügel ist ein breiter Weg, der durch eine schöne Gegend führt. Die Sonne scheint und ich gehe Hand in Hand mit der Frau. Wir sind gut gelaunt und hüpfen ein Stück. Wir sind ausgelassen und spielen miteinander, wälzen uns im Gras herum. In der Nacht ist es warm und still. Wir liegen zusammen und spüren uns. Es ist sehr schön.»

Auswertung

Ingo hat in den letzten Monaten keine schöne Zeit gehabt, er hat sich in seinem Alltag nicht zurechtgefunden. Das Leben war für ihn ein dunkles Dickicht, in dem man sich verirren kann. Kontakte zu anderen Menschen findet er nicht, 'die sind immer gleich verschwunden'. Er sucht den Ausgang, findet ihn aber nicht. Er ist verwirrt und allein. Das sind die Bilder, die beschreiben, wie Ingo seine Vergangenheit empfindet.

Ingo entschließt sich, an einer Seelenpartner-Gruppe teilzunehmen und findet sich in seiner Phantasie 'auf einer Lichtung'. Er ruht sich aus, läßt von seinem Suchen ab. Dort trifft er eine Gruppenteilnehmerin, die ihn anzieht und auf die er reagiert. Er wird verlegen und weiß nicht, wie er sich ihr gegenüber verhalten soll. Das sind die Bilder vom 'Jetzt-Punkt', der Gegenwart.

In den Bildern von der Zukunft hat Ingo bereits Kontakt mit dieser Frau aufgenommen, und sie gehen gemeinsam den Weg weiter. Diese Zukunft ist bisher lediglich eine Möglichkeit, eine Phantasie, ein Ziel, das er gerne erreichen möchte. Bis dahin sind es aber noch einige Schritte.

Betrachten Sie jetzt Ihre eigene Phantasie und finden Sie gemeinsam mit dem Partner R die Bedeutung der einzelnen Bilder heraus. Welche Bilder sind aufgetaucht?

- War der Weg zurück breit oder schmal, war er leicht zu gehen oder steinig und holprig?
- Was für eine Landschaft war da? War es weit und hell, waren da fruchtbare Wiesen oder enge Schluchten?
- Welchen Menschen sind Sie begegnet? Waren Sie allein oder mit Ihrem Partner? Was ist zwischen Ihnen passiert?

Jedes Bild enthält eine Botschaft, kein Bild entsteht zufällig oder ist bedeutungslos.

Wenn Sie sich im Sommer sehen, dann deutet dies auf eine warme, freundliche, helle Gemütsverfassung hin. Finden Sie sich im Winter wieder, dann leben Sie in einer kalten und eisigen Atmosphäre. Ist der Weg weich, ein grüne Wiese, dann empfinden Sie Ihr Leben momentan angenehm, müssen Sie aber über einen steinigen Holperpfad klettern, dann versperren Ihnen in Ihrem Alltag auch Hindernisse den Weg.

Es mag sein, daß Ihnen einzelne Bilder mehr und andere weniger gefallen. Verändern Sie trotzdem nichts, akzeptieren Sie das, was von allein aufgetaucht ist. Wenn Sie mit Ihrem Begleiter nicht einer Meinung sind, hat immer Partner A 'recht', denn um ihn geht es. Bedenken Sie, daß Sie auf gewisse Weise füreinander Seelenpartner sind, denn Sie haben sich geöffnet und dem anderen Einblick gewährt.

Sie haben jetzt Informationen über Ihr Leben in der letzten Zeit, über Ihre momentane Situation und über Ihre Sehnsucht. Was tun damit? Was tun (oder manchmal auch lassen), um dem Ziel näherzukommen? Zum Ziel mag es ein kurzer oder ein weiter Weg sein, auf jeden Fall aber geht es mit dem nächsten Schritt weiter.

SCHRITT 3 - die Phantasie vom nächsten Schritt

Partner A legt sich wieder für kurze Zeit auf die Matratze und nimmt folgende Anleitung entgegen:

«- Geh wieder zum Ausgangspunkt zurück und schau in die Richtung nach vorne, wo die Bilder der Zukunft sind. Jetzt laß Bilder von einem konkreten Schritt auftauchen, der dich der Zukunft näher bringt
- Was ist das für ein Schritt? Etwas Konkretes, das dich deinem Ziel näherbringt?
- Was passiert in deinen Bildern?
- Erlaube dir auch Dinge, die vielleicht ungewohnt für dich sind, die du normalerweise nicht tun würdest.
- Erlaube dir schöne Phantasien.»

Partner A beschreibt wieder in der Gegegenwartsform, wie sich die Bilder mit dieser Anweisung verändern.

«- Jetzt sieh dich diesen nächsten Schritt tun.

- Beschreibe, was du machst und was passiert.
- Wie fühlst du dich damit, dich diesen Schritt tun' zu sehen?»

Partner A beschreibt, was er macht und wie es ihm mit dieser Vorstellung geht.

Wiederum ruht sich Partner A kurz aus, bevor Sie gemeinsam die Bedeutung der Bilder vom nächsten Schritt finden. In unserem Beispiel mit Ingo tauchte folgendes auf: «Ich liege also noch da auf der Wiese und schaue zu ihr rüber. Ich bin verunsichert, aber dann nehme ich mir ein Herz und stehe auf und gehe rüber. Ich spreche sie an. Ich sage ihr, daß sie mir gefällt und ich sie gerne kennenlernen möchte. Ich bin ganz zittrig und aufgeregt, was sie wohl antwortet. Ich bin auch noch nie so direkt auf eine Frau zugegangen, sonst habe ich immer irgendeinen Blödsinn geredet oder eine Schau gespielt. Sie lächelt und ist auch aufgeregt. Wir legen uns ins Gras und erzählen uns voneinander, was wir machen und wie es uns geht. Ich bin froh, daß ich rübergegangen bin.»

Ingo hat in seiner Phantasie etwas gemacht, was er sich im Alltag noch nie traute. Er ist einfach zu dieser Frau gegangen und hat ihr direkt und offen gesagt, was er will. Er hat nicht die übliche Schau abgezogen. Er hat in seiner Vorstellung etwas möglich gemacht, was für ihn bisher nicht vorstellbar war. Damit hat er sich sozusagen selbst eine Tür geöffnet, denn Dinge können erst dann Wirklichkeit werden, wenn wir sie uns auch vorstellen können.

Ingo geht das Wagnis ein und macht den nächsten Schritt. In einer Gruppenpause geht er zu der betreffenden Frau und spricht sie an. Die beiden gehen zusammen essen und unterhalten sich. Nach der Gruppe wollen sie sich näher kennenlernen. Ob Ingos phantasierte Zukunft sich ganz erfüllt, wird sich zeigen. Aber die Möglichkeit dafür ist jetzt vorhanden. Dies wäre nicht der Fall, wenn Ingo nicht den Bildern vom nächsten Schritt gefolgt wäre, die ihm gesagt haben, daß er offen und ohne Umwege auf sein Ziel zugehen soll.

Sie haben jetzt ein klares Bild Ihrer Visionen und damit auch Auskunft über verborgene Wünsche und Sehnsüchte. Sie sind momentan sozusagen Ihr eigener Therapeut. Mit den Phantasiebildern allein aber ändern sich Ihr Leben und Ihre Partnerschaft nicht. Der innere Widerstand, den wir jeder Veränderung entgegenbringen, muß überwunden werden. Das ist vergleichbar mit dem Widerstand, den man überwinden muß, wenn man ein Auto anschieben will. Wenn es erst einmal rollt, ist die Sache einfach, aber die ersten Schritte sind schwieriger. Folgende Hindernisse können auftauchen:

- **Sie trauen Ihren Bildern nicht.**
  Obwohl Sie klare Botschaften erhalten haben, erliegen Sie der Versuchung, diese beiseite zu schieben. In diesem Fall gibt es andere Kräfte in Ihnen, die sich gegen eine Veränderung stemmen. Sie können jetzt erst weiter kommen, wenn Sie diese Gegenkräfte erkennen und verstehen.

- **Sie teilen Ihre Bilder dem Partner nicht mit.**
  Sie trauen zwar Ihren Bildern, aber Sie wagen nicht, Ihrem Partner davon zu erzählen. Sie befürchten, ihn zu verletzen oder sich selbst bloßzustellen. Halten Sie sich vor Augen, daß in Partnerschaften nur eines funktioniert: Ehrlichkeit!

- **Sie wagen es nicht, den nächsten Schritt zu tun.**
  Obwohl Sie Ihren Bildern vertrauen und diese auch dem Partner mitteilen, scheuen Sie sich, den konkreten nächsten Schritt zu wagen. Auch wenn Sie jetzt eine Weile an diesem Punkt festhängen, wird Ihnen das sehr viel klarer sein als vorher.

Dem inneren Widerstand begegnen wir immer, wenn wir etwas ändern wollen. Es ist etwa so, als ob man sich entschlossen hat, den Dachboden und Keller aufzuräumen und im ersten Augenblick - wenn man die Tür öffnet und das Chaos sichtbar wird - davor zurückschreckt. Aber es gibt immer eine Möglichkeit, mit auftauchenden Hindernissen umzugehen.

Der nächste Schritt auf dem Weg

Egal, wie nah oder weit Ihr Ziel entfernt ist: Sie erreichen es Schritt für Schritt.

Wir haben im vorigen Kapitel Visionen entwickelt, die eine mögliche Zukunft zeigen. Wir haben sie aus dem Dunkel des Unbewußten aufsteigen lassen und damit einen ersten Schritt in Richtung Ganzheit getan, denn wir haben diese Bilder erkannt und anerkannt. Trotzdem bleiben diese Bilder auf der Ebene der Phantasie haften, wenn wir sie nicht in unseren Alltag und in unsere Beziehungen tragen können.

Das Potential unserer Visionen entfaltet sich erst in der Konfrontation und Vereinigung der bewußten und unbewußten Seiten. Konfrontation von und Vereinigung mit den dunklen Seiten sind Herausforderung und Lösung der Schwierigkeiten auf dem Weg der Seelenpartner:

Konfrontation

Um Konfrontation brauchen wir uns nicht zu kümmern, sie geschieht von selbst, denn indem wir uns auf den Partner einlassen, begegnen wir in ihm auch unseren eigenen dunklen Seiten. Wir werden mit unseren Verdrängungen konfrontiert, mit unserer Herrschsucht, Angst, Unselbstständigkeit, Zartheit, Schwäche, Sehnsucht, Eifersucht, mit allem, was wir an uns selbst ablehnen und doch lieben lernen sollten, mit allem, was wir brauchen, um ganz zu sein.

Vereinigung

Vereinigung indes ist ein Vorgang, den wir erst herbeiführen müssen. Wieso haben wir überhaupt verdrängt? Wozu haben wir überhaupt Teile unseres Selbst abgespalten und ins Unbewußte geschoben?

Die Gründe hierfür liegen in der persönlichen Geschichte eines Menschen. Zumeist spalten wir uns von Kräften, die in unserer Familie oder Gesellschaft nicht akzeptiert werden oder nicht zum erwarteten Rollenverhalten gehören. Durch den äußeren Druck unserer Umwelt wird es unbequem oder auch gefährlich, diese Kräfte zu zeigen und zu leben, und deshalb ist es besser, sich von ihnen zu trennen und sie im Dunkeln zu bewahren.

Das wilde kleine Mädchen, das gerne Fußball spielt und auf Bäume klettert und dafür von seiner Umgebung aufgezogen wird, dem man sagt, daß es keine richtige Frau wird - es wird diese Wildheit verbergen. Der kleine Junge, dem man sagt, daß Jungs nicht weinen - er wird seine Zartheit verdrängen. Das Mädchen, das stark, selbständig, klug sein soll, das nur soviel wert ist, wie es leistet - es wird sein Anlehnungsbedürfnis verdrängen. Das Baby, das nicht die Nähe und Liebe bekommt, die es für sein Heranwachsen braucht - es wird sein Urvertrauen verlieren und Halt und Sicherheit bei anderen Menschen suchen.

All diese verdrängten Energien fehlen dem erwachsenen Menschen zur Ganzheit. Wir müssen erst wieder Kontakt mit unserer Wildheit, Zartheit, Schwäche aufnehmen, wir müssen unser Urvertrauen wiederherstellen. Dies ist der Vorgang der Vereinigung von bewußten und unbewußten Seiten, und dieser Vorgang geschieht nicht reibungslos. Verdrängung ist ein Selbstschutz, durch den wir Teile des Selbst vor der Verfolgung retten wollen. Zuerst hat unsere Umgebung diese Teile verfolgt, dann aber haben wir selbst diese Haltung übernommen und damit die innere Spaltung installiert. Mittlerweile sind wir selbst diejenigen, die die Verdrängung aufrechterhalten, haben wir selbst begonnen, bestimmte Seiten an uns zu bewerten und abzulehnen. Freiwillig werden sich diese Teile nicht hervorwagen, denn sie befürchten ja noch immer, bewertet und verfolgt zu werden. Sie wehren sich also gegen Entdeckung, und dieses Sträuben nehmen wir als Widerstand wahr.

Es gibt in uns einen Widerstand gegen die Aufdeckung unserer dunklen Seiten, und dieser Widerstand hat eine Schutzfunktion. Streit und das Beziehungsspiel 'DU' zeigen, daß wir an einer solchen Schwelle festhängen. Erst wenn die Zartheit begreift, daß sie nicht mehr abgelehnt ist, erst wenn die Wildheit positiv aufgenommen wird, erst wenn Liebe und Leistung nicht mehr zusammenhängen, wenn Trennung nicht mehr Tod bedeutet, erst dann werden diese Seiten sich hervorwagen und Teil unseres bewußten Selbst werden. Erst wenn wir eine neue, positive Erfahrung mit diesen Kräften gemacht haben, erst dann werden wir sie an uns akzeptieren und auch anderen Menschen zeigen.

Es gilt also immer, den inneren Widerstand aufzulösen, wenn wir auf dem Weg zur Ganzheit ein Stück vorankommen wollen. Dies erfordert Bereitschaft und Verständnis. Bereitschaft ist vorhanden, sie ergibt sich aus dem Leidensdruck, den jede innere Spaltung verursacht. Meist fehlt es uns aber am Verständnis der inneren Vorgänge.

Wir wissen mit den Konflikten und der Dynamik der Beziehung nicht umzugehen und deshalb weichen wir Konflikten aus. Was uns in solchen Momenten helfen kann, ist die Kraft der Bewußtheit.

Auf den folgenden Seiten begleiten wir Menschen - ausgehend von ihren Visionen der Zukunft und des nächsten Schrittes - in den Alltag der Beziehung und betrachten die Ereignisse und Erfahrungen, die sie mit der Verwirklichung ihrer Visionen machen sowie die Hindernisse, denen sie dabei begegnen.

Dieser Weg wird von niemandem vorgegeben, er muß selbst aus der eigenen Situation und Wahrheit heraus gefunden werden. Dabei sind uns wiederum Visionen und innere Bilder behilflich. Die folgenden Beispiele sind so aufgebaut: zuerst beschreibe ich die Situation, in der sich ein Partner befindet. Dann erleben wir seine Vision von der Zukunft und auch die Vision vom nächsten konkreten Schritt, der ihn dieser Zukunft näherbringt, und schließlich berichtet er von den Schwierigkeiten, die im Beziehungsalltag bei dem Versuch, die Vision zu verwirklichen, aufgetreten sind.

Eifersucht

Cordula lebt mit ihrem Freund seit vier Jahren in einer wechselhaften Beziehung. Mal sind sie sich sehr nahe, mal gehen ihre Wege weiter auseinander. Dann unternehmen sie viele Dinge getrennt voneinander und verabreden sich seltener. Obwohl beide es so wollen, leidet Cordula unter diesem Wechsel mehr, vor allem, wenn die Distanz von ihrem Freund ausgeht. Sie wird eifersüchtig und bekommt Angst. Dann zweifelt sie an der Echtheit seiner Liebe und stellt die Beziehung und ihre Gefühle in Frage. Sie läßt ihrem Freund zwar Freiraum, aber in ihr brechen versteckte Minderwertigkeitsgefühle und Komplexe auf. Sie fühlt sich unwert und zieht Vergleiche mit anderen Frauen, bei denen sie schlecht abschneidet.

Cordula gerät an ihr Inneres Kind in seiner dunklen Erscheinungsform: ängstlich, gehemmt, unterdrückt, ärgerlich, Schutz suchend. In ihrer Kindheit ist sie oft vom Vater und auch von den älteren Geschwistern aufgezogen worden. Sie bekommt die Botschaft 'du schaffst es nicht, du brauchst es gar nicht zu versuchen' übermittelt, und diese Überzeugung wird zu einem Kontext, um den herum sie ihre Beziehungen aufbaut. Sie ist unterschwelling oft ärgerlich, fühlt sich zugleich jedoch hilflos und wartet auf Hilfe. Am liebsten möchte ihr Inneres Kind jemanden haben, der ihm zeigt wie es geht, der es ernst nimmt und sich um es kümmert.

Schließlich werden die Spannungen in Cordula so groß, daß sie den Kontakt zu ihren Freundinnen aus der Angst heraus abbricht, daß ihr Partner sich mit einer ihrer Freundinnen einläßt, 'weil die ja doch besser sind als ich'.

Aus der Sehnsucht nach Hilfe heraus begibt sie sich in eine isolierte Position. Von dort aus schielt sie auf ihren Freund und wartet, daß er endlich vorbeikommt, sich für sie entscheidet und sie aus ihrer Einsamkeit befreit.

In solchen Phasen ihrer Partnerschaft haben die beiden keine Mann-Frau-Beziehung, vielmehr eine Tochter-Vater-Beziehung, zumindest aus der Sicht von Cordula. Ihr Freund nimmt die Retter-Rolle allerdings nicht an, er überläßt sie ihren Problemen.

Cordula beginnt, sich mit ihren Ängsten und Handlungsmustern auseinanderzusetzen. Sie lernt ihre Gefühlsstrukturen kennen (ihr Inneres Kind) und nach einigen Monaten hat sie viele Minderwertigkeitsgefühle und Selbstabwertungen durchschaut und losgelassen. Hinter ihren Hemmungen entdeckt sie ein entschlossenes Kind, das sagt: 'ich werde es schon schaffen, ich kann das, ich bin stark'. Dieses Kind hat einen anderen, besseren Kontext zur Verfügung. Betrachten wir, zu welchen Erfahrungen dieser Kontext führt:

Cordulas Vision von der Zukunft

«Ich gehe eine Allee entlang, es ist Sommer, sehr hell und warm. Ich fühle mich stark und ruhig, da sind viele Leute in der Gegend, aber ich bin beschwingt von mir selbst, ich genieße meine Kraft. Ich fühle mich, als ob mir alles gelingt, als ob keine Aufgabe zu schwer für mich ist. Ich gehe weiter, und da kommt mein Partner. Wir kommen uns näher und nehmen uns wahr, spüren, welche Verbindung entsteht. Ich nehme ihn und fange einen Tanz an. Ich führe dabei, er ist ganz erstaunt und läßt es geschehen. Ich werfe ihn in die Luft und fange ihn wieder auf, wir tanzen noch eine ganze Weile, dann werden wir still und stehen einen Augenblick beieinander.

Jetzt will ich wieder allein sein, ich drehe mich weg und gehe auf der Allee weiter, etwas langsamer als vorher, ich spüre, daß ich allein bin, da ist sehr viel Platz um mich 'rum und ich atme tief ein, ich dehne mich aus. Es ist alles meins, der ganze Platz ist mein, ich kann ihn einatmen. Ich stehe da und dehne mich immer weiter aus, es ist eine wahnsinnige Kraft in mir, die kommt nur aus mir, ich fühle mich stark und frei - alles ist mein, alles ist gut.

Da vorne ist ein Tor, da ist ein großes Gut dahinter, mit lauter saftigen Wiesen und auch mit schönen Wäldern und viel Wasser, Bächen und Seen. Da gibt es jede Menge wilder Tiere, unberührte Landschaft, aber auch Felder und ein schönes Haus. Das ist mein Reich, das gehört alles mir, da kann ich jemand hin einladen oder auch wegschicken, ganz wie ich es mag.»

Cordula hat ihr Selbstgefühl erweitert, wie sich in ihren Bildern deutlich zeigt. Sie nimmt sich als wunderschöne Landschaft wahr, als ein Reich, das ihr gehört und in das sie Menschen einladen kann. *Unabhängigkeit* ist das Thema ihrer Vision, Unabhängigkeit von ihren Ängsten und ihrem Freund ist die Aufgabe, die sie erkannt hat und die sie in ihren Alltag übernehmen will. Dies ist ihr Ziel, dem sie Schritt für Schritt näher kommen kann.

In der Vision vom nächsten Schritt soll sie sich etwas konkretes im Alltag tun sehen, durch das ihre Vision von der Unabhängigkeit wahr werden kann, egal ob es sich dabei um einen kleinen oder großen Schritt handelt.

Cordulas Vision vom nächsten Schritt:

«Ich sehe mich in meinem Reich, laufe über die Wiesen und lege mich in die Sonne. Ich lade viele Leute zu einem Fest ein und wir feiern gemeinsam. Meine Freundinnen sind auch da, ich gehe zu ihnen hin und erzähle ihnen alles, was passiert ist. Ich sage ihnen, daß ich wieder mehr mit ihnen zu tun haben will. Sie verstehen mich gut. Ich fühle mich wie die Herrin in meinem Land, stark und frei.»

Cordula knüpft in diesen Bildern wieder an Kontakte an, die sie im Laufe der Zeit aufgegeben hatte - einen eigenen Freundeskreis. Die selbstgewählte Isolation hatte ja ihre Abhängigkeit - und damit auch ihre Angst und Eifersucht - noch verstärkt.

«Hast Du den nächsten Schritt gewagt?»

«Ja, ich habe meine alten Freundinnen und auch noch ein paar Freunde eingeladen und allein mit ihnen so eine Wiedersehen gefeiert. Wir haben uns gegenseitig viel über unsere Beziehungen und die Schwierigkeiten damit erzählt. Die Phantasie war eine Erinnerung an meine helle, kraftvolle Seite. Ich war ja mit meiner ganzen Aufmerksamkeit immer mehr bei meinem Freund als bei mir, bei dem, was *er* macht oder nicht macht, das hat mich gelähmt.

Ich muß mich einfach mehr um mich kümmern, mir selbst die Aufmerksamkeit geben, die ich von den anderen haben will. Wenn ich mein Reich betrachte, dann sehe ich überwiegend schöne Dinge. Ich habe es gar nicht nötig, mich zu verstecken oder vor anderen Frauen zu fürchten. Das kommt eigentlich nur aus einem Minderwertigkeitsgefühl heraus, das ich als Kind aufgeschnappt habe. Ich habe dann aufgehört, zu warten oder mich zurückzuziehen, sondern habe die Sachen gemacht, zu denen ich Lust hatte. In meiner Beziehung hat sich dadurch eine Menge verändert. Ich bin viel selbstbewußter geworden und hab angefangen, meinen Kram ganz für mich selbst zu regeln. Es ist das erste Mal, daß ich richtig Lust habe, mein Land ganz selbst zu bestellen und nicht mit einem Partner alles zusammen zu machen, Kleinigkeiten und auch die größeren Sachen. Es ist ja nicht bei dieser einen Phantasie geblieben.

Ich habe aus diesen Phantasiereisen schon eine Menge gelernt, zum Beispiel, daß meine Träume, auch die Tagträume, mir eine Menge über mich erzählen. Ich mache die Phantasie vom nächsten Schritt ziemlich oft zuhause, auch wenn es nur um Kleinigkeiten geht, immer wenn ich unsicher bin, wenn ich nicht weiß, was ich eigentlich wirklich will.

Zuerst habe ich den Bildern nicht so recht getraut, aber dann sind mir damit viele gute Dinge passiert, oft gerade dann, wenn mir die Bilder besonders seltsam vorkamen. Einmal ging es zum Beispiel darum, ob ich mit meinem Freund für fünf Tage an die See fahre. Ich habe dann den Weg auftauchen lassen mit einer Gabelung, die rechts zur See und links zum Alleinsein führte. Die Bilder von der See waren ungefähr so wie das Wetter zu der Zeit, etwas trüb und schwer, ohne viel Herzlichkeit und Freude darin. Die Bilder vom Alleinsein waren viel lebendiger, da habe ich allerhand verrückte Sachen gemacht, zum Beispiel tanzen gehen, bummeln gehen und so.

Ich bin dann nicht mit zur See gefahren, obwohl das irgendwie sicherer gewesen wäre, da hätte ich schon einigermaßen gewußt, was auf mich zukommt. Das Alleinsein hat sich unsicherer angefühlt, aber es ist dann das passiert, was ich vorher gesehen hatte. Ich habe eine schöne Zeit mit mir gehabt und meinen Entschluß nicht bereut. Es ist eben ganz wichtig für mich, mich unabhängig von meinem Freund zu erleben und zu erfahren, daß ich auch aus mir selbst heraus Glück und Freude erleben kann.»

«Welche Schwierigkeiten und Hindernisse sind aufgetaucht und wie gehst Du damit um?»

«Das Schwerste war nicht, die Bilder zu sehen, sondern ihnen zu vertrauen und sie in die Tat umzusetzen. Das größte Hemmnis dabei war und ist meine Angst und mein Mißtrauen mir selbst gegenüber. Die Angst von dem kleinen Mädchen, allein dazustehen, ohne Schutz und Hilfe, und das Warten darauf, daß jemand kommt. Dieses Mädchen hätte sich am liebsten immer tragen lassen, auf den starken Armen von meinem Freund.

Ich habe dann den Umgang mit der kleinen Cordula gelernt, also den Umgang mit der Angst. Ich habe ihr klargemacht, daß auch ich sie beschützen kann, daß auch ich ihr helfen kann, und langsam hat sie begonnen, mir zu vertrauen. Das heißt, ich habe mehr und mehr vertraut, daß ich auch alleine klarkommen kann. Der Umgang mit meiner Angst, das ist ein Schlüssel in unserer Beziehung geworden, denn sie war wie eine Hemmung, wie ein zäher Schleim, der auf mir hing.

Früher habe ich meinen Freund genervt wenn ich ängstlich war und erwartet, daß er was unternimmt, damit es mir besser ging, damit ich nicht mehr eifersüchtig war. Wir haben uns oft gestritten und uns Vorwürfe gemacht. Jetzt kann ich viel besser die Verantwortung für meine Angst übernehmen, weil ich sehe, daß mein Freund damit nichts zu tun hat. Ich bin stärker geworden und habe viel Vertrauen zu mir und meinen Fähigkeiten bekommen.»

Cordula hat die innere Auseinandersetzung mit sich und ihrer Beziehung in den Alltag integriert. Sie hat ihr Thema *Unabhängigkeit* in Angriff genommen. Ihre unbewußten Ängste sind zur Herausforderung ihrer Kraft geworden, denn Kraft braucht sie, um der Angst zu begegnen. Sie läuft nicht davor weg, sondern bringt einen bisher dunklen (verborgenen) Teil ihres Selbst ans Licht des Bewußtseins: ihre Kraft und Unabhängigkeit.

Eifersucht ist die Angst, die entsteht, wenn wir unser 'Zuhause Partner' verlieren. Eifersucht ist die Panik und der Kampf, mit dem wir uns gegen eine erneute Abnabelung wehren. Hinter Eifersucht versteckt sich die Furcht, ohne den Partner 'nicht durchzukommen', es 'nicht zu schaffen' und, als Konsequenz des Alleinseins, zu sterben.

Trennung

Marie lebt seit neun Jahren mit ihrem Mann zusammen. Sie haben eine dreijährige Tochter und ein gemeinsames kleines Geschäft. Beide betrachten sich mittlerweile nicht mehr als Liebhaber, sondern mehr als Freunde, weil sie das Gefühl haben, daß vom anderen 'nichts mehr rüberkommt'. Marie macht ihrem Mann keine offenen Vorwürfe, aber sie ist unzufrieden und unglücklich, denn sie bekommt in dieser Verbindung nicht, was sie sich erhofft hat und was sie braucht - Zärtlichkeit und Geborgenheit.

Die beiden immer daran geglaubt, daß sich eines Tages alles ändern würde und daß die alten Tage der Beziehung wiederauferstehen, die Zeit, zu der sie verliebt und glücklich waren.

Marie fühlt sich zwischen zwei Extremen zerrissen: auf der einen Seite möchte sie die unbefriedigende Beziehung abbrechen und sich einen anderen Mann suchen, auf der anderen Seite aber scheut sie vor der Trennung zurück und möchte alles wieder so haben, wie es einmal war.

Maries Vision von der Zukunft

«Wir gehen einen Waldweg entlang, mein Mann, meine Tochter und ich, eigentlich trotten wir mehr so daher. Wir sind nicht so gut gelaunt, mehr still und ein bißchen verdrossen und bedrückt. Wir haben uns gerade wieder mal unterhalten, und es ist wieder mal nichts dabei herausgekommen. Jeder ist unzufrieden und schaut vor sich hin auf den Boden. Die Luft ist feucht und stickig und man kann nur schwer atmen.

Alles ist träge, auch ich bin träge und gereizt. Das Kind tut mir leid, es schaut unruhig zwischen uns hin und her. Wir trotten weiter, und nach einer ganzen Weile bleibe ich stehen, ich habe einfach keine Lust mehr, irgendwohin zu stolpern. Ich setze mich auf einen Baumstumpf und lasse die anderen weitergehen. Die setzen sich ein Stück weiter auch hin.

Ich mach die Augen zu und schalte innerlich von allem ab, ich spüre einfach die Natur und den Wald. Ich bekomme das Gefühl, ganz allein zu sein, nur mit mir im Wald. Ich genieße es, es ist kein Mensch da, der stört oder was von mir will. Plötzlich trifft mich ein Licht. Ich mach die Augen auf und sehe in der Ferne im Unterholz etwas aufblitzen, es leuchtet in meine Richtung.

Es macht mich neugierig und zieht mich an, ich gehe darauf zu und vergesse alles andere um mich herum, es ist spannend und aufregend. Als ich ganz nahe dran bin, sehe ich, daß es ein Kristall ist, so groß wie ein Ball. Ich setz mich vor den Kristall hin, mein Herz klopft, ich schau in die Mitte von der Kugel, und ganz allmählich tauchen Bilder auf, wie aus einem Schleier.

Ich kann mich selbst sehen, aber ich bin viel jünger in den Bildern. Ich seh mich, als ich 23 war, ein lustiges und verspieltes Wesen, gut aufgelegt. Ich bekomme Lust, dieses Wesen zu begrüßen und ich frage sie 'hallo, was willst du denn von mir?'. Das Mädchen lacht und ruft mir zu 'na du Trauerkloß, schon gelacht heute?'

Ich bin ganz erstaunt, aber ich muß auch lächeln, die ist wirklich ganz lustig und frech. Dann ändern sich die Bilder und ich sehe mich mit 17 Jahren, auf einer Party bei Freunden von mir. Ich frage das Mädchen wieder 'na, wie geht es dir denn heute?'. Sie lacht mich wieder an oder vielleicht auch aus und sagt 'na, schon geküßt heute?'

Was soll jetzt das? denke ich, aber irgendwie gefällt mir das. Ich schaue wieder in den Kristall, und da sehe ich mich als zwölfjähriges Mädchen, das gerade reitet, auf einem Pony, ziemlich wild und schnell. Ich will ihm was zurufen, aber es reitet blitzschnell an mir vorbei und ruft 'heh, heh', es ist ganz beim Reiten und läßt sich gar nicht durch was anderes stören.

Jetzt wird es düster in dem Kristall, es tauchen Bilder auf von mir, als ich so fünf Jahre alt bin. Ich stehe da im Garten und bin traurig. Meine Mutter ist auch da, sie rupft Unkraut und ab und zu seufzt sie. Wir sind allein, weil mein Papa ist letztens gestorben. Mutter hat es schwer, sie ist jetzt ganz allein mit uns. Ich frage das kleine Mädchen, wie es ihr geht und sie sagt 'wir sind jetzt alleine, ich mag nicht alleine sein'.

Dann verschwimmt das Bild, und ich bleibe vor der Kristallkugel sitzen. Die Bilder gehen mir durch den Kopf, von dem traurigen Mädchen bis zu der 23jährigen. Ich kann dieses traurige Mädchen ja verstehen, aber die Bilder von den anderen gefallen mir wirklich gut, so froh und lebendig wie die sind. Ich gehe den Weg zurück und komme an die Stelle, wo mein Mann und die Kleine sitzen.»

Maries Vision vom nächsten Schritt

«Ich bin also wieder bei meinem Mann und betrachte ihn. Er ist auch so ein Trauerkloß. Ich rufe ihm schnippisch zu 'na, schon geküßt heute?' und dann nehme ich die Kleine und laufe mit ihr nach Hause. Dort bringe ich sie ins Bett und ziehe ein schönes Kleid an und dann gehe ich aus, ganz allein. Ich treffe ein paar Leute, die ich schon lange nicht mehr gesehen habe. Ich bleibe, solange es mir gefällt und gehe erst nach Hause, als ich mich so richtig ausgetobt habe. Ich weiß, daß ich das jetzt öfter machen werde, es fühlt sich so gut an.»

Marie bekommt in ihrer Phantasie ihre Aufgabe und den nächsten Schritt dahin genannt: aufhören zu trauern, aufhören darauf zu warten, daß sich alles von alleine ändern wird und wieder damit anfangen, zu leben und froh zu sein. Was steht hinter dieser Situation, in der sich Marie befindet? Marie leidet unter den Folgen des frühen Todes ihres Vaters. Am Beispiel der Mutter erfährt sie, was es heißen kann, 'ohne einen Mann' zu leben. Sie versucht in ihrer Ehe alles mögliche, um wiederherzustellen, was verloren gegangen war: wirkliches Interesse aneinander, Liebe und Zärtlichkeit füreinander. Sie hat das Gefühl, etwas falsch gemacht zu haben. Die Grundlage dieser Überzeugung ist der Kontext des Inneren Kindes 'allein schafft man das nicht'.

Mit dieser Überzeugung gibt es für eine Frau in einem Leben ohne Ehemann nur Schwierigkeiten und wenig Vergnügen. Dieser Kontext begann allerdings erst zu wirken, nachdem Marie geheiratet hatte, denn dann konnte die Verlustangst erst aktiviert werden. Vorher konnte sie - wie die hellen Kinder zeigen - ihr Leben besser genießen.

Das traurige und ängstliche Kind ist aber nicht das einzige, was für Marie auftaucht. Sie erhält eine Menge Unterstützung aus einer Zeit, da sie einfach ein Mädchen war, das seiner Lust folgte und keine Ehefrau, die eine Ehe zusammenhalten muß. Für ihr Dunkles (inneres) Kind begann die Zeit der Sorgen erst mit der Wahl eines Mannes, denn von nun an mußte es alles tun, diesen Mann bei sich zu halten. Jede Situation, die zu einer Trennung führen könnte, galt es zu vermeiden. Heirat war ein Teil dieser Strategie, die Aufgabe ihrer Interessen und ein Verzicht auf ihre Bedürfnisse ein anderer Teil.

Zwar konnte Marie sehen, daß sie nicht zufrieden war, aber sie konnte auch nichts tun, was die Beziehung gefährden würde - das Schreckgespenst der Trennung drohte im Hintergrund.

«Hast Du den nächsten Schritt gewagt?»

«Also, die Bilder von den lebenslustigen Mädchen in verschiedenen Altern zu sehen, war schon eine massive Erinnerung. Schließlich war auch die Zeit mit meinem Mann einmal sehr schön und lebendig. Ich hatte das alles fast vergessen, ich habe mehr so gelebt wie das Mädchen, das um was Vergangenes trauert und viel Angst vor dem Leben hat. So kenne ich mich die letzten Jahre.

Es war so was wie die letzte Klarheit, mit aller Deutlichkeit zu sehen, in welcher Situation ich lebe und auch, daß das nicht so bleiben muß. Das hat schon mit dem kleinen traurigen Mädchen zu tun, das den Vater vermißt hat und gesehen hat, wie schwer es die Mutter mit uns Kindern hatte, durchzukommen, ohne die Unterstützung vom Vater. Ich habe mich unbewußt immer mehr an diesem Mädchen orientiert, mich nach seinen Befürchtungen gerichtet und die Welt aus seiner Sicht wahrgenommen. Dann habe ich aber auch wieder die hellen Mädchen getroffen und angefangen, mich mehr nach ihnen zu richten, nach den lebenslustigen Seiten von mir.

Das hat sich vor allem in Kleinigkeiten ausgewirkt, in den tausend Kleinigkeiten, die so ein Zusammenleben ausmachen. Nach und nach hab ich die vielen Kompromisse aufgegeben, die wir miteinander geschlossen hatten. Ich bin jetzt im Vergleich zu früher direkt egoistisch geworden. Ich habe mir jetzt angewöhnt, vor jeder unschlüssigen Entscheidung meine lebendigen Mädchen zu fragen, was wir tun sollen, und die haben mich meistens gut beraten, die sind ganz auf meiner Seite.»

«Welche Schwierigkeiten und Hindernisse sind aufgetaucht und wie gehst Du damit um?»

«Irgendwie habe ich das Ding in mir, daß alles, was ich für mich mache und was dem Partner nicht paßt, auf eine Trennung hinausläuft, und daß ich die Trennung nicht riskieren darf, daß das ein Fehler wäre, für den ich büßen müßte. Ich habe auch Angst, alleine klarzukommen.

Das größte Hindernis ist Schuld. Das Gefühl, daß durch mein Verhalten die Trennung erfolgt und daß ich schuld bin an allem, was dann passiert, daß ich dann versagt habe und die Suppe auslöffeln muß, allein und ohne Unterstützung.

Das Bild von der Trennung hat mich hypnotisiert und gelähmt, es hing wie ein großer drohender Schatten über mir, ohne daß ich es gemerkt hätte. Seit ich mir klar bin, daß ich so nicht weiterleben will, und seit ich meine Lebenslust wieder entdeckt habe, bin ich risikobereiter geworden. Zum einen bin ich bereit, eine Trennung hinzunehmen, wenn es sein muß, zum anderen hab ich gemerkt, daß es ja so schnell gar nicht zur Trennung kommt. Da ist immer noch eine Menge Freundschaft, die uns verbindet und eine Menge schöne Dinge, die wir miteinander erleben. Aber was ich bei ihm nicht finde, das will ich mir jetzt auch woanders holen und nicht auf die Zärtlichkeit verzichten, die ich brauche.

Für meinen Mann ist es ja auch eine Erleichterung, daß wir unsere Situation jetzt in die Hand nehmen, und er unterstützt mich eigentlich mehr, als daß er mir im Wege steht. Das macht es für mich natürlich auch leichter.»

Von ihren hellen, lebenslustigen (inneren) Kindern bekommt Marie Mut zugesprochen. 'Schon gelacht, schon geküßt heute?' sind die verblüffenden Fragen, mit denen sie Marie aufwecken wollen. Marie nimmt den Kontakt zu diesen Wesen auf und erfährt eine Menge über ihre verborgenen Kräfte.

Sie folgt im Alltag ihren Visionen, sie beginnt, unabhängig von der Familie ihrer Lust zu folgen. Sie geht dabei das Risiko einer Trennung ein, was ihr nicht leicht fällt, aber sie macht dabei die Erfahrung, daß das Gespenst 'Trennung' erst mal nur ein Gespenst ist.

Sie und ihr Mann finden in der Folgezeit Wege, sich unabhängig voneinander auf eigenen Pfaden zu bewegen, ohne das Gefühl zu entwickeln, in der Ehe versagt zu haben. Sie geben sich mehr Platz und Freiraum und sind beide mit der neuen Entwicklung zufrieden. Nach einigen Monaten erzählt Marie:

«Es verunsichert mich immer noch, es paßt nicht in das Bild, das ich von einer guten Ehe hatte. Mein Mann und ich haben jetzt jeder einen Geliebten, und das erstaunliche ist, daß wir jetzt mehr miteinander zu tun haben als vorher. So richtig eifersüchtig waren wir nur kurze Zeit, weil wir ziemlich gleichzeitig unsere Liebhaber kennenlernten, das hat dann gut gepaßt.

Wir haben uns jetzt wieder was zu erzählen, es ist lebendiger und spannender geworden. Wir haben dann gemerkt, daß wir uns doch nicht so gleichgültig sind und beide eigentlich keine Trennung wollen. Wir sind momentan wirklich gute Freunde, und manchmal ist auch wieder mehr da. Vor allem ist der ungeheure Druck weg, den wir uns gemacht hatten, der Druck, es wieder miteinander hinkriegen zu müssen, uns wieder wie früher lieben zu müssen.»

Marie und ihr Mann erleben etwas scheinbar Paradoxes: indem sie sich mehr Platz geben, kommen sie sich näher. Indem sie auf der einen Seite auseinandergehen, kommen sie sich auf der anderen Seite entgegen. Vorher haben sie eine offene Auseinandersetzung mit ihren Sehnsüchten und Erwartungen vermieden und sind der Klärung ihrer Probleme ausgewichen. Sie haben Spannungen und Aggressionen angehäuft, bis es so nicht mehr weiterging. Sie haben versucht, unter allen Umständen eine Trennung zu vermeiden und sie damit geradezu heraufbeschworen, denn das Pulverfaß ihrer Verdrängungen stand kurz vor der Explosion.

Indem Marie ihre Lage erkennt und viele Halbheiten und Kompromisse aufgibt, an denen die Beziehung fast erstickt ist, setzen sich beide direkt mit der Beziehung auseinander und schaffen reine Luft.

So wie Marie und ihr Mann bauen wir die meisten Spannungen in unseren Beziehungen auf. Wir wollen unter allen Umständen zusammenbleiben und versuchen, diesem Ideal, dieser Idee gerecht zu werden. All das, was zwischen uns passiert und was in dieses Konzept nicht hineinpaßt, schieben wir beiseite, wir wollen es nicht wahrhaben. Es ist leichter zu verdrängen, als die eigenen Hoffnungen und Illusionen schwinden zu sehen.

Wenn wir aber unserer eigenen Wahrheit treu bleiben, unsere Ideale überprüfen und die Herausforderung zur Ehrlichkeit annehmen, wenn wir die Trennung und ein Leben ohne den anderen riskieren, dann ist sie meist nicht mehr nötig. Dann können wir unsere Ideen und Vorstellungen an der Realität korrigieren, die Partnerschaft auf eine neue Weise fortsetzen und miteinander genießen, was uns verbindet.

Hingabe

Ron befindet sich in seiner Beziehung in einer Situation, die er schon oft erlebt hat - er kann sich der Frau, mit der er zusammen ist, nicht wirklich öffnen.

«Es ist wie eine feine Distanz, die uns trennt. Ich laß sie schon an mich ran, aber kurz bevor sie mich ganz erreicht, da mache ich dicht.» Ron kann diese Gefühle auch körperlich beschreiben, als einen Ring aus Metall, der seine Brust umklammert und sein Herz beengt. Seine Freundin leidet unter der Distanz, darunter, daß er sie 'nicht reinläßt und draußen hält'.

Ron ist ein 'Macher', er hatte sein Leben bisher in jeder Beziehung in der Hand. Sein Alltag und seine Handlungen sind stark vom Verstand bestimmt. Indem er jetzt in Einzelarbeit in seine Gefühlswelt eintaucht, gleitet ihm die Kontrolle über sich selbst aus den Händen. Er bekommt Angst. Er entdeckt, daß unter dem harten, festen Ring etwas sehr Zartes und Verletzliches verborgen ist - sein Herz.

Ron ist erstaunt und verunsichert. Es dauert eine ganze Weile, bis er sich selbst eingestehen kann, daß er nicht nur der starke, überlegene, sichere Ron ist, der das Leben und die Frauen kontrolliert, sondern auch der ängstliche, empfindliche, zarte, sensible Ron, der sich vor Verletzung fürchtet und deshalb einen solch soliden Schutzring um sein Herz gelegt hat.

Rons Widerstand gegen die Liebe seiner Freundin wurzelt in seiner unbewußten Angst vor Enttäuschung und Verletzung. In den Sitzungen trifft er auf den kleinen Ron seiner Kindheit, der sich gegen eine in Kriegs- und Nachkriegszeit stark und hart gewordene Mutter behaupten muß. Wann immer dieser Mutter die Lebenssituation über den Kopf wuchs, hat sie den Kindern gedroht, sie zu verlassen. 'Hätte ich euch doch nur nie in die Welt gesetzt' und 'jetzt seid ihr mir endgültig zuviel, jetzt geh ich für immer weg' sind Standardsätze, die Ron noch gut in Erinnerung sind und die ihn unter starken inneren Druck setzten, denn er liebte seine Mutter. Schließlich kommt es so weit, daß die völlig entnervte

Mutter eines Nachts die Kinder verläßt und ihnen sagt, daß sie 'nie wieder zurückkommt'.

Von der Zeit, als sie ging bis zu der Zeit, als sie zurückkam, weiß Ron nichts mehr, der Schock war so groß, daß er in eine Art psychische Ohnmacht flüchtete - er schaltete einfach ab.

Für Ron heißt Lieben seit jenen Ereignissen auch Verlassenwerden. Er ist zutiefst mißtrauisch und vorsichtig was den Bereich der Herzensgefühle angeht, denn er rechnet unbewußt damit, daß er verletzt wird. Es ist also besser, gar nicht erst aufzumachen und niemanden in sein Herz zu lassen.

Ron erlebt all diese Ereignisse wieder und befreit die festgefrorenen Gefühle aus ihrer Umklammerung. Er läßt den alten Schmerz zu und kann zum ersten Mal seit seiner Kindheit wieder weinen, er verzeiht seiner Mutter. Mit den Gefühlen kehren auch seine Liebesfähigkeit und sein Vertrauen zurück. Der Ring aus Eisen wird weich und durchlässig, Ron verändert sich. Er hat sein Thema 'Hingabe' aufgenommen, was auch deutlich wird in seinen Bildern:

Rons Vision von der Zukunft

«Ich gehe mit Lisa auf dem Weg entlang. Mir ist ganz egal, wo es langgeht, ich gehe einfach mit ihr mit. Es ist eine schöne Landschaft, und es ist Frühling, warm und sanft. Da sind lauter Blüten. Lisa hält mir die Augen zu und läßt mich an vielen Sachen riechen, ich muß raten, was es ist. Unser Kontakt ist verspielt, ganz leicht und ohne Druck. Ich lege meinen Kopf in ihren Schoß und sie streichelt mich. Ich trinke die Berührung regelrecht in mich hinein und werde ganz weich dadurch.

Ich fühle mich wie eine Katze, die sich in der Sonne wälzt und wohlig reckt. Ich fange zu schnurren an, und Lisa kitzelt mich durch. Sie nimmt mich in ihre Arme und küßt mich zärtlich, ich laß es einfach nur geschehen. Dann liegen wir einfach auf einer Wiese herum und faulenzen. Ich schaue sie an und mein Herz geht auf - ich muß tief aufatmen. Ich atme sie ein, ich atme Lisa in mich ein, in mein Herz und in meinen Körper. Es ist weit und wahnsinnig.»

Rons Vision vom nächsten Schritt

«Es ist Abend und wir sind in Lisas Zimmer. Sie hat Kerzen angemacht und schöne zarte Musik aufgelegt. Sie kommt auf mich zu und zieht mir langsam die Kleider aus. Dann führt sie mich zum Bett, wir legen uns hin, unsere Körper berühren sich sanft. Lisa beschmust mich und streichelt meinen Körper. Ich lege mich unter sie und tue selbst nichts, außer all das aufzunehmen, reinzulassen. Wir schlafen miteinander, aber ich liege die ganze Zeit unten. Es ist so einfach, zu genießen, wenn ich unten liege. Ich brauche nichts zu tun, ich kann spüren. Lisa ist mal zart und mal wild. Wir lachen viel.»

Ron hat als Aufgabe und Thema für seine Beziehung die Botschaft erhalten, Kontrolle aufzugeben, Aktivität und Initiative an seine Freundin abzugeben und Hingabe zu entwickeln. Niemand hat ihm dieses Thema aufgezwungen, er hat es in sich selbst gefunden. Es ist keine leichte Aufgabe für ihn, denn sein Mißtrauen, vor allem Frauen gegenüber, sitzt tief.

«Hast Du den nächsten Schritt gewagt?»

«Ja, ich habe mit Lisa drüber gesprochen, und die hat mitgespielt. Sie hat mich dann regelrecht verführt. Sie hat ja lange drauf gewartet, daß sich bei mir etwas tut, daß ich weicher werde und mit dem Machen und Tun aufhöre, aber da war noch viel Unsicherheit und Scheu da.

Dann habe ich angefangen, was Neues in mein Herz aufzunehmen, das hat viel mit Freude und Lust zu tun, so eine Lust an der Ausdehnung. Sexualität ist halt der Bereich, wo ich mit am deutlichsten hängengeblieben war, und es ist auch der Bereich, wo sich die Veränderungen am ehesten bemerkbar machten. Plötzlich ist viel mehr Herz dabei.

Aber auch außerhalb vom Sex habe ich angefangen zu entspannen. Ich bin nicht mehr so mißtrauisch und brauche nicht so auf meinem Standpunkt zu beharren, wie es früher der Fall war. Ich bin einfach weicher und leichter geworden.»

«Welche Schwierigkeiten und Hindernisse sind aufgetaucht und wie gehst Du damit um?»

«Also am deutlichsten kann ich meinen Widerstand merken, wenn ich ab und zu diesen Ring um die Brust spüre. Dann weiß ich, daß ich jetzt wieder Druck mache, entweder ich mir selbst oder jemand anderes mir. Dann ist irgendwas passiert, zum Beispiel hat mich etwas verletzt, und ich habe es nicht angesprochen, sondern bin auf dem Gefühl sitzen geblieben. Dann wird mir gleich eng.

Es ist auch passiert, daß ich etwas zu schnell vorgeprescht bin, zuviel von mir erwartet habe, zum Beispiel daß ich alle Angst und alles Mißtrauen jetzt sofort und für immer loswerde. Da hat sich mein Herz auch gemeldet. Früher hab ich gar nicht wahrgenommen, wie sensibel ich bin. Heute merke ich es ziemlich bald, kann es mir eingestehen und dann schauen, was ich brauche.

Das ist vielleicht der größte Unterschied zu früher - ich kann dazu stehen, daß ich etwas brauche. Mal ist es mehr Nähe, mal ist es aber auch, daß ich mir etwas Abstand von Lisa verschaffe, aber es ist immer etwas, das ich für mich brauche und das mir dann Platz im Herz gibt. Wenn Du mich vor ein paar Monaten gefragt hättest, ob ich etwas brauche, dann hätte ich Dich wahrscheinlich angemacht dafür. Ich und was brauchen, das hat gar nicht zu mir gepaßt.»

Bevor er anfängt, nach innen zu schauen, ist Ron ein 'typischer Mann'. Er hat die Seite der Aktivität stark ausgebildet, seine ganze Energie geht in eine Richtung: nach außen, ins Tun, Machen, Regeln. Er will 'Herr der Dinge' sein und die Ereignisse seines Lebens unter Kontrolle haben. Er orientiert sich an den Kräften des Verstandes und hält vor allem von Herzgefühlen einen sicheren Abstand.

Gerade das Herz aber ist das Organ unserer Rezeptivität, unserer Empfänglichkeit und der Fähigkeit, aufzunehmen und zu akzeptieren. Dies sind weibliche Eigenschaften, und diese Seite ist bei Ron - wie bei den meisten Männern -unterentwickelt. Das heißt, ihm fehlt zum Erleben der Unteilbarkeit seines Selbst der Zugang zu den Gefühlen tiefer Liebe und Hingabe an den Partner. Er lebt auf der einen Hälfte des Planeten, auf der männlichen, aktiven, klaren, hellen. Vor der weiblichen, tiefen, dunklen, emotionalen, rezeptiven Hälfte des Planeten hat er sich bisher gefürchtet.

Loslassen, Vertrauen, Lieben, Aufnehmen - das ist die Herausforderung und Aufgabe, die er angenommen hat und die er in seiner Beziehung leben und erforschen kann.

Haß

Rolf ist 38 Jahre alt. Er sucht seit vielen Jahren vergeblich eine Partnerin. Zwar hat er hin und wieder für kurze Zeit eine Freundin, die Beziehung hält aber nie lange an. Rolf hält es nicht aus, über einen langen Zeitraum in der Nähe einer Frau zu leben. Die Verbindung wird ihm schnell zu eng, er wird abweisend und verletzend und bringt die Partnerin dazu, ihn zu verlassen.

Er ist darüber sehr unglücklich und einsam. Im Laufe seiner Selbsterfahrung zeigt sich Rolfs Problem mit Liebe und Frauen in einer problematischen Beziehung zur Mutter. Er wurde, vor allem in seiner Säuglingsphase, mit 'Liebe' so sehr überschüttet, daß er das Gefühl hatte, 'daran zu ersticken'.

Es gibt nicht wenige Mütter, die ihrem Alleinsein ausweichen wollen, indem sie Kinder in die Welt setzen und sich allzusehr an sie klammern. Rolfs Mutter war so. Sie klammerte sich an ihn und ließ ihm keinen Platz für seinen individuellen Rhythmus. Sie drückte und knuffelte, knutschte und tatschte unablässig an ihrem 'Liebling' herum.

Rolf war das alles zuviel, er versuchte dem Zwang ihrer Liebesbezeugungen auszuweichen. Als Baby hatte er aber keinerlei Chance, dieser Enge zu entkommen, so blieb ihm nur der Weg, sein Herz zu verschließen und seinen Körper starr zu machen.

Jetzt aber befand sich Rolf in einer echten Zwickmühle. Einerseits sehnte er sich nach Kontakt und Zärtlichkeit, andererseits lehnte er die Aufdringlichkeit seiner Mutter ab. In dieser Situation kämpft er zugleich um Nähe und gegen Nähe. Was auch geschieht, er bekommt nicht, was er braucht.

Entweder er liegt einsam in seinem Bett oder erstarrt in den Armen seiner Mutter. Seine Botschaft lautet 'hol mich' und einen Augenblick später 'lass mich'. Sein Kontext Liebe ist eine Verbindung von Sehnsucht und Ablehnung, von Liebe und Haß. Lieben heißt für ihn unbewußt, etwas zu brauchen und zu wollen, gegen das er sich dann wehren muß.

Die Dynamik der Kindheitserlebnisse spiegelt sich in seinem heutigen Verhältnis zu Frauen. Zuerst sehnt er sich nach einer Partnerin, wenn er dann aber mit jemandem zusammen ist, wird er verletzend und tut alles, den Kontakt zu zerstören. Seine Botschaft ist ein Wechsel von 'komm' und 'geh weg'. Seine Freundinnen stößt er auf diese Weise ab.

In einer Gruppensitzung soll er es eine halbe Stunde lang in enger Umarmung mit einer Frau aushalten. Rolf gibt sich alle Mühe, aber die verborgenen Gefühle sind stärker, der ganze alte Konflikt mit der Mutter bricht auf, und Rolf begegnet einer Welle von Verzweiflung, Ekel und Haß. Der zentrale Satz dieses Erlebnisses lautet 'das werde ich dir nie verzeihen'.

Dieser Entschluß war damals seine letzte Waffe, seine letzte Möglichkeit, gegen die erdrückende Übermacht zu bestehen und sein Ich zu erhalten. Ohne diese Abgrenzung und diesen Widerstand wäre Rolf damals sicher ganz untergegangen. Heute verhindert diese Schutzmauer aber eine funktionierende Partnerschaft. Tief innen haßt Rolf Frauen dafür, was sie ihm angetan haben und daß er sie braucht, und er haßt sich selbst für diese Abhängigkeit, die er als Schwäche empfindet. Es dauert eine ganze Weile, bis Rolf lernt, daß er Abstand und Dauer einer Begegnung selbst bestimmen kann und als erwachsener Mann niemandem ausgeliefert ist. Solche Gefühlsstrukturen sind über viele Jahre gewachsen und haben sich in Jahrzehnten verfestigt. Sie lassen sich nicht in einigen Wochen völlig auflösen. Rolf hat sich aber auf den Weg gemacht:

Rolfs Vision von der Zukunft

«Ich gehe auf dem Weg. Es ist eine ziemlich kahle Gegend, so als ob alles mal abgebrannt wäre. Ab und zu steht eine Ruine rum. Hier und da wächst etwas Grünes aus dem Boden. Ich setze mich hin und beobachte den Weg und die Leute, die auf ihm entlanggehen. Ich fühle mich erschöpft und auch müde. Ich bleibe hier sitzen und warte.

Nach einer Weile gehe ich weiter bis zu einer Ruine, die an einem kleinen Bach steht. Der Platz gefällt mir gut, eigentlich ist es schön hier. Das Haus könnte man wieder aufbauen. Ich suche die Ziegel zusammen, die hier rumliegen und baue das Haus langsam wieder auf, Stein für Stein.

Eine Frau kommt über den Hügel, sie kommt langsam auf mich zu und schaut. Wir setzen uns auf einen Stein und erzählen uns voneinander. Sie ist sehr nett. Nach einer Weile hilft sie mir, am Haus weiterzubauen. Obwohl sie nicht gut mauern kann und viele Steine schief setzt, bin ich froh, daß jemand bei mir ist. Ich zeige ihr, wie man die Steine gerade aufeinandertürmt und Lehm in die Fugen streicht. Als das Haus fertig ist, wohnen wir zusammen darin.»

Rolfs Vision vom nächsten Schritt

«Ich sehe mich einfach wieder an dem Haus bauen, Stein für Stein. Der Türbogen am Eingang ist schon fertig. Ich ritze die Worte 'bleib dran' ein.»

In der Phantasie zeigt sich Rolfs Situation. Sein Inneres ist eine kahle Gegend, die von Haß verbrannt wurde und in der die Ruinen seiner Beziehungen stehen, seines Verhältnisses zu sich und zu anderen. Er entschließt sich zum Wiederaufbau einer Ruine, indem er langsam die Bruchsteine seines Selbst zusammenträgt. Dabei hilft ihm jemand. Bisher hat er solche Partnerschaften (Häuser, in denen man mit jemandem wohnt) immer rechtzeitig zerstört. Diesmal macht er es anders. Obwohl die Frau in seiner Phantasie es ihm nicht ganz und gar recht macht (nicht gut mauern kann), zerstört er den Kontakt nicht. Vielmehr zeigt er ihr, was er braucht und wie er es braucht. Sein konkreter Schritt heißt: dranbleiben, um die alten Wunden ganz zu heilen und zu neuer und befriedigender Erfahrung von Nähe und Liebe zu gelangen.

«Welche Schwierigkeiten und Hindernisse sind aufgetaucht und wie gehst Du damit um?»

«Das war für mich höchste Zeit, daß ich kapiert habe, was da abläuft. Ich habe ja davor überhaupt nicht verstanden, was da in mir passiert und warum ich immer wieder so brutal zuschlage, wenn ich mit Frauen bin.

Dem ganzen Haß zu begegnen war nicht einfach, vor allem, mir einzugestehen, daß ich so daran festhalte und einfach nicht verzeihen will. Ich habe dann aber gemerkt, daß Haß enttäuschte Liebe ist, und das hat es dann leichter gemacht, mich damit anzufreunden. Ich habe dieses Feuer des Säuglings sogar als eine Kraft empfunden, und dann war auch etwas Faszinierendes darin, ein unheimlicher Wille, sich nicht unterkriegen zu lassen.

Seit ich diesen Säugling verstanden habe, merke ich erst, wie oft ich im Alltag aus ihm heraus reagiert habe, gerade Frauen gegenüber. Das war mal eine verachtende Bemerkung oder eine Beleidigung, aber ich habe auch schon mal eine Freundin geschlagen. Wenn ich jetzt verletzend werde, dann weiß ich genau, ich bin enttäuscht, etwas ist nicht so gelaufen, wie ich es wollte. Das ist wie ein Signal. Dann schaue ich erst mal bei mir nach, bis ich Klarheit habe und dann geh ich rüber und entschuldige mich bei dem, der meinen Ärger abbekommen hat.

Es ist schon eine ganze Menge, was sich in dem letzten Jahr verändert hat, aber die Schrift über dem Türbogen ist schon richtig. Ich muß noch weiter dranbleiben. Das größte Hindernis sind die vielen Gefühle. Gefühle habe ich ja jede Menge. Am schwersten ist es, mich immer wieder zu erinnern, immer wieder 'halt' zu rufen, wenn ich gerade einen Ausbruch habe. Die Gefühle sind heftig, von Sehnsucht bis Wut und Haß, aber es bringt halt nichts, immer wieder im Kreis zu laufen.

Wenn ich meinen Gewohnheiten folge, dann tue ich mir selbst leid und die anderen verachte ich. Diese Gewohnheiten sind wohl das größte Hindernis, weil ich immer wieder neu Klarheit schaffen muß. Das geht, manchmal brauche ich zwar ein paar Tage dafür, aber es geht. Es geht bergauf, auch mit meinen Kontakten zu Frauen.»

In Rolfs Beispiel wird die Bedeutung der Vergangenheit, vor allem der Erlebnisse der Säuglingszeit, besonders deutlich.

Er ist 38 Jahre alt und hat die Folgen seines frühkindlichen Erlebens nicht überwunden. Wie sollte er auch, hat er sich bisher doch nie mit diesem Thema befaßt, sondern immer wieder neue Anläufe zu einer Partnerschaft unternommen und dabei die alten Fehler wiederholt. Kein Wunder also, wenn er sich immer wieder in der gleichen Situation befindet.

Wer nicht glaubt, daß die Vergangenheit solch große Bedeutung hat, sollte sich einmal Folgendes vor Augen halten: wir verbringen 15-20 Jahre unseres Lebens in den fest strukturierten Beziehungen der Kleinfamilie. Wir lernen Aufbau und Regeln dieser Zwischenmenschlichkeit und übernehmen sie in unser eignes psychisch-seelisches System. Sie gehen uns quasi in Fleisch und Blut über und bilden die Basis unserer Beziehungsfähigkeit.

Von dieser Basis aus gestalten wir unsere Beziehungen. Meist brauchen wir weitere 10-15 Jahre, diese Regeln auszuprobieren und herauszufinden, was für uns funktioniert und was uns im Wege steht. Dann erst können wir beginnen, unseren Partnerschaften ein neues Fundament zu geben. Diese Erneuerung geschieht nicht plötzlich, es ist vielmehr ein Prozeß, der wiederum viele Jahre dauert und der wahrscheinlich nie völlig abgeschlossen sein wird, denn mit jedem Schritt auf dem Weg bekommen wir eine neue Sicht der Welt. Diese wiederum verändert die Visionen, die uns leiten und das Bild vom Ziel, das wir erreichen wollen. Wir gelangen in neue Länder und erleben neue Abenteuer.

Partnerschaft ist ein ständiger Lernprozeß, bei dem unsere Aufmerksamkeit und unser *Dranbleiben* gefordert ist, um die Hindernisse der Vergangenheit beiseite zu räumen und Liebe auf der Ebene der Seele zu erleben.

Frau sein

Conny hat sich nach elf Jahren Ehe scheiden lassen und lebt jetzt seit drei Jahren mit einem Freund zusammen. Sie ist seit vielen Jahren mit anderen Frauen der Frauenbewegung in Kontakt. In ihrem Beruf ist sie sehr erfolgreich. Trotzdem ist sie nicht ganz zufrieden mit sich. Sie kann sich nicht wirklich in eine Beziehung einlassen. 'Ich weiß gar nicht, ob ich richtig lieben kann, ob ich überhaupt eine richtige Frau bin', sagt sie von sich selbst.

Conny hält zu ihrem Liebhaber eine Distanz, die sie auch auf sexuellem Gebiet nicht aufgibt. Zwar ist sie auch hier - wie im Leben - besonders aktiv, aber in der Tiefe ihres Herzens bleibt sie unerreichbar. Sie leidet unter dieser Einsamkeit.

Conny ist das einzige Kind eines Arztehepaares und Tochter eines ehrgeizigen Vaters, zu dem sie eine besonders intensive Beziehung hatte. Diese Beziehung war von den Vorstellungen des Vaters bestimmt, der hohe intellektuelle Anforderungen an seine Tochter stellte, sich auf gefühlsmäßigem Gebiet aber sehr zurückhielt. Conny sollte beweisen, daß sie gut ist, besser sogar als die Jungs ihrer Nachbarschaft und Klasse, zu denen sie eine starke Konkurrenz aufbaute.

Die kleine Conny versucht alles mögliche, dem Vater zu gefallen und seine Erwartungen zu erfüllen, bekommt als Lohn für ihre Mühe aber nicht die ersehnte körperliche Nähe und Zärtlichkeit. Der Vater spielt kaum mit ihr, er hält einen für Conny unerklärlichen Abstand, den sie intuitiv mit ihrem Geschlecht in Verbindung bringt. Sie fühlt, daß sie etwas wettmachen soll, etwas erreichen und übertreffen soll, das Jungs und Männern fast in den Schoß gelegt wird. Sie wird neidisch. Das Kind Conny beginnt, die weibliche Seite seiner Energie abzulehnen, die ihm soviele Nachteile einbringt. Diese Ablehnung der Weiblichkeit ist ja auch der Haken, an dem die Frau Conny in ihrer Beziehung hängenbleibt - sie will sich nicht auf Männer einlassen.

Connys Vision von der Zukunft

«Jenseits der Hügel ist ein Land, da gehe ich hin. Da sind viele Menschen, Frauen und Männer, aber die sind ganz anders. Die Frauen sind unwahrscheinlich weiblich und mütterlich und gehen langsam und beschwingt in ihren Gewändern über die Straßen. Sie strahlen eine Kraft aus, die aus der Tiefe ihres Wesens kommt und die von allen Menschen respektiert wird. Auch die Männer sind anders, sie sind ruhig und wirken weich, zärtlich und rücksichtsvoll. Ich spüre, daß sie wirklich Männer sind, mit Kraft und Phantasie, aber sie brauchen das nicht beweisen, sie haben es einfach. Männer und Frauen sind hier gar nicht so unterschiedlich, sie wirken stark und ruhig. Es ist fast so, als ob jede Dominanz aufgehoben ist. Das ist eine ganz verrückte Atmosphäre hier, die dringt in mich ein, mit der Luft, die ich atme und indem ich die Leute anschaue.

Ich nehme jetzt wahr, daß ich auch einen Rock anhabe, wie die anderen Frauen auch, und zu meiner Überraschung fühle ich mich toll damit. Es ist ein großer, wollener Rock, der um meine Beine schwingt, mit dem fühle ich mich so geschmeidig und fließend. Hier kann ich Frau sein, das spüre ich, hier kann ich in Würde und Respekt diese Seite von mir entfalten.»

Conny hat in ihren Bildern eine tiefe Sehnsucht ausgedrückt: Kontakt zu ihrer verschütteten Weiblichkeit aufzunehmen und damit inneres Gleichgewicht zu erreichen. Sie hat in ihrer Kindheit und auch in ihrem Berufsleben erfahren, daß sie sich von ihrer weiblichen Seite distanzieren muß, wenn sie in einer Männerwelt anerkannt und erfolgreich sein will. Sie ist eine 'Vatertochter', eine Frau, die sich an den Werten und Maßstäben zuerst des Vaters und später der einseitig männlich geprägten Berufswelt orientiert. Sie will gut, stark, besser, intelligenter als Männer sein. Sie will das gleiche und mehr erreichen als Männer. In diesem Bemühen wurde sie auch von ihrer Frauengruppe unterstützt.

Sie orientiert sich am männlichen Ideal und wird selbst zu einem 'Macho', das heißt, sie entwickelt ihre männliche Energie auf Kosten ihrer weiblichen Seite. Sie distanziert sich von 'schwachen' Frauen, die sie verachtet und deren Schicksal sie nicht erleiden will. Conny durchschaut diese Frauen und lehnt deren Unselbstständigkeit, Hilflosigkeit, Schutzbedürftigkeit, Beengtheit und Fremdbestimmtheit ab. SO will sie nicht werden.

Als Liebhaberin ist Conny damit in einer schwierigen Situation. Einerseits möchte sie sich hingeben und ihr Herz für einen Mann öffnen. Das fällt ihr schwer, denn sie will diesem Mann überlegen sein und die Kontrolle der Beziehung in den Händen halten. Gleichzeitig haßt sie unbewußt Männer für alles, was sie ihr angetan haben. Sie nimmt ihnen übel, daß sie auf ihre weibliche Seite verzichten mußte und Weichheit versteckten mußte, um Anerkennung zu finden. Dieser Haß macht ihr Herz hart. Andererseits lehnt sie die weibliche Energie ja ab, denn sie befürchtet, so wie viele Frauen ihrer Umgebung zu werden: abhängig und fremdbestimmt.

Conny ist zerrissen zwischen Verachtung der männlichen und Ablehnung der weiblichen Seite ihrer Energie. Was sie sucht, ist ein Ausweg aus Einseitigkeit, aus der Rollenteilung und der Dominanz eines Geschlechts. Sie will Frau sein, ohne schwach oder hilflos zu werden und Mann sein, ohne hart und gefühlskalt zu werden. Das zeigt sich auch in ihren Bildern:

Connys Vision vom nächsten Schritt

«Ich sehe mich in so einem Rock, einem weiten, schwingenden, und ich sehe mich tanzen. Es ist Nacht, ich tanze mit einer wahnsinnigen Leidenschaft, auch mit Wut, mit allem, was ich in mir spüre und was sich bewegen will. Es ist stockdunkel, aber ich habe keine Angst. Ich gebe mich den Gefühlen hin, der Nacht, der Schwärze, der Weite um mich herum. Da sind noch viele andere Frauen, wir tanzen alle zusammen, es ist eine wahnsinnige Kraft in der Luft, es ist wie Hexensabbat. Wir spüren unsere Herzen, groß und stark, weich und zart und leidenschaftlich. Ich fühle, ich weiß nicht, ich spüre, ich will nicht wissen. Dann kehrt Ruhe ein, eine Stille, in der sich nichts bewegt, in der ich mich nicht bewege.»

Connys Phantasie vom nächsten Schritt zielt auf das Erleben der weiblichen Kräfte ab. Fühlen, spüren, Nacht, Schwärze, Weite begleiten und vereinen sie und andere Frauen.

«Hast Du den nächsten Schritt gewagt?»

«Ja, ich hab tatsächlich nach mehr als 18 Jahren wieder Röcke getragen. Dann habe ich meine Freundinnen in einer Vollmondnacht zu mir eingeladen, und wir haben eine ganze Nacht durchgetanzt und auch miteinander gesprochen. Das war schon ein wichtiges Erlebnis, das mich mit der Sehnsucht nach Loslassen und Fallenlassen verbunden hat. In der Phantasie war ja zuerst Tanz und dann tiefe Ruhe. Auch das habe ich mir mehr gegönnt. Ich habe mich zum Beispiel regelmäßig massieren lassen und dadurch auch meinen Körper besser fühlen können. Ich gönne mir überhaupt mehr, widme mich nicht mehr ausschließlich dem Beruf. Auch meinem Freund gegenüber bin ich weicher geworden, ich zeige auch meine Bedürfnisse und Sehnsüchte deutlicher.»

«Welche Schwierigkeiten und Hindernisse sind aufgetaucht und wie gehst Du damit um?»

«Je mehr ich mit der Frau in mir Kontakt bekam, desto mehr wurde ich mir auch der Wut bewußt, die ich auf Männer habe. Wut für die ganze Demütigung und Widerstand dagegen, Männern mein Herz zu geben. Das hat mein Freund dann oft zu spüren bekommen, meine Verachtung und Ablehnung. Ein Schock war, als ich ganz deutlich den Macker in mir selbst gesehen habe, der genau so arrogant und hochnäsig ist, wie Männer es sein können.

Mit den Röcken ist dann mehr von der Frau gekommen, auch die Art, wie ich mich bewegt habe, viel anmutiger und fließender. Plötzlich hab ich dann einen Widerstand gespürt dagegen, diese Frau zuzulassen, denn das heißt ja auch, etwas von dem aufzugeben, wofür ich mich so angestrengt hatte all die Jahre, etwas von dem Macho in mir.

Der Schlüssel für all das Chaos war eigentlich, das Mädchen in mir, das Kind in mir zu entdecken. Dafür konnte ich mein Herz sofort öffnen, und dadurch habe ich dann Zugang zu all den zarten und sensiblen Gefühlen bekommen, die ich so lange verleugnet hatte. Auch den Wunsch nach Geborgenheit und nach den Händen von jemandem, in die ich mich fallen lassen kann, ist aufgetaucht. Das Kind in mir will eigentlich nur, daß es sein kann, ohne etwas leisten zu müssen. Diese Ruhe, ohne etwas zu tun, die finde ich in Meditationen oder einfach, indem ich mir etwas gönne oder auch etwas geben lasse.

Das Ganze ist eine Entdeckung meines Herzens und meiner Liebe. Das sind für mich die Kräfte einer Frau und einer Mutter.»

Conny ist dabei, ihre einseitige Orientierung an männlichen Energien aufzulösen. Sie entdeckt die Innere Frau und findet dadurch Zugang zu ihrer verborgenen Weiblichkeit. In der Harmonie der männlichen und weiblichen Seiten verbinden sich Stärke und Weichheit, Verstand und Herz, Geist und Leidenschaft.

Mann sein

Gunnar ist in seiner Beziehung an eine Grenze gekommen. Vor drei Monaten ist er zu seiner Freundin gezogen. Die räumliche Nähe bringt latent vorhandene Spannungen zum Ausbruch. Obwohl er größere Intimität erwartet hatte, erlebt Gunnar, daß ihn seine Freundin mehr und mehr abweist. Sie fühlt sich von ihm eingeengt und wirft ihm vor, daß er sich an sie hängt 'wie ein nasser Sack'.

Gunnar gerät in einen Teufelskreis aus vermeintlicher Hilflosigkeit, Flehen um Unterstützung und abgrundtiefem Haß, der ihn schließlich in die Einzeltherapie bringt. Im Laufe der Sitzungen wird der Kontext deutlich, durch den er seine Beziehungen aufbaut. Gunnar sucht sich starke Frauen, die seine sensible und einfühlende Art attraktiv finden. Sobald die Beziehung dann aufgebaut ist, läßt er sich hängen und gibt alle Verantwortung ab. Seine Aufforderung an die Partnerin ist: 'mach du es für mich, ich bin zu schwach'.

Zwangsläufig kommt es zu Konflikten, die folgenden Verlauf nehmen: zuerst macht er eine Szene, tobt und schreit, bis er plötzlich aufgibt und vor den Augen seiner Freundin demonstrativ zusammenbricht.

Gunnar ist von seiner Kraft, seiner 'power', abgeschnitten. In einer Atemsitzung erlebt Gunnar die Augenblicke seiner Geburt wieder und damit auch den Ursprung seines Kontextes, der ihm sagt, 'hilflos und ausgeliefert' zu sein. Gunnar kommt zu früh zur Welt, und seine Mutter ist bei der Geburt durch verschiedene Medikamente mehr betäubt als wach. Diese Betäubungsmittel haben auch die Kräfte und Wahrnehmung des Säuglings geschwächt, und so wird die Geburt für Gunnar eine Demonstration seiner Schwäche und Hilflosigkeit.

Die Menschen (Ärzte und Mutter) machen ihm klar: du bist zu schwach, du kannst es allein nicht machen, wir müssen es für dich übernehmen. Seine Erinnerung ist so klar, daß er den Geschmack der Betäubungsmittel auf seiner Zunge schmeckt, obwohl inzwischen 37 Jahre vergangen sind. Er erlebt auch die Zeit im Brutkasten noch einmal, als er allein und getrennt von den Menschen völlig von deren Aufmerksamkeit abhängt. Mit diesen Erlebnissen kommt er auch seinem Haß auf den Grund.

Für den Säugling ist vor allem die Mutter 'schuld'. Sie hat ihn geschwächt, betäubt, liegenlassen (im Brutkasten) und sich nicht genug um ihn gekümmert. Gleichzeitig braucht er sie, denn er ist wirklich schwach und auf sie angewiesen.

Gunnar kann seinen Haß Frauen gegenüber immer nur ein wenig zulassen. Erst tobt er, dann zieht er seine Wut zurück und zeigt, wie angewiesen er ist. Das war der Ablauf seiner Geburt, und das ist auch der Ablauf der Konflikte in seinen Beziehungen. Diesmal aber, im geschützten Raum der Therapie, gibt Gunnar alle Zurückhaltung auf und läßt seinen Gefühlen freien Lauf. Er tobt und schreit aus Leibeskräften. Innerhalb weniger Minuten zerreißt er eine solide Steppdecke mit den Zähnen und zerlegt sie in kleine Stücke.

Noch nie hat Gunnar so unmittelbar die Gewalt und Kraft gespürt, die in seinem Haß versteckt liegt. Er ist selbst begeistert und fasziniert von seinem Ausbruch und kann sich nun nicht mehr einreden, er sei schwach und hilflos. Sein Muster ist gebrochen und Gunnar fängt an, Vertrauen zu seiner 'power' zu fassen.

Gunnars Vision von der Zukunft

«Ich gehe auf dem Weg, da steht auf der Seite ein Pferd mit einem Einspänner, so ähnlich wie ein Gladiatorenwagen. Ich springe auf und rase auf dem Weg entlang. Ich komme in eine schöne Gegend, die ist sehr fruchtbar, da steige ich ab und stecke mir ein großes Stück Land ab, indem ich einen stabilen Holzzaun in die Erde ramme. Von der Straße führt ein breiter Weg zu meinem Haus, da können Leute vorfahren. Ich sehe auch meine Freundin vorfahren, sie steigt von ihrem Wagen und bestaunt mein Land. Sie tritt mir mit Achtung entgegen und erbietet mir ihren Gruß. Ich heiße sie willkommen und zeige ihr mein Anwesen, dann geleite ich sie in meine Gemächer. Dort verbringen wir schöne Stunden miteinander. Zum Abschied schenke ich ihr ein Fohlen, das sie freudig entgegennimmt.»

Die Bilder zeigen, wie Gunnar seine neuen Kräfte nutzt: er baut Grenzen zu Menschen auf (zieht Zäune) und macht damit klar, was für ihn gut ist oder wann etwas zu weit geht. Seine Phantasie hat keine Anzeichen von Hilflosikeit oder Abhängigkeit, sie zeigt ihn als starken, unabhängigen Mann, der andere Menschen und auch die Frau seines Herzens voller Stolz und Würde empfängt und ihnen nicht als Bittsteller gegenüber tritt. Er ist sogar selbst in der Lage zu geben und Geschenke zu machen (ein Fohlen, Sinnbild seiner wiedergefundenen Frische und Lebendigkeit).

Gunnars Vision vom nächsten Schritt

«Ich sehe mich in einem Lager für Gladiatoren, wo ich mit anderen Männern meine Kräfte messe. Nach den Kämpfen begebe ich mich in ein Bad, pflege mich und nehme ein königliches Mahl zu mir. Ich zahle mit einem Goldstück. Es ist ein tolles, aufrichtiges Gefühl von Stärke, das mich umgibt.»

«Hast Du den nächsten Schritt gewagt?»

«Zuerst habe ich einige Zeit gebraucht, die Bilder anzuerkennen, aber dann hab ich wirklich Lust bekommen, die Energie in der Wut und dem Haß noch besser kennenzulernen. Ich bin dann in einen Karateverein gegangen und hab ein paar Monate Kampfsport gemacht. Das hat mir klargemacht, welche Reserven in mir stecken und wozu ich eigentlich in der Lage bin. Dann habe ich mich auch finanziell von meiner Freundin gelöst, habe mir eine eigene Wohnung gesucht und aufgehört, hinter ihr herzulaufen wie ein kleiner Hund. Das Körperliche war schon sehr wichtig, der Sport und auch die Arbeit.»

«Welche Schwierigkeiten und Hindernisse sind aufgetaucht und wie gehst Du damit um?»

«Also das größte Problem im Kontakt mit meiner Freundin war, daß ich immer wieder zusammenklappen wollte, wenn es zu einer Auseinandersetzung kam. Wenn wir uns mal eine Zeit lang nicht gesehen hatten, dann ging alles gut mit mir, dann habe ich mich stark und unabhängig gefühlt. Sobald wir aber mehr miteinander zu tun hatten, hab ich die Tendenz gehabt, mich sofort an sie zu hängen und ihr die Verantwortung für mein Wohlergehen rüberzuschieben.

Sie hat das abgelehnt und mich einmal sogar ausgelacht, als ich kurz vor einer Ohnmacht stand und gerade zusammenklappen wollte. Es war kein gemeines Lachen, mehr so, als ob sie mich durchschaut und sogar versteht, aber eben nicht mehr mitspielt. Da mußte ich dann selbst lachen und die ganze Situation war gelöst.

Schuld geben und vor Wut nicht mehr durchblicken waren am Anfang die größten Hindernisse. Je mehr ich aber das Kind und den Säugling in mir entdeckt habe, die all ihre Kraft dafür benutzten, um jemand anderen zur Verantwortung zu zwingen, desto klarer wurde mir, daß ich die gleiche Kraft auch dafür nehmen kann, selbst die Verantwortung zu tragen. Den Haß auf andere, vor allem auf Frauen, und die Weigerung, selbst für mich zu sorgen - das zu erkennen und zu trennen, das war und ist eine Schwierigkeit. Aber mittlerweile kenne ich mich so gut, daß ich mich immer wieder finde.»

Soweit die Visionen von der Zukunft, vom nächsten Schritt und vom Umgang mit den Hindernissen und Schwierigkeiten auf dem Weg.

Wenn Sie Ihren Alltag betrachten, werden Sie feststellen, daß Sie ständig Visionen hervorbringen. Neue Bilder gestalten eine neue Realität, und neue Bilder von der Partnerschaft gestalten eine neue Realität in der Partnerschaft. Diesem Zweck, eine neue Qualität von Beziehung zu kreieren, ist der letzte Abschnitt des Buches gewidmet, der Praxisteil, den Sie im Anhang finden.

Lassen Sie uns jedoch zuvor zum Wohnort des Seelenpartners gehen, dorthin, wo Innerer Mann und Innere Frau zusammenkommen.

Innerer Mann - Innere Frau
Das Geheimnis der Seelenpartner

Auf der Ebene der Seele, im Kern Ihres Selbst, sind Sie ganz und vollständig. Hier ist jede Teilung, auch die in Mann oder Frau, aufgehoben.

Jedes Problem, jeder Konflikt hat seine Ursache in einer Spaltung. Wir spalten uns in zwei oder mehr Bereiche, und wenn die Kräfte dieser Bereiche aneinander geraten, ist Spannung da und Harmonie zerstört. Durch Spaltung werden wir halb. Im Kapitel *Vom Sinn der Beziehung* habe ich die Spaltung des Selbst in bewußte und unbewußte Teile beschrieben. Die Vorstellung, EIN MANN oder EINE FRAU zu sein, ist solch eine Spaltung.

Bevor ich näher auf das Verhältnis männlicher und weiblicher Energien eingehe, möchte ich diese beschreiben und deutlich machen, daß deren Eigenschaften keineswegs geschlechtsspezifisch sind. Wir wachsen mit Definitionen von Mannsein und Frausein auf, die sich auf Geschlechtsmerkmale beziehen. Es ist zwar nicht zu leugnen, daß Männer und Frauen unterschiedliche Körper haben und dadurch auch unterschiedliches psychisches Empfinden entwickeln. Doch auch der Körper und das mit ihm direkt verbundene Empfinden gehören zu den äußeren Ringen unseres Selbst.

Im Bereich der Seele, des unteilbaren Kerns, gibt es keine Spaltung, auch keine Aufteilung in männlich und weiblich. Im Bereich der Seele gibt es nur Ver-ein-igung. Betrachten wir, wie es zur Entstehung der Seele kommt, dann wird dies klar.

Zuerst gibt es kein Leben, sondern nur eine männliche und eine weibliche Zelle, den Samen und das Ei. Beide können unabhängig voneinander eine kurze Weile existieren, aber für sich genommen sind sie nicht lebens- und entwicklungsfähig. Erst in der Vereinigung von Samen und Ei entsteht Leben, entsteht eine Seele. Die Seele ist also nicht halb männlich und halb weiblich, so, als ob sie zu fünfzig Prozent aus der einen und zu fünfzig Prozent aus der anderen Energie bestände, sie ist mehr als die Summe zweier Kräfte, sie ist etwas völlig Neues. Im Verschmelzen von Samen und Ei entsteht eine neue Qualität.

Die Seele entsteht im Verschmelzen zweier unterschiedlicher Kräfte. In dieser Vereinigung lösen sich beide Kräfte auf, verlieren ihre Grenzen und vibrieren in einer neuen Qualität.

Außen, auf der Ebene des Körpers, sind wir Mann und Frau, aber Innen, auf der Ebene der Seele, sind wir mehr als nur beides, dort sind wir *eins*. Dort ist die Quelle unseres Lebens entsprungen. Diese Quelle wollen wir erreichen, wenn wir mit einem Partner zusammen sind und den Zugang zu dieser Quelle suchen wir auch, wenn wir in körperlich-sexueller Vereinigung mit einem Partner verschmelzen.

In den Zeichen Yin und Yang zeigt sich diese Vereinigung weiblicher und männlicher Energien zu einem Ganzen:

Beide Kräfte, männlich und weiblich, haben gleiche Ausprägung und gleiches Gewicht, und gemeinsam bilden sie das ganze, runde Selbst. Sie sind nicht getrennt voneinander, denn im Zentrum des weiblichen entfaltet sich das männliche Element, und im Zentrum des männlichen entfaltet sich das weibliche Element. Eines kommt aus dem anderen, und eines geht in das andere über.

Wenn wir uns klarmachen, daß unser Leben aus einer Zellverschmelzung entstanden ist und diese Vereinigung in jeder einzelnen unserer Körperzellen weiterlebt, dann löst sich die Idee, nur ein Mann oder nur eine Frau zu sein, auf. Dann können wir uns vorstellen, in unserem Kern, auf der Seelenebene, Mann und Frau vereinigt zu sein.

Männlich

Um das zu verdeutlichen, möchte ich männliche und weibliche Kräfte gegenüberstellen. Betrachten wir die Zelle, in der sich männliche Energie repräsentiert, den Samen, genauer.

Der Samen bewegt sich nach vorne, ihn treibt es, er ist aktiv, drängt und durchdringt. In seinen Bewegungen spiegeln sich die männlich-aggressiven, aktiven Eigenschaften, die Kraft, auf ein Ziel gerichtet zu handeln. Im täglichen Leben finden sich diese Eigenschaften in: zielgerichtetem Handeln, im Aufbauen, Tun, in der Phantasie, im Machen, im Zerstören, im Denken, im Forschen, Entwickeln, Entdecken. Das Auge zum Beispiel ist ein männliches Organ, auf den Punkt, das Ziel gerichtet. Bewußtheit und der Geist sind männliche Kräfte, der Tag und die Sonne männliche Phänomene.

Wohin eine Welt gerät, die sich hauptsächlich an männlichen Kräften orientiert, können wir am momentanen Zustand unserer Erde sehen: Krieg und Aggression, Spaltung in hunderte von Ländern, Aufbau einer riesigen Industrie und Zerstörung der Natur. Sicherlich waren es Männer, die unsere Erde in diesen Zustand versetzten, aber es waren Männer, die auf ein einseitig-männliches Verhalten festgelegt sind. Betrachten wir den 'typischen Mann'. Was hat er und was fehlt ihm?

Er weiß, was er will. Er weiß, was zu tun ist und wie es gemacht werden muß. Er blickt durch. Er ist sich klar über etwas und kann Schritte ein*leiten* oder Konsequenzen er*greifen.* Er hat sein Leben in der Hand, ist aktiv, zielgerichtet, kennt den Weg, den er gehen muß. Er hat die Kraft des Handelns. Er baut auf, und er zerstört. Er sucht neue Welten und unterwirft sie. Sein Thema ist Macht, seine Welt ist das Außen. Der Mann spürt sich im Tun, im Aktivsein, im Nach-außen wirksam-werden, im Machen, im Kämpfen, in Ausdehnung und Explosion. Der typische Mann verkörpert auf extreme Weise das männliche Prinzip der Energie. Was ihm fehlt, finden wir im weiblichen Prinzip.

Weiblich

In den Bewegungen des Eis spiegeln sich die weiblich-rezeptiven Eigenschaften des Menschen. Das Ei wartet, erwartet, öffnet sich und nimmt auf, hüllt ein, umhüllt und verschlingt. Im täglichen Leben finden wir die weiblichen Kräfte in der Fähigkeit zu lieben, zu ruhen, zu genießen, zu spüren, zu fühlen, zu lassen, zu sein. Das Ohr ist ein weibliches Organ, es nimmt auf, ebenso das Herz, das akzeptiert. Das Unbewußte, Tiefe, Dunkle, Verborgene gehören zur Welt des Weiblichen, das Meer mit seiner Tiefe, ebenso die unergründlichen Gefühle. Die Nacht und der Mond sind weibliche Phänomene.

Unsere Welt und auch der Zustand unserer Erde wären ausgeglichener, hätten die weiblichen Kräfte ein größeres Gewicht. Wie ist die 'typische Frau'?

Sie fühlt und spürt. Sie ist intuitiv. Sie nimmt auf und bewahrt. Sie ist rezeptiv und empfangend. Sie hat die Kraft der Hingabe. Ihr Thema ist Liebe, ihre Welt ist das Innen. Die Frau spürt sich im Hineinlassen, Behüten, im nach Innen gehen, in Aufnahme und Implosion.

Stellen wir die beiden Energie-Prinzipien gegenüber:

männlich	weiblich
aktiv	rezeptiv
nehmen	geben
Macht	Liebe
Geist	Gefühl
hart	weich
Luft	Wasser
Feuer	Erde
Spannung	Entspannung
aufbauen	wachsen
spalten	vereinen
analysieren	verstehen
zerstören	bewahren
tun	lassen
hell-Licht	dunkel-Finsternis
hoch hinaus	tief eintauchen
Außen	Innen

All dies sind männliche und weibliche Kräfte. Sie sind in jedem Menschen vorhanden, aber sie werden von den Geschlechtern unterschiedlich dargestellt. Im äußeren Bereich der Körper und Persönlichkeiten sind wir eine Rolle, ein Mann oder eine Frau. Im inneren Bereich aber, in der Tiefe der Seele, sind wir androgyne, zweigeschlechtliche Wesen.

Auch wenn Erziehung das Rollenverhalten unterstützt, so könnten wir doch nicht ohne die Kräfte des anderen Geschlechtes leben. Ein Mann, der nicht lieben kann, ist im Herzen tot. Eine Frau, die nicht handeln kann, wird abhängig. Ein Mann, der nicht handeln kann, wird abhängig und eine Frau, die nicht lieben kann, ist im Herzen tot. Wir haben beide Seiten, auch wenn sie unterschiedlich ausgeprägt sind. Je nach Geschlecht und Erziehung ist jedoch eine Seite mehr oder weniger verkümmert oder zurückgeblieben. Eine qualitative Umwandlung (Transformation) der äußeren Welt, unserer Erde, und auch der inneren Welt, unserer Psyche, wird erst durch die Vereinigung weiblicher und männlicher Kräfte möglich sein.

Transformation

In dieser Vereinigung lösen sich Gegensätze und Spaltung auf, es entsteht Harmonie und Ausgeglichenheit.

Für die äußere Welt heißt das, weibliche Eigenschaften wie Liebe und Mitgefühl auch in Politik und Wirtschaft einfließen zu lassen. Damit wäre Macht-, Zweck-und Profitorientierung relativiert und eine menschen- und naturverbundene Lebensweise möglich.

Für die innere Welt der Psyche heißt das, Schluß zu machen mit Rollenverhalten und Einseitigkeit, die unsere innere Harmonie zerstören und uns zwingen, bestimmte Teile des Selbst zu verdrängen. In der Harmonie von männlichen und weiblichen Kräften können wir stark sein, ohne stark sein zu müssen, analysieren, ohne dem Diktat des Verstandes zu unterliegen, weich sein, ohne uns für schwach zu halten und Liebe frei von Leistung erleben.

Wenn Sie alle Beispiele dieses Buches unter dem Gesichtspunkt der Harmonie von männlichen und weiblichen Energien betrachten, werden Sie feststellen, daß die Lösung einer problematischen Situation oder eines Konfliktes immer durch die Wiederherstellung eines fehlenden Gleichgewichts erreicht wurde. Jeder der Beziehungspartner hatte seine Kräfte und Fähigkeiten einseitig entwickelt und vom Partner erwartet, daß dieser seine Einseitigkeit ausgleicht. Dann kam es zum Konflikt, der sich erst auflöste, wenn jeder Partner *in sich selbst* die Einseitigkeit aufhob und so sein Gleichgewicht wiederfand.

Ron zum Beispiel hatte Probleme mit Hingabe, er hatte Zugang zur männlichen Seite der Energie und Angst vor dem Loslassen, der Frau in sich. Indem er seine Innere Frau entdeckt, kann er sich hingeben und sich auch für die äußere Frau (seine Partnerin) öffnen.

Chris hatte sich von ihrem Ehepartner zu sehr auf die männlich-intellektuelle Seite ziehen lassen und den Kontakt zu ihren Gefühlen und ihrer Sinnlichkeit verloren. Indem sie ihren Inneren Mann entwickelte, konnte sie sich gegenüber dem äußeren Mann, ihrem Partner, behaupten und durchsetzen.

Auch und gerade in der Sexualität entstehen Spannungen, wenn sich die Partner zu sehr auf eine Rolle versteifen, wie die Beispiele von Jan und Hanna zeigen.

Alle Partnerschaftsprobleme sind im Grunde auf eine unausgeglichene Entwicklung der männlichen und weiblichen Energien in den Partnern zurückzuführen. Diese Probleme und Spannungen lösen sich auf, wenn die Partner ihre Einseitigkeit aufheben und die weiblichen und männlichen Seiten ihrer Lebensenergie vereinigen. Die Herausforderung in der Partnerschaft lautet:

– spüre das himmlische Gefühl der Vereinigung mit dem anderen
– entdecke am äußeren Partner, was dir innen fehlt
– fühle deine Unvollkommenheit und Halbheit
– entwickle deine eigene Vollkommenheit und Ganzheit
– entwickle den inneren Partner, die Qualität des Seelenpartners und vereinige dich mit ihr
– teile diesen Reichtum in deiner Liebe.

Diese Vereinigung hat ihre körperlichen Aspekte in der Sexualität, ihre emotionalen Aspekte im Gefühl der Liebe und ihre geistigen Aspekte in Klarheit und Einsicht. In der Vereinigung von Mann und Frau begegnen sich zwei fremde Welten, verschmelzen zwei unterschiedliche Kräfte zu einem Ganzen. Mit dem äußeren Partner hält diese Vereinigung für Momente, mit dem inneren Partner aber hält sie ein Leben lang. Wer diese Transformation, diese Hochzeit in seinem Inneren erlebt, ist ganz und ungeteilt.

Was wir als Männer und Frauen lernen müssen, ist die Herstellung des inneren Gleichgewichts von männlichen und weiblichen Energien in uns. Das ist der Weg der Seelenpartner, das ist der Weg zu befriedigenden und harmonischen Beziehungen. Das ist der Schlüssel zur Lösung der äußeren und inneren Probleme und der Konflikte in Beziehung zum Partner und in Beziehung zu uns selbst.

Was heißt das und wie geschieht die Entwicklung von Innerem Mann und Innerer Frau?

Für die meisten Männer heißt das, die Angst vor *Fühlen und Gefühlen* zu verlieren und in die emotionale Tiefe des Lebens einzutauchen. Für viele Männer heißt das, auch einmal die Kontrolle auf- und abzugeben und sich von einer Frau führen zu lassen. Für Männer heißt das, die innere Grenzenlosigkeit zu erfahren, Auflösung im inneren Ozean zu finden, Ruhe und Entspannung im Nicht-tun und Loslassen, in der Erde zu suchen.

Für viele Frauen heißt das, die Angst vor dem *Handeln und Tun* zu verlieren, ihre Stärke und Unabhängigkeit zu entwickeln und in die Gestaltung ihrer Welt direkt einzugreifen. Für Frauen heißt das, nichts mit sich machen zu lassen, sondern selbst zu machen, zu übernehmen und den Mann auch zu führen. Für Frauen heißt das, Grenzen zu ziehen und Strukturen aufzubauen.

Natürlich deckt sich heute die Verteilung männlicher und weiblicher Energien längst nicht mehr mit der traditionellen Rollenhaltung. Letztlich läßt sich der Lösungsweg nur individuell beschreiben, wie das in den Beispielen dieses Buches geschehen ist.

Anhang

Eine kleine Beziehungs - Beratung

Ich finde keinen Partner, der zu mir paßt. Ich bin einsam und sehne mich nach einem Partner, der zu mir hält und mich liebt.

Sicher werden Sie von Ihrem Verstand her einsehen, daß unter den Milliarden Menschen dieser Erde viele zu Ihnen passen. Es hat nichts mit 'den Männern', 'den Frauen' oder 'der Liebe' zu tun, daß Sie allein sind. Es hat etwas mit der Auswahl zu tun, die Sie treffen. Sie haben unbewußt gewählt, allein zu sein.

Schritt 1 ist also: übernehmen Sie die Verantwortung für Ihre Lage und finden Sie heraus, wie und wozu Sie Menschen dazu bringen, Ihnen aus dem Wege zu gehen. Vielleicht versteckt sich Angst, das Gefühl von Minderwertigkeit oder Aggression und Haß hinter Ihrer Isolation. Auf jeden Fall gibt es keinen Grund, auf immer an der Überzeugung 'zu mir paßt keiner' und 'mich liebt niemand' festzuhalten, wenn Sie darunter leiden. Suchen Sie sich eine Therapie, in der Sie mit Ihrem Inneren Kind Bekanntschaft schließen können und Sie werden feststellen, daß dieses Kind liebenswert ist. Fangen Sie gleich jetzt damit an, und machen Sie die Übungen 3 und 4 aus dem Praxisteil.

Die Hoffnungen und Erwartungen, die ich an meine Beziehung gestellt habe, sind nicht erfüllt worden. Ich bin von meinem Partner enttäuscht.

Machen Sie sich klar, daß Erwartungen immer nur etwas über Sie selbst aussagen, über Ihre Wünsche und Sehnsüchte, nichts über den Partner. Der andere ist nicht in der Welt, um unsere Erwartungen zu erfüllen, er hat selbst viele, mit denen er sich das Leben schwer macht.

Werfen Sie einen Blick auf Ihre Erwartungen und gestehen Sie sich ein, womit *Sie sich* getäuscht haben. Meist liegt die Antwort hierfür auf der Gefühlsebene. Sie kommen also durch Überlegung nicht weiter. Vielleicht haben Sie kindliche Ansprüche an Ehe und Beziehung. Reden Sie sich nicht ein, den 'falschen' Partner erwischt zu haben. So etwas gibt es nicht. Sie haben diesen Partner ausgesucht und das hat seinen guten (wenn auch unbewußten) Grund.

Mit genau diesem Partner können Sie etwas lernen, auch wenn Sie vielleicht erst herausfinden müssen, was das ist. Machen Sie die Phantasie von der Zukunft und vom nächsten Schritt und sprechen Sie offen und direkt mit Ihrem Partner über alle Ihre Erwartungen, ohne Vorwürfe zu machen.

Wir streiten uns immer öfter und finden kaum noch zu einem liebevollen Kontakt miteinander. Was machen wir falsch?

Streit ist Teil der automatischen Selbstregulation in Beziehungen, die immer dann einschreitet, wenn wir etwas verbergen, unehrlich sind, etwas zurückhalten. Wir streiten uns, setzen-uns-auseinander und können uns dann besser betrachten.

Manchmal treiben wir eine Situation auf die Spitze und kommen dann nur noch durch Streit zur Auseinandersetzung. Wenn Sie im Beziehungsspiel 'DU' festhängen und nur noch streiten, wollen Sie etwas nicht einsehen, weil sie zum Beispiel einen Nachteil befürchten. Sie sind stur und wollen Ihren Anteil an der Misere verbergen. Stattdessen schieben Sie dem Partner alles in die Schuhe. Das führt zu nichts, außer zu Scherben.

Wenn Streit nicht zu seinem Ziel, der Klarheit führt, ist es besser, erst einmal Abstand zu suchen und für sich allein zu sein. Vereinbaren Sie einen Waffenstillstand und gehen Sie in 'Isolation', zum Beispiel Ihr Zimmer. Für sich allein können Sie jetzt herausfinden, was Sie mit diesem Partner wollen und was Sie mit ihm verbindet. Machen Sie die Übung 7, die Schattenübung, und beantworten Sie die Fragen 'Wogegen wehrst du dich?' und 'Wofür kämpfst du?'. Sprechen Sie mit Ihrem Partner offen über die Einsichten, die Sie aus der Übung gewonnen haben.

Ich komme nicht von meinem Partner los, obwohl ich schon lange weiß, daß es eigentlich vorbei ist.

Ihrem Problem liegt mit Sicherheit ein typischer kindlicher Kontext etwa der Art 'allein komme ich nicht durch' oder 'ich schaffe es allein nicht' zugrunde. Sie haben Angst, allein nicht zu Überleben, auch wenn diese Angst unbewußt und nicht so leicht zu erkennen ist.

Für Sie ist es wichtig, Kontakt zum Inneren Kind aufzunehmen und seine Ängste und Überzeugungen kennenzulernen. Aber unterschätzen Sie die Kraft dieses Kindes nicht. Es hält Sie in einer Beziehung fest obwohl Sie gehen wollen, es ist also stärker als Ihr Verstand. Machen Sie die Übung 3 (Inneres Kind), um einen ersten Kontakt mit dem Kind herzustellen. Suchen Sie sich dann eine Therapie oder Selbsterfahrungs-Gruppe, die mit dem Inneren Kind arbeitet. Nach und nach werden Sie Ihren Kontext entschlüsseln und verändern und Kraft auch unabhängig von Ihrem Partner finden.

Wir sind schon lange zusammen und lieben uns, sexuell ist aber nicht mehr viel mit uns los. Was stimmt mit uns nicht?

Mit Ihnen stimmt alles, sie reagieren völlig normal. Sexualität ist ja nicht nur an das Herz gebunden, sondern auch an das sinnlich-körperliche Erleben. Wie bei allen sinnlichen Vergnügen kommt es auch beim Sex zu einer Gewöhnung und damit zum Abfall von Spannung und Anziehung. Erst wenn diese Entwicklung bei den Partnern unterschiedlich verläuft, kommt es zu Problemen, wenn der eine mehr will als der andere zu geben in der Lage ist.

Wie sieht das bei Ihnen aus? Was ist das Problem?

- leidet ein Partner unter der Enthaltsamkeit und will mehr?
- hat ein Partner sein Herz verschlossen, will nicht mehr geben?
- hängen Sie in sexueller Routine und Rollenverhalten fest?

Machen Sie sich klar, daß es gerade auf sexuellem Gebiet jede Menge Vorstellungen und Ideale gibt, mit denen wir uns unter Druck setzen. Jeder Druck aber beengt und schnürt damit eine Energie ein, die sowieso oft aus Sexualität ausgeschlossen ist - unser Herz, unsere Liebe. Eines funktioniert mit Sicherheit nicht: sich Druck zu machen.

Dazu kommt noch, daß wir oft ein gestörtes Verhältnis zu unserem Körper und seinen Bedürfnissen haben. Ein Mensch, der seine körperlichen Bedürfnisse (Zärtlichkeit, Entspannung) erfüllen kann und seine Kreativität und Lebendigkeit nicht unterdrückt, braucht wenig Sex. Es gibt so viele Möglichkeiten, mit Sex umzugehen. Sie können neue Erfahrungen mit Sexualität machen (Tantra) und über den Inneren Mann und die Innere Frau diesen Bereich beleben. Sie können sich gegenseitig erlauben, fremd zu gehen oder anderes mehr.

Was den Bereich der Sexualität so kompliziert macht, ist die Tatsache, daß er sehr nahe am Kontext von Überleben liegt und damit die Kräfte und Ängste der Inneren Kinder aktiviert.

Wenn Sie mehr Klarheit über den Umgang mit Sexualität in der Partnerschaft haben wollen, machen Sie die Phantasie von der Zukunft und vom nächsten Schritt und teilen Sie dem Partner ihre Bilder offen und ehrlich mit. Eine empfehlenswerte Übung für Sie ist auch die Selbstliebe-Übung 9.

Wir verstehen uns nicht, ich glaube, wir leben aneinander vorbei.

Wenn Sie Ihren Partner nicht verstehen, dann können oder wollen Sie ihm nicht zuhören. Wahrscheinlich gefällt Ihnen sein Standpunkt nicht und Sie versuchen, durch Ihre Weigerung zum Verständnis den Konsequenzen auszuweichen, die ein Ja zu seinem Verhalten erfordern würden.

Vielleicht aber geht es Ihnen wie den meisten von uns: Sie verstehen Ihren Partner vom Kopf und Verstand her, Ihre Gefühle können aber nicht mithalten. Sie sind zerrissen und verzweifelt. In diesem Fall stemmt sich Ihr Inneres Kind gegen eine Situation oder gegen ein Verhalten Ihres Partners. Dabei ist noch nicht einmal sicher, ob dieses Kind die Situation wirklich einschätzen kann, oder ob es aus alten Ängsten heraus handelt. Machen Sie die Übung 3 (Inneres Kind) und führen Sie den Dialog so lange, bis Kind und Erwachsener zu einer für beide akzeptablen Lösung Ihres aktuellen Problems kommen.

Soll ich als Seelenpartner fremdgehen oder nicht?

Ihre Frage weist darauf hin, daß Sie sich lieber an allgemeinen Werten orientieren als an Ihrer eigenen Erfahrung.

Seelenpartner ist ein Konzept der Partnerschaft, das keine neuen Regeln gibt, sondern uns immer wieder auf uns selbst zurückwirft. Was geschieht, wenn wir unser Verhalten nach Regeln aurichten? Wir werden versuchen, uns entsprechend den Regeln zu verändern. Damit verraten wir aber unsere Individualität, unsere Seele.

Nun brauchen wir aber nicht ohne Regeln zu leben, was sicher schwierig wäre. Besser ist es, wir machen Regeln, die zu uns passen, anstatt uns zu den Regeln passend zu machen. Machen Sie in Bezug auf Fremdgehen Ihre eigene Beziehungsregel und seien Sie bereit, diese morgen wieder zu verändern, falls sie Ihnen nicht mehr entspricht, weil Sie dann über neue Erfahrungen und eine erweiterte Sicht verfügen.

Ihre Frage zeigt weiterhin, daß Fremdgehen Ihr Interesse erweckt. Seien Sie bereit, zu experimentieren und auch mal einen Fehler zu machen. Letztlich wird nur die eigene Erfahrung Ihnen Aufschluß über den Wert des Fremdgehens geben.

Kann man mehrere Seelenpartner haben?

Jeder Mensch, mit dem Sie sich auf der Seelenebene treffen können, ist - zumindest für diesen Moment - Ihr Seelenpartner. Sie können also so viele Seelenpartner haben, wie sie verkraften (handhaben) können. Auch hier gibt es keine Regel, wenn wir mit dem Leben und den Bewegungen der Liebe fließen wollen.

Wie kann man lieben und lange zusammenbleiben?

Legen Sie der Liebe keine Steine in den Weg, mehr können Sie nicht tun. Wenn Sie sich von Anfang einer Liebe an fragen, 'wie kann ich sie erhalten?', dann bringen Sie eine Spannung in die Beziehung, die letztlich zum frühen Ende führen wird, denn Ihre Angst führt zu Mißtrauen, Kontrolle und Einengung dem Partner gegenüber. Sie nehmen ihm seine Freiheit und treiben ihn so fort.

Stellen Sie sich einen Menschen vor, der die Kunst der Liebe, die Kunst, seinem Herz zu folgen, beherrscht. Er würde eine solche Frage nicht stellen, denn auch wenn eine Liebe zu Ende ist, er fände immer wieder zur nächsten. Kümmern Sie sich nicht um die Dauer der Beziehung und Sie werden feststellen, daß Ihre Beziehung länger dauert.

Wir unternehmen nicht viel und haben viel Langeweile in unserer Beziehung. Wie können wir sie lebendiger gestalten?

Langeweile ist eine Spannung, die entsteht, wenn wir Impulse nicht wahrhaben wollen und unterdrücken. Wenn Sie unterschiedliche Interessen haben und doch versuchen, alles gemeinsam zu machen, wird als Ergebnis nichts übrigbleiben als Langeweile. Entdecken Sie zuerst Ihren individuellen Interessenbereich, dann besteht die Chance, daß auch der andere sich interessiert. Die Übung v n der Zukunft und vom nächsten Schritt wird Ihnen weiterhelfen.

Wie kann ich mit meiner Angst vor Verlust besser umgehen?

Angst ist ein Scheinriese. Je weiter Sie sich von ihr entfernen, desto größer wird sie. Je dichter Sie an sie herangehen, desto handhabbarer wird sie. Wenn diese Angst Ihre Beziehung belastet, ist es besser, die Bekanntschaft des Inneren Kindes zu machen. Suchen Sie sich eine Körper-Therapie. Hinweise dazu finden Sie im Anhang.

Wie kann ich jemanden kennenlernen. Ich lebe seit drei Jahren ohne neue Kontakte.

Wenn Sie keine neuen Kontakte aufnehmen können, dann gibt es in Ihnen etwas, was Sie daran hindert. Um weiterzukommen, müssen Sie sich dieses Hindernis bewußt machen. Es wird sich auch hier um ein Hindernis auf der emotionalen Ebene handeln, das Sie am besten durch Selbsterfahrung entdecken. Hinweise hierzu finden Sie im Anhang des Buches.

Praxisteil - 11 Übungen der Selbsterfahrung

Selbsterfahrung soll Spaß machen und neue Horizonte öffnen. Manchmal müssen wir zwar erst einem alten Schmerz begegnen, der uns festhält und neue Erfahrungen verhindert, um weiterzukommen. Wenn wir aber die Gefühle von Schmerz zurückhalten, können wir auch keine Freude zulassen, denn das würde Loslassen voraussetzen. Grundsätzlich kann man sagen: es kommt immer gerade das nach oben, was Sie zurückhalten.

Was auch für Sie in den folgenden Übungen geschieht, vertrauen Sie Ihren Gefühlen und Bildern, und heißen Sie alles willkommen, Gedanken, Bilder, Stimmungen, Gefühle. Das ist umso leichter, je genauer Sie sich an die Anweisungen halten, die ich zu den Übungen gebe. Wichtig für alle Übungen sind folgende Rahmen-Bedingungen:

- **Sorgen Sie dafür, daß Sie während der Übung ungestört sind.**
  Schließen Sie die Zimmertür ab oder hängen Sie ein Schild mit der Aufschrift 'nicht stören' raus. Informieren Sie die Familienmitglieder, daß Sie jetzt für etwa eine Stunde nicht zu sprechen sind. Räumen Sie Möbel und Dinge beiseite, die bei Ihrer Übung im Wege stehen könnten.

- **Halten Sie sich bei Partnerübungen an die vorgegebene Zeit.**
  Strapazieren Sie die Geduld und Aufmerksamkeit des Partners nicht über den Zeitrahmen hinaus oder nur mit dessen ausdrücklichem Einverständnis.

- **Wenn Sie keinen Partner oder Freund haben, der die Übungen mit Ihnen machen will, brauchen Sie trotzdem nicht darauf zu verzichten.**
  Sie müssen sich nur etwas mehr Mühe machen und die Anweisungen, die der Partner sonst gibt, vorher auf Tonband sprechen. Zeitangaben sind in den Übungen enthalten. Wenn Sie dann noch

die Musik, die der Partner sonst auflegt, zwischen die Anweisungen kopieren, haben Sie ein perfektes Tonband, mit dem Sie die Übung öfter wiederholen können.

Wenn Ihnen das zu aufwendig ist, können Sie auch vom Autor selbst konzipierte Tonbandkasetten benutzen. Einen Hinweis auf die Bezugsquelle finden Sie am Ende des Buches.

Übung 1 –
die Erweiterung des Inneren Raumes

Diese Übung ist eine Einführung für Phantasiereisen und Creative-Trance-Übungen. Sie brauchen dafür:
- einen Menschen, den Sie mögen und dem Sie vertrauen oder ein Tonband mit den entsprechenden Anweisungen
- einen Raum, in dem Sie ungestört sind
- Ihre Lieblingsmusik (ein ruhiges Stück). Es kann sich um Klassik oder Instrumentale Musik handeln
- Geduld und die Bereitschaft, die Anweisungen genau und liebevoll einzuhalten.

Sie selbst sind im Folgenden, wie in allen anderen Übungen auch, der Partner A (=aktiv) und ihr Begleiter ist Partner R (=rezeptiv), was heißen soll, Sie sind derjenige, um den es bei der Übung geht, und Ihr Partner stellt seine Aufmerksamkeit zur Verfügung und begleitet Sie durch die inneren Räume. Die Anweisungen für Partner A befinden sich immer auf der linken Seite, die für Partner R immer auf der rechten Seite.

Partner R liest den folgenden Text vor. Nehmen Sie sich dafür viel Zeit, insgesamt etwa 5 Minuten und machen Sie entsprechende Pausen zwischen den einzelnen Sätzen, damit Partner A die einzelnen Schritte in seinem Inneren nachvollziehen kann:

- *Mach es dir im Sitzen bequem. Atme einige Male tief durch und laß mit dem Ausatmen alle Gedanken, Spannungen und Bilder, die du mit dir trägst, gehen. Blas sie weg.*

- Bring deine Aufmerksamkeit nach innen, spür dich. Spür deinen Körper, daß du sitzt, daß der Stuhl dich trägt.
- Spür den Inneren Raum, den Raum, in den hinein du sehen kannst, aus dem heraus du hören kannst, und durch den hindurch du Gefühle wahrnehmen kannst.

Partner A läßt den Mund leicht geöffnet und atmet frei und zwanglos. Blasen Sie alle Gedanken weg, atmen Sie Körperspannungen aus.

Anweisung:
- mit jedem Einatmen wird dieser Innere Raum größer und dehnt sich aus, dehnt sich über die Körpergrenzen aus, bis er das ganze Zimmer einnimmt
- er dehnt sich weiter aus, der Raum, in den hinein du sehen kannst, aus dem heraus du hören kannst und durch den hindurch du Gefühle wahrnehmen kannst, über die Grenzen des Zimmers hinaus, bis er die ganze Stadt einnimmt
- über die Grenzen der Stadt hinaus, bis er das ganze Land einnimmt
- über die Grenzen des Landes hinaus, bis er den ganzen Planeten einnimmt
- über die Grenzen des Planenten hinaus, bis er das ganze All ausfüllt und darüber hinaus, ins Unendliche

- all dies ist der Raum, der dir jetzt zum Sehen, Hören, Fühlen und Wahrnehmen zur Verfügung steht.

Dieser Einführungsübung, die uns helfen soll, in eine leichte Trance, einen Zustand besonderer Innerer Aufmerksamkeit, zu gelangen, schließt sich jetzt eine andere Übung aus dem Praxisteil an. Niemand kann sich einfach hinstellen und von einer Sekunde auf die andere die Aufmerksamkeit ganz nach innen bringen. Deshalb sind die 5 Minuten für diese Einführungsübung wichtig.

Übung 2 – die Phantasie von der Blume

Es handelt sich bei dieser Übung um eine Creative Trance, mit der Sie Ihr Verhältnis und Ihre Liebe zu sich selbst feststellen können. Lesen Sie zuerst die gesamte Übung durch. Vielleicht erscheint Ihnen eine solche Übung aufwendig, aber Sie werden feststellen, daß es viel Spaß macht und eigentlich recht einfach ist. Sie brauchen:

- einen Partner oder ein vorgefertigtes Tonband
- Papier und Schreiber
- eine Decke zum Zudecken
- Musik

Wenn Sie die Anweisungen Ihres Partners hören und die Bilder auftauchen, dann beschreiben Sie einfach, was Sie sehen. Wenn Partner R zu schnell ist, weisen Sie ihn darauf hin. Bleiben Sie immer bei dem, was Sie gerade in diesem Augenblick sehen, und verändern Sie die Bilder nicht so, wie Sie denken, daß sie sein sollten.

SCHRITT 1: machen Sie die Erweiterung des Inneren Raumes (Übung 1)
ZEIT: 5 Minuten

SCHRITT 2: die Phantasie von der Blume
ZEIT: 15 Minuten
MUSIK: 1 Stück ruhig+leicht, 1 Stück beschwingt

Partner R legt das ruhige Stück Musik ein und liest die Stationen der Phantasie vor:
a - laß in diesem Inneren Raum das Bild einer Blume auftauchen und schau diese Blume an

b - was ist das für eine Blume? Ist es eine Blume, die du kennst, oder ist es eine Phantasieblume?
c - ist sie groß oder ist sie klein?
d - was für einen Stiel hat sie?
e - was für Blätter und Blüten?
f - hat sie Wurzeln und welche?
g - welche Farben hat sie?
h - in welcher Umgebung steht sie?
i - welche Tages/Nacht/Jahreszeit ist es?
j - welche Temperaturen hat es?
k - hat die Blume einen Duft?
l - steht sie allein?
m - was ist das Auffällige an dieser Blume, was würde einem Menschen auffallen, der vorbeikommt und der diese Blume sieht?
n - was sind die besonderen Eigenschaften dieser Blume, was sind die besonderen Qualitäten dieser Blume?

Partner A beschreibt in Worten, was er sieht und Partner R schreibt die wichtigsten Dinge in Stichwörtern mit.

Legen Sie jetzt die Kasette mit der beschwingteren Musik ein, und geben Sie folgende Anweisungen:
o - wenn du gleich die Musik hörst, dann laß dich langsam aufstehen, so langsam wie in Super-Zeitlupe.
Machen Sie die Musik zuerst sehr leise an und geben Sie weitere Anweisungen:

p - wie du langsam aufstehst, wirst du selbst zu dieser Blume, wirst diese Blume, mit all ihren Eigenschaften und Qualitäten, bist jetzt diese Blume, die an ihrem Ort steht und langsam im Wind schaukelt

q - jetzt nimmst du wahr, wie diese Blume ihr gesamtes Potential entfaltet, all die in ihr verborgenen Möglichkeiten entfaltet. Du spürst, wie die Sonne auf diese Blume scheint und ihr mit ihrer Wärme Kraft gibt. Du spürst die Gefühle dieser Blume, während sie all ihre Möglichkeiten lebt, und du läßt dich deinen Körper bewegen wie die Blume sich bewegt, läßt dich den Tanz der Blume tanzen, den Tanz der Blume, die von der Sonne beschienen ist, die sich im sanften Wind bewegt und die in ihrem Tanz ihr Dasein feiert.

Gestatten Sie sich, zu atmen und den Mund während der ganzen Übung leicht geöffnet zu haben, damit auch Laute frei passieren können. Gestatten Sie sich, alle Gefühle zu fühlen, die mit den Bildern kommen, egal, ob es sich um angenehme oder unangenehme Gefühle handelt, aber folgen Sie immer den Bildern, nicht Gedanken oder Erinnerungen. Gestatten Sie Ihrem Körper, sich spontan zu bewegen.

Wenn die beschwingte Musik vorbei ist, fordern Sie Ihren Partner auf:

-jetzt kehr langsam hierhin zurück, lass dich einige Male tief durchatmen und nimm dir Zeit, dich hinzulegen und dich auszuruhen.

SCHRITT 3: eine Ruhephase
Zeit: 10-15 Minuten

Decken Sie den Partner mit einer Decke zu. Während Ihr Partner sich ausruht, bleiben Sie einfach in seiner Nähe.

SCHRITT 4 - das Mitteilen der Phantasie
Zeit: 15 Minuten

Es geht jetzt mit einem Sharing, einem Mitteilen, weiter. Dafür gibt es einige klare und einfache Regeln: Die Zeit ist 15 Minuten. Sie wird nur mit dem Einverständnis des Partners R verlängert. Der Partner A erzählt, was für ihn passiert ist, was er gesehen, gefühlt, erlebt hat. Partner R hört einfach nur zu, auf entspannte Weise, und gibt keine Kommentare, nickt auch nicht mit dem Kopf oder schüttelt ihn, sondern ist wiederum einfach nur für den Partner A da. Diese Phase dient der Verbalisierung der Bilder. Sie ist Voraussetzung für den nächsten Schritt.

SCHRITT 5 - die Bedeutung der Blumen-Phantasie
Zeit: 20 - 30 Minuten

In diesem Abschnitt arbeiten Sie beide zusammen, aber wenn es verschiedene Ansichten gibt, dann hat immer der Partner A 'recht', denn um ihn geht es. Alle Bilder, die aus unserem Inneren auftauchen, sind Symbole und Botschaften aus dem Unbewußten. Die Blume steht für Ihr Selbstbild. So wie Sie diese Blume sehen, so sehen Sie sich selbst. Betrachten Sie die Bilder zu den Sätzen a-q:

- welche Empfindungen hatten Sie zu den einzelnen Bildern?
- wie hat sich das angefühlt?

Nehmen wir einmal an, Ihre Blume hatte keine Wurzel. Das kann dann bedeuten, daß Sie sich im Leben nicht 'verwurzelt' fühlen und leicht 'umfallen'. Oder nehmen wir an, Ihre Blume hatte einen Duft, der auf vorbeikommende Menschen sehr anziehend wirkt und zum Schnuppern verführt. Das würde bedeuten, daß Sie sich selbst mögen und für liebenswert empfinden. Kein Bild in dieser Phantasie ist zufällig oder bedeutungslos, und doch sollten Sie nicht versuchen, krampfhaft alle Bilder zu entschlüsseln. Gehen Sie nur so weit, wie Sie entspannt bleiben können.

- stand die Blume allein? Dann haben Sie sich im Leben isoliert
- hat die Blume sich nicht entfaltet? Dann halten Sie sich Ihren Mitmenschen gegenüber zurück
- hatte die Blume Stachel? Dann lassen Sie so schnell niemand an sich heran
- stand die Blume auf einem Felsen? Dann erscheint Ihnen das Leben hart
- war es Winter und die Blume fror? Dann fehlt Ihnen Wärme und Geborgenheit

Sie haben jetzt eine genaue Auskunft über Ihr Selbstbild, und zwar so, wie Sie sich wirklich (unterhalb von Gedanken und Ansichten) empfinden. Vielleicht sind Sie auf schöne Dinge gestoßen, vielleicht auch auf etwas Unangenehmes. Wahrscheinlich ist, daß beides aufgetaucht ist. Wir alle haben bestimmte Seiten an uns lieb, und andere Seiten wiederum lehnen wir ab. Betrachten Sie nun wieder die Bilder:

- was lehnen Sie an dieser Blume ab?
- ist sie vielleicht nicht farbig genug?
- oder nicht groß genug?
- oder wollte sie ihr Potential nicht entfalten und lieber verborgen blühen?
- stinkt sie vielleicht sogar?
- oder ist sie zu dünn, zu dick, zu hoch oder was auch immer sie auszusetzen haben.

Finden Sie die Bedeutungen dieser negativen Aussagen in Bezug auf Sie selbst.

Sind Sie 'zu dünn', oder zu 'dick', sind Sie 'nicht offen' oder haben Sie Angst, sich zu 'zeigen'? Schreiben Sie jetzt alle negativen Aussagen über Sie selbst auf, und machen Sie morgen oder an einem der nächsten Tage die Übung 4 (Sonden), die der Heilung und DeHypnose von negativen Ansichten über sich selbst dient.

Übung 3 - das Innere Kind treffen

In dieser Übung begegnen Sie Ihren Gefühlen. Der Begriff 'Inneres Kind' ist ein anderes Wort für unsere empfindlichen und verletzlichen Seiten, für die Bedürfnisse, Wünsche und Sehnsüchte, die wir oft nicht wahrhaben wollen und deshalb verdrängen. Dadurch trennen wir uns jedoch auch von den spontanen und spielerischen Seiten.

Wenn immer in Ihrem Leben ein Problem auftaucht, steht dies Innere Kind dahinter, und zwar in seiner Erscheinungsform als Dunkles Kind. Das Dunkle Kind ist traurig, wütend, verletzt, enttäuscht, einsam, unglücklich. Ihre Aufgabe im Laufe dieser Übung besteht nun darin, aus dem Dunklen Kind ein Helles Kind (fröhlich, zufrieden, gut gelaunt) zu machen.

Das geschieht, indem Sie sich vorstellen, dieses Kind sei ein eigener Mensch, der in Ihnen wohnt. Mit diesem Menschen können Sie sprechen, wie mit jedem anderen Menschen auch. Die äußere Form dieses Dialoges ist einfach: wenn Sie als der erwachsene Mensch sprechen, steht das Kind Ihnen gegenüber. Sie halten Ihre Augen geschlossen und betrachten mit dem inneren Auge dieses Kind. Wenn das Kind Ihnen antworten soll, machen Sie einen Schritt nach vorne, drehen sich um und werden so zu dem Kind. Dann sprechen Sie als das Kind selbst und beantworten die Frage des/r Erwachsenen. Wenn der Erwachsene wieder an der Reihe ist, wechseln Sie wiederum die Seite und sprechen wieder zum Kind.

Dieses Wechseln der Seiten ist sehr wichtig, es hilft uns, die Kräfte von Kind (Gefühl) und Erwachsenem (Verstand) zu unterscheiden. Halten Sie sich also genau an die Anweisungen, dann funktioniert es auch. Sie brauchen:

- einen ruhigen Raum
- einen Begleiter (oder das Buch zum Nachlesen)
- Musik

SCHRITT 1: machen Sie die Erweiterung des inneren Raumes (Übung 1)
Zeit: 5 Minuten

SCHRITT 2: der Dialog mit dem Kind
Zeit: 20 Minuten
Musik: ruhig, leicht.

Stellen Sie sich in den Raum, lassen Sie die Augen geschlossen und folgen Sie den Anweisungen des Begleiters:

Anweisung:
- *nimm wahr, wie du dich jetzt fühlst. Welche Stimmung, welche Gefühle sind da?*
- *spür auch deinen Körper, welche Körperspannungen kannst du spüren? Wo sind diese Spannungen? In den Füßen, Beinen, Becken, Rücken, Schultern, Arme, Hände, Nacken, Gesicht?*
- *nimm den Atem wahr, ohne ihn zu verändern. Wie atmest du?*
- *jetzt laß dich langsam alle Spannungen übertreiben. Laß dich alle Muskeln, die angespannt sind, noch mehr anspannen. In welche Haltung ziehen dich diese Spannungen? Laß dich langsam in diese Haltung gehen, du kannst ruhig leicht übertreiben, um es dir deutlicher zu machen.*
- *jetzt bleib wie eine Statue in dieser Haltung und laß einen Satz in dir entstehen, der anfängt mit :'ich fühl mich......' oder 'ich bin.....'*

- sprech diesen Satz aus. Sprech ihn so aus, wie du ihn fühlst.

Wenn Sie sich z.b. ärgerlich fühlen, lassen Sie sich ruhig ärgerlich sein und schimpfen. Wenn sie sich traurig fühlen, lassen Sie sich die Traurigkeit in Verbindung mit der Statuenhaltung fühlen. Wenn Gefühle (Tränen, Lachen) Ihren Satz begleiten, heißen Sie alle Gefühle willkommen, egal, welcher Art sie sind.

Anweisung:

- jetzt laß dich dreimal tief durchatmen, etwas strecken und recken und mach einen Schritt nach vorne. Laß die Augen während der ganzen bung geschlossen, dreh dich um und schau mit deinem inneren Auge auf den Mensch, der da gerade stand

- vor dir steht jetzt dein Inneres Kind. Schau es an und begrüße es mit den Worten: 'Hallo Kleine/r, wie geht es dir?'

Sprechen Sie die Begüßungsworte hörbar aus, es ist wichtig, daß die Worte durch den Mund gehen.

Anweisung:

- schau dir dies Kind an:

- was hältst du eigentlich von ihm?

- wie findest du es?

- gefällt es dir?

- was gefällt dir nicht an ihm?

- was hast du ihm zu sagen?

Sprechen Sie ehrlich und ohne etwas zu verbergen zu dem Kind, auch wenn Sie ihm etwas Unfreundliches sagen wollen, zum Beispiel: 'du gibst ja ein jämmerliches Bild ab', 'ich mag dich sehr gern' oder was auch immer Ihnen in den Sinn kommt.

Anweisung:
- laß dich alles aussprechen, was du dem Kind zu sagen hast
- Dann laß dich wieder dreimal tief atmen, und wechsle die Seite. Jetzt bist du wieder das Kind. Du schaust auf den Erwachsenen und diesmal kannst du ihm/ihr alles sagen, was du von ihm eigentlich hältst. Jetzt kannst du dem Erwachsenen antworten. Trau dich, alles zu sagen, auch, wenn du ihn blöd findest oder ihn nicht magst.

Dieser Dialog wird fortgeführt, bis sich beide Seiten alles gesagt haben. Wahrscheinlich taucht eine Situation aus dem Alltag der letzten Tage auf, und das Kind kann sagen, warum es sich so fühlt, wie es sich fühlt. Wenn all das ausgesprochen ist, geht es mit der Schlüsselfrage weiter:

Anweisung:
- wechsle wieder die Seite, werde wieder zum Erwachsenen und schau auf das Kind. Stell ihm die Frage: 'was brauchst du von mir, was fehlt dir?'
- laß dich wieder die Seite wechseln und gib als das Kind die Antwort

- dann laß das Kind die Frage an den Erwachsenen stellen: 'was brauchst du von mir?'
- und wechsele wieder die Seite, um als Erwachsener zu antworten.

Der Dialog wird so lange fortgeführt, bis Erwachsener und Kind sich näherkommen. Lassen Sie sich immer wieder die Seiten wechseln. Die Schlüsselfragen müssen beantwortet werden. Ziel des Dialoges ist es, eine Einigung zwischen Erwachsenem und Kind zu erreichen, der beide zustimmen können. Beenden Sie den Dialog immer aus der Position des Erwachsenen.

SCHRITT 3: Ruhephase
Zeit: 15 Minuten
Musik: ruhig, entspannend

Sie können diese Ruhephase verschieden gestalten. Partner A kann sich zum Beispiel:
- allein hinlegen
- sein Kind in den Arm nehmen (z.b. ein Kissen)
- sich bei Partner R in den Schoß legen

SCHRITT 4: Einsicht schaffen
Zeit: 15 Minuten

Was haben die Erlebnisse dieses Dialoges mit Ihrem Leben und Alltag zu tun? Aus den Beispielen des Buches können Sie viele Hinweise dazu finden. Trotzdem hier noch einige Möglichkeiten:

Dunkles Kind: traurig, verletzt
Ereignis: gestern hat Ihr Partner Ihnen mitgeteilt, daß er ohne Sie in Urlaub fahren will.
Aussage Kind: ich bin traurig, er liebt mich nicht.
Aussage Erwachsener: stell dich doch nicht so an, das ist doch nicht so wichtig.

Die Aussagen von Kind (Gefühl) und Erwachsenem (Verstand) widersprechen sich, Traurigkeit und Gleichgültigkeit stehen sich gegenüber. Das ist auch die Ursache des Problems, denn der Mensch aus diesem Beispiel ist verletzt, versucht aber, dies zu verbergen. Auf die Schlüsselfrage 'was brauchst du' kommen folgende Antworten:
Kind: ich will, daß du ihm/ihr sagst, daß ich traurig bin und nicht so tust, als ob es egal wäre.
Erwachsener: ich will, daß du nicht zu betteln anfängst und nicht hinter ihm/ihr herläufst. Ich finde das entwürdigend.

Der Dialog wird so lange fortgeführt, bis beide zu einer Lösung kommen, die für beide akzeptabel ist. Hier eine Möglichkeit der Lösung:

Kind: gut, wenn du es ihm/ihr sagst, dann bin ich zufrieden. Auch wenn sie/er dann immer noch allein in Urlaub fahren will, dann machen wir beide (Kind und Erwachsener) eben was anderes miteinander.
Erwachsener: gut, ich geh mit dir zu ihm/ihr und erzähl von den Gefühlen. Wenn sie/er nichts von uns wissen will, dann machen wir eben was anderes. Ich hab dich auf jeden Fall lieb. Auch wenn andere dich jetzt nicht mögen.

Schreiben Sie die negativen Überzeugungen des Kindes oder die negativen Aussagen des Erwachsenen über das Kind auf, und verwenden Sie diese für eine Heilung, wie sie in Übung 4 beschrieben ist.

Wenn Sie den Dialog bis zu Ende führen, werden Sie aus dem Dunklen Kind ein Helles Kind gemacht haben. Auch wenn dieses Kind feststellen muß, daß der Lebenspartner es momentan ablehnt, die Tatsache, daß Sie selbst es lieben und ihm diese Liebe und Aufmerksamkeit geben, läßt es zum Hellen Kind (das geliebte Kind) werden.

Hier sind einige Beispiele für typische Alltags-Konflikte zwischen inneren Kindern und inneren Erwachsenen:

Erwachsener Verstand	Kind Gefühl
Reiß dich zusammen, du mußt durchhalten!	*Ich bin müde und erschöpft, ich möchte mich ausruhen.*
Stell dich nicht so an, da stehst du doch drüber.	*Es macht mich wütend, wenn jemand so mit mir spricht.*
Machs, schließlich ist das deine Pflicht als Mutter!	*Ich möchte auch einmal etwas für mich bekommen, nicht immer nur für andere da sein.*
Meine Frau ist rücksichtslos, sie gibt alles Geld aus, das ich verdiene.	*Ich wünsche mir Hilfe und Verständnis. Sie soll sehen, wie schwer es mir fällt, es zu verdienen.*
Wenn du fremd gehst, werde ich dich sofort verlassen. Mach es ruhig, du wirst schon sehen, was du davon hast.	*Es tut mir weh, wenn du fremdgehst, ich habe Angst vor dem Alleinsein, bitte tu es nicht. Bleib bei mir.*

Eine Lösung zu finden heißt, die Gefühle zu regulieren und Verstand und Gefühl miteinander auszugleichen. Eine wirkliche Lösung ist immer eine Lösung, in der Sie mit Ihrem Kind und Erwachsenen unabhängig von anderen Menschen inneren Frieden finden. Gerade in der Partnerschaft sind wir versucht, die Lösung und damit die Verantwortung beim anderen zu suchen. ‘Gib Du mir Aufmerksamkeit, dann geht es mir gut’.

Die Antwort beim Dialog ist: geben Sie sich selbst Aufmerksamkeit, werden Sie sich über Ihre Gefühle klar, seien Sie ehrlich zu sich, verstecken Sie Ihre Gefühle nicht vor sich selbst, dann geht es Ihnen gut. Hören Sie auf Ihren Verstand und Ihr Gefühl, dann haben Sie eine Lösung gefunden. Hören Sie jedoch nur auf eine der beiden Kräfte, dann haben Sie eine Spaltung, ein Problem geschaffen.

Im Dialog mit dem Kind treffen Sie auf Ängste und Überzeugungen ihres Inneren Kindes, die aus der Vergangenheit stammen. Diesem Kind ist noch nicht klar, daß heute die Welt ganz anders aussieht und daß Sie heute als Erwachsener ganz andere Möglichkeiten haben.

Sie können die Ängste dieses Kindes heilen, indem Sie die folgende Übung 4 machen.

Übung 4 - Sonden

Diese Übung dient zur Heilung negativer Aussagen über sich selbst und negativer Überzeugungen zum Leben überhaupt. Wenn wir zum Beispiel hundert- und tausendmal gehört haben 'du bist häßlich' oder 'du taugst dafür nicht', dann glauben wir dies irgendwann. Wir hypnotisieren uns dann ständig selbst mit dieser verinnerlichten Überzeugung und kreieren unser Leben um diese Aussage herum.

Mit den Sonden können wir die Macht dieser Hypnose brechen und zu neuen, sinnvollen Überzeugungen kommen, zum Beispiel 'ich bin richtig' oder 'ich kann, was ich will'. Sie brauchen für diese Übung:

- einen ruhigen Raum
- einen Partner (Alternative: die Übung mit sich selbst machen)

SCHRITT 1: Material sammeln

Sie brauchen mindestens eine, besser fünf oder zehn negative Aussagen über sich selbst oder über das Leben. Diese Aussagen können von Ihnen selbst oder von anderen Menschen stammen oder auch aus einer schlechten Stimmung heraus auftauchen. Ebenso können Sie aus den Übungen 2,3,7 oder aus einem Beziehungskonflikt kommen. Schreiben Sie diese Aussagen auf die linke Hälfte eines Blattes.

SCHRITT 2: positive Aussagen formen

Auf die rechte Seite des Blattes schreiben Sie jetzt zu jeder negativen Aussage eine positive Umkehrung. Dabei sollen die Worte *nicht* und *muß* vermieden werden. Wenn die negative Aussage zum Beispiel lautet: 'du bist furchtbar', dann kann die Umkehrung 'du bist richtig' sein. Ebenso wird 'du mußt dich zusammenreißen' in 'du kannst entspannen' umgedreht. Halten Sie sich an folgende Hinweise, dann werden Sie schöne Umkehrungen finden:

- probieren Sie verschiedene Möglichkeiten aus, bevor Sie sich für eine Formulierung entscheiden

- nehmen Sie den Satz, der sich am besten an*fühlt*
- vermeiden Sie Sonden, die nicht wahr sind, zum Beispiel 'du bist der beste Mensch der Welt' oder 'du bist die schönste Frau, die es gibt'
- verwenden Sie auch einige der Grundsonden, die am Ende der Übung aufgelistet sind.

SCHRITT 3: Sonden abschicken

Jetzt kann es losgehen. Partner A legt sich auf eine Matratze und macht es sich bequem. Der Begleiter R nimmt den Zettel mit den positiven Aussagen und setzt sich neben seinen Partner.

- Nehmen Sie den ersten Satz und den Namen Ihres Partners und sagen Sie mit entspannter Stimme und in neutralem Tonfall den Satz, also etwa '*Helga, du bist willkommen*'.
- Jetzt beobachten Sie den Körper und den Atem Ihres Partners, und schauen Sie, ob die Sonde 'ankommt'. Wenn Ihr Partner sich mit dem Satz entspannt, denn kommt die Sonde in seinem Körper an, wenn er zum Beispiel aufatmet, lächelt, seufzt.
- Machen Sie nach jeder Sonde eine Pause und lassen Sie Ihrem Partner Zeit, die Sonde aufzunehmen und zu verdauen.
- Fahren Sie mit den anderen Sonden fort und schicken Sie jede Sonde mehrmals ab.
- Spielen Sie: mal flüstern Sie die Sonde in sein rechtes Ohr, mal in sein linkes Ohr, mal sprechen Sie lauter, mal leiser.

Aber stellen Sie an den Anfang oder an das Ende jeden Satzes den Namen Ihres Partners.

Partner A braucht überhaupt nichts zu tun. Liegen Sie und genießen Sie die schönen Dinge, die Sie hören. Atmen Sie die Sätze ein. Geben Sie keine Kommentare, keine Antworten, sondern seien Sie ganz rezeptiv. Wenn sich herausstellt, daß eine Sonde zu massiv ist und Sie diese 'nicht nehmen' können, dann fordern Sie Ihren Partner auf: «sag mir besser...». Sollten Gefühle auftauchen, heißen Sie das willkommen. Es gibt keinen Grund, etwas zurückzuhalten.

Beachten Sie immer, daß die Sonden im Körper 'ankommen' sollten. Wiederholen Sie die Sonden solange, bis tiefe Entspannung eintritt.

SCHRITT 4: Ruhephase
Zeit: 10 Mintuen
Musik: ruhig und entspannend

SCHRITT 5: Einsicht schaffen

Jetzt betrachten Sie noch einmal die positiven Aussagen. Diese Sätze enthalten eine Menge Informationen. Wenn Sie sich zum Beispiel mit dem Satz 'du kannst dir ruhig Zeit lassen' entspannen, ist das ein Hinweis, daß Sie sich im Alltag entweder von anderen Druck machen lassen oder sich selbst unter Druck stellen. Sicherlich ist Druck im Leben manchmal unvermeidlich, aber in Hektik und Streß kommen wir oft nicht zum Ausgleich: zu Entspannung und Loslassen. Dabei können die Sonden helfen.

In der Partnerschaft schicken wir uns oft gegenseitig negative Sonden, die dem anderen schaden. 'Muß das denn immer dir passieren?', 'du stellst dich aber wirklich blöde an' und so weiter.

Eines steht fest: auch wenn Sie nicht so sind, wie Ihr Partner Sie haben will, Sie sind richtig, so wie Sie sind. Suchen Sie nach Zusammenhängen in Ihrem Alltag oder in Ihrem Leben, auf die sich die Sonden beziehen. Oft treffen Sie dabei auf das Innere Kind. Senden Sie diesem Kind Ihre Liebe und Aufmerksamkeit in Form der Sonden. Probieren Sie folgende Grundsonden aus:

- (Name)...du bist willkommen
- ....du bist richtig, so wie du bist
- ....du bist schön
- ....schön, daß du da bist
- ....wir sind für dich da
- ....du kannst dich sicher fühlen
- ....du brauchst dich nicht anzustrengen
- ....du wirst es schaffen
- ....du brauchst nichts zu tun
- ....du bist frei
- ....du kannst dir ruhig vertrauen
- ....dein Leben gehört dir
- ....du kannst ruhig unanständig sein
- ....du hast ein Recht, du selbst zu sein

Sollte sich ein Sonde nicht gut an*fühlen*, lassen Sie diese weg und machen Sie eine für Sie schöne Sonde daraus. Sonden können zum Begleiter im Alltag werden. Sie sind - regelmäßig angewandt - ein großartiges Werkzeug, die Sicht von der Welt und vom Leben zu verändern. Wenn Sie häufig mit Sonden arbeiten, werden Sie feststellen, wie diese positiven Aussagen langsam in Sie eindringen und Sie von innen wärmen.

Eine schöne Übung im Anschluß an Sonden ist zum Beispiel die Übung 9, die Selbstliebeübung.

Übung 5 - Sich selbst beraten

Diese Übung können Sie machen, wenn Sie sich selbst einmal nicht verstehen. Sie ist eine Möglichkeit, mehr über die Gefühle und Motive herauszufinden, die sich hinter Ihren Handlungen verbergen. Sie ist aber auch eine ideale Übung für Beziehungspartner, die sich gegenseitig nicht verstehen und im Beziehungsspiel 'DU' festhängen.

Beratung ist eine sehr einfache Übung, bei der Sie sich allerdings genau an den Rahmen (Dauer, Regeln) halten sollten. Beratung schafft durch die Präsenz eines anderen Menschen einen Aufmerksamkeitsraum, in dem Sie ungestört ihren Gedanken und Gefühlen folgen können. Sie ist also keine Unterhaltung. Sie brauchen dafür:

- einen ruhigen Raum
- einen Partner (wenn der nicht vorhanden ist, können Sie auch einen Spiegel nehmen und zu sich selbst sprechen).

SCHRITT 1: das Mitteilen
Zeit: 20-30 Minuten

Regel A: die Partner sitzen sich gegenüber und schauen sich an.
Regel B: der aktive Partner A sagt, worüber er sprechen will, was ihn bewegt, worüber er sich klar werden möchte, er fängt zu sprechen an.
Regel C: Machen Sie keine Sprechpausen, besser ist es, alle Gedanken auszusprechen. Folgen Sie diesen Punkten:

- was ist das Thema?
- was ist unklar?
- was ist passiert?
- was ist in mir dadurch ausgelöst worden?
- wie fühle ich mich damit, was macht es mir?
- was brauche ich für mich, was wäre schön?

Regel D: Der Partner R, der Begleiter, hört nur zu. Er gibt keine Kommentare, nickt nicht mit dem Kopf, unterbricht nicht, er ist einfach nur aufmerksam.

SCHRITT 2: Ruhephase
Zeit: 5 Minuten

SCHRITT 3: Einsicht schaffen
Zeit: 10-15 Minuten

Was ist aufgetaucht? Was ist Ihnen klar geworden? Haben Sie etwas nicht ausgesprochen? Haben Sie etwas zurückgehalten? Jetzt können Sie auch mit Ihrem Partner ein Gespäch führen, sofern Sie das wünschen. Der Sinn der Übung besteht grundsätzlich aber darin, daß Sie sich selbst Klarheit verschaffen, einfach, indem Sie Aufmerksamkeit für sich selbst und Ihre Probleme aufbringen.

Der zweite Sinn - vor allem für Beziehungspartner - liegt darin, *sich gegenseitig zuzuhören,* die Motive des anderen aufzunehmen und zu verstehen. Das Beziehungsspiel 'Du' und jeder Streit kann sich nur solange fortsetzen, wie wir dem Partner kein Verständnis entgegenbringen. Wenn wir lernen, zuzuhören, aufzunehmen und uns einzufühlen, beginnen wir zu verstehen und viele Konflikte lösen sich auf. Wir haben Zuhören und Mitteilen verlernt. Wenn der andere aber spürt, was eine bestimmte Situation mit uns macht, wird er uns auch verstehen können.

Übung 6 - Körperberatung

Diese Übung ist ähnlich wie die vorhergehende, nur bedient sie sich nicht verbaler, sondern körperlicher Aufmerksamkeit.

Der Körper ist ein hervorragender Botschafter unserer Gefühle und des unbewußten Selbst. Wer seinen Körper versteht, hat einen Schlüssel zu den meisten Problemen seines Lebens. Dabei soll diese Körperberatung helfen. Sie brauchen:

- einen ruhigen Raum
- einen Partner (oder ihre eigenen Hände für sich selbst)
- ruhige, leichte Musik

SCHRITT 1: den Körper spüren
Zeit: 3-5 Minuten

Schließen Sie die Augen und spüren Sie ihren Körper:

- wie fühlt er sich an?
- wo fühlen Sie Spannungen?
- was fehlt diesem Körper, was braucht er?
- was würde ihm gut tun?
- was würde ihm Kraft oder Entspannung geben?

Entwickeln Sie eine Phantasie davon, was sich für Ihren Körper gut anfühlen würde, zum Beispiel 'gestreichelt werden', 'gekitzelt werden', 'massiert werden'. Es kann auch sein, daß etwas anderes auftaucht, zum Beispiel 'ich möchte gerne geschaukelt werden', 'jemand soll mir ein Lied singen', 'jemand soll mit mir spielen' oder etwas ganz anderes.

Stellen Sie sich vor, daß Ihre Phantasie jetzt Wirklichkeit wird. Wie fühlt sich das an?

SCHRITT 2: die Phantasie umsetzen
Zeit: 20-30 Minuten

Jetzt teilen Sie dem Begleiter die Phantasie mit. Verändern Sie die Bilder nicht und seien Sie direkt und offen. Der Begleiter gibt Ihnen jetzt auf liebevolle Weise, wonach Ihr Körper verlangt. Genießen Sie es, zu bekommen und nichts zu tun. Wenn kein Begleiter da ist, geben Sie sich selbst, wonach Ihrem Körper verlangt, zum Beispiel können Sie sich selbst massieren, streicheln usw.

SCHRITT 3: Einsicht schaffen
Zeit: 5 Minuten

Machen Sie sich klar, wie Sie mit Ihrem Körper umgehen.
- kümmern Sie sich genug um seine Bedürfnisse?
- vernachlässigen Sie Ihren Körper?
- fordern Sie zuviel von ihm?
- geben Sie ihm genug Aufmerksamkeit?
- lieben Sie Ihren Körper?

Auch bei dieser Übung werden Sie eventuell auf Ihr Inneres Kind treffen, das Zärtlichkeit und Liebe braucht. Oft ignorieren wir die körperlichen Bedürfnisse, zum Beispiel nach Zärtlichkeit und behandeln unseren Körper wie ein Ding. Der Körper ist von unserer Psyche aber nicht zu trennen. Wenn es dem Körper schlecht geht, geht es uns überhaupt schlecht. Wenn der Körper Spannungen oder Schmerzen hat, können wir nicht gut gelaunt sein.

Zur Körperberatung passen die Übungen 4, 9 und 10. Wenn Sie auf starke gefühlsmäßige Spannungen treffen, helfen die Übungen 3 und 7 weiter.

Übung 7 - Begegnung mit dem Schatten

In dieser Übung begegnen Sie Ihrem Schatten, also den Kräften und Teilen des Selbst, die Sie selbst an sich nicht leiden mögen.

Gerade in Beziehungen wird der Schatten oftmals vom Partner ausgelöst und angesprochen. Den Schatten zu erkennen und anzunehmen, ist ein Schritt auf dem Weg zu Ganzheit und innerem Frieden. Er verbirgt all das, was wir für 'negativ' halten, entweder an uns selbst oder - weitaus häufiger - am anderen, und von dem wir uns deshalb distanzieren. Wie im Buch beschrieben, erscheint uns an der Schwelle zum Schattenreich ein Wächter, ein Dämon, dessen Aufgabe es ist, uns den Zugang zum Unbewußten zu versperren und so den Schatten vor Aufdeckung (und Verurteilung) zu schützen. Sie brauchen:

- einen ruhigen Raum
- einen Begleiter (oder das Buch zum Nachlesen)

SCHRITT 1: den Druck benennen
Zeit: 5 Minuten

Da der Dämon ein anderer Name für unseren Widerstand ist, können wir ihn rufen, indem wir Widerstand in uns aufbauen.

Machen Sie gemeinsam mit ihrem Begleiter eine Liste von Sätzen, die mit 'du sollst' anfangen. Diese Sätze beinhalten alles, was an Druck oder Forderungen von außen an Sie herangetragen wurde oder wird, von anderen Menschen oder von Ihrem Partner. Eine solche Liste könnte zum Beispiel folgendermaßen aussehen:

- ich soll stärker sein
- ich soll mich mehr um meinen Partner kümmern
- ich soll nicht so lahm sein
- ich soll mich nicht immer anstellen
- ich soll.....

und so weiter und so weiter. Fassen Sie alles zusammen, was Ihren Widerstand oder Unwillen hervorruft, auch wenn es sich um For-

derungen handelt, die Sie selbst an sich richten, zum Beispiel:
- ich sollte besser damit umgehen können
- ich sollte darüber hinwegsehen können
und so weiter. Lassen Sie keine Forderung aus. Partner R nimmt die Liste dann an sich.

SCHRITT 2: machen Sie die Übung 1
ZEIT: 5 Minuten

SCHRITT 3: den Dämonen rufen
ZEIT: nach Dauer

Partner R nimmt jetzt die Liste mit den Forderungen und gibt die Sätze 'rüber', indem er sagt:
- *du sollst...*
- *du sollst...*

Stellen Sie sich in den Raum und hören Sie die Sätze. Fühlen Sie, was diese Forderungen mit Ihnen machen. Spüren Sie, wo in Ihrem Körper Spannunen entstehen.

Anweisung:
- *spür, was die Sätze machen und laß dich in eine Körperhaltung gehen, die deine Haltung diesen Sätzen gegenüber ausdrückt. Laß dich in dieser Haltung einfrieren und wie eine Statue werden*
- *welche Gefühle und Gedanken entstehen in dir?*
- *welche Haltung nimmst du gegenüber dem Druck ein?*
Lesen Sie die Liste mehrmals vor und machen Sie so Ihrem Partner Druck.

SCHRITT 4: das Erscheinen des Dämonen
Zeit: nach Dauer

Jetzt haben wir den Dämon provoziert. Wir werden ihm jetzt einige Fragen stellen, die ihm Gelegenheit geben, sich zu zeigen und zu rechtfertigen:

Anweisung:

Frage A: «Wogegen kämpfst du?»

Antworten Sie auf diese Frage als ein Dämon, das heißt, aus der Haltung und Stimmung und den Spannungen heraus. Vielleicht sind Sie ein Phantasiewesen, ein Tier, eine Gestalt aus der Fabelwelt oder was auch immer Ihnen in den Sinn kommt.

Frage B: «Wogegen wehrst du dich?»

Antworten Sie mit Worten und Gesten. Sagen Sie alles, was Ihnen in den Sinn kommt, ohne nachzudenken und auszuwählen. Machen Sie sich Luft von dem Druck.

Frage C: «Wie kämpfst du, was sind deine Waffen?»

Fassen Sie Ihre Kampfweise in Worte. Es gibt viele Kampfarten, mit denen Sie sich wehren können, z.b. zuschlagen, lügen, einschleimen, schwach stellen, scheinbares nachgeben, offen angreifen, vernichten usw. Finden Sie Ihre Kampfart heraus und schildern Sie lustvoll die Einzelheiten.

Frage D: «Wie ist dein Name und wovor schützt du dich?»

Geben Sie den Sinn Ihres Widerstandes preis, geben Sie ihm einen Namen, z.b. 'Härte' oder 'Gemeinheit' oder 'Haß'. Dieser Dämon ist ein Selbstschutz und damit Ihr Freund. Es gibt keinen Grund, ihn zu verstecken. Egal, wie raffiniert oder hinterlistig er auch sein mag, er will stets etwas Gutes für Sie tun.

Frage E: «Wovor fürchtest du dich, was versteckst du vor den Menschen?»

Jetzt ist es Zeit, 'Farbe zu bekennen' und einen Blick hinter den Widerstand, hinter den Dämon, in das Schattenland zu werfen. Geben Sie zu, wie empfindlich Sie eigentlich sind und daß Ihnen die Forderungen und Angriffe des anderen eine Menge ausmachen. Sagen Sie alles und halten Sie nichts zurück, keine Gedanken und keine Gefühle.

Frage F: «Was brauchst du, um deine Waffen ablegen zu können?»

Machen Sie sich klar, unter welchen Umständen Sie auf den Dämon verzichten können. Wie müssen andere Menschen dann mit Ihnen umgehen? Sprechen Sie alles aus.

SCHRITT 5: Ruhephase
ZEIT: 10-20 Minuten
MUSIK: ruhig und entspannend

Gönnen Sie sich eine Pause. Legen Sie sich einfach hin und sprechen Sie noch nicht über Ihre Erlebnisse.

SCHRITT 6: Einsicht schaffen
Zeit: 15 Minuten

Teilen Sie dem Begleiter (der nur zuhört) jetzt mit, was für Sie alles passiert ist und was Ihnen über sich selbst und die Reaktionen des Dämonen klar geworden ist:
- können Sie sich jetzt besser verstehen?
- wie finden Sie Ihren Dämonen?
- wo in Ihrem Alltag taucht er auf?
- wie verhalten Sie sich dann wem gegenüber?
- was gibt es für Alternativen zu diesem Verhalten?

Sicher ist Ihnen im Laufe der Übung aufgefallen, daß hinter dem Schatten und Dämon ein Inneres Kind steht, das sich schützen will. An diesem Schutz und seiner Art und Weise ist nichts Negatives oder Schlechtes. Jede Bewertung würde nur zu einer neuen Spaltung und damit zu neuen Problemen führen. Der Schatten ist ein Freund.

Eine schöne Anschlußübung, die Ihnen helfen kann, mit dem 'kämpfen' aufzuhören, ist Übung 4. Machen Sie Sonden, die Ihnen helfen und Kraft geben und die den Kampf beenden können, zum Beispiel:

- du kannst dich zeigen
- du hast ein Recht, dich zu wehren
- du kannst zu dir stehen
- es tut dir gut, deine Empfindsamkeit zu zeigen

oder andere für Sie passende Sonden.

Übung 8 - Beziehungsberatung

Nutzen Sie die folgenden Phantasien, um Klarheit in die Situation Ihrer Beziehungen zu bringen. Beziehung kann den Partner meinen, aber auch einen Freund. Sie brauchen:
- einen ruhigen Raum
- einen Begleiter oder ein Tonband

SCHRITT 1: machen Sie die Übung 1
Zeit: 5 Minuten

SCHRITT 2: die Phantasie vom nächsten Leben
Zeit: 15-20 Minuten

Anweisung:
- *stell dir vor, du bist gestorben und wiedergeboren worden*
- *laß in den inneren Raum ein Bild von diesem nächsten Leben auftauchen*
- *sieh dich in dem Alter, in dem du jetzt bist*
- *betrachte dieses Leben, was ist anders als in der jetzigen Realität, was ist schöner und besser?*

Beschreiben Sie die Bilder, die auftauchen und auch die Gefühle, die sich mit den Bildern einstellen. Beschreiben Sie alle Einzelheiten, nichts ist unwichtig.

Anweisung:
- *welchen Beruf hast du?*
- *lebst du allein oder mit einem Partner zusammen?*

- wie lebst du mit diesem Partner, was ist anders als heute?
- worauf läßt du dich ein und worauf nicht?
- wie gehst du mit dir selbst um im Unterschied zu heute?

SCHRITT 3: Ruhephase
Zeit: 5-10 Minuten

SCHRITT 4: Einsicht schaffen
Zeit: 10-15 Minuten

- was sagen die Bilder vom nächsten Leben über Ihre jetzige Realität aus?
- was sagen diese Bilder über Ihre Sehnsüchte und Wünsche aus?
- was gefällt Ihnen momentan nicht, was stimmt in Ihrem Leben momentan nicht?

Die Phantasie vom nächsten Leben hilft dabei, ehrlich und aufrichtig mit sich selbst zu sein. Oft machen wir uns über unsere Lebenssituation und auch über unsere Beziehungen etwas vor und verzichten damit auf 'leben' und Lebensqualität. Ist Ihr Partner in der Phantasie noch aufgetaucht oder hatten Sie jemand anderen zum Partner? Welche Veränderungen in Ihrem Leben, Beruf, Ihrer Beziehung waren eingetreten?

Warum bis zum nächsten Leben warten? Warum sich mit einer Situation abfinden, die nicht mehr stimmt? Ihr nächstes Leben beginnt in diesem Augenblick, oder morgen früh, wenn Sie es wollen.

Wenn Sie Klarheit über Ihren Weg und den nächsten Schritt auf dem Weg erreichen wollen, machen Sie die Phantasie vom nächsten Schritt.

Übung 9 - die Selbstliebe - Übung

Dies ist eine tantrische Übung, mit der Sie das Verhältnis zu Ihrem Körper verbessern und Ihre Liebe zu sich selbst ausdehnen können. Sie brauchen:
- einen ruhigen Raum
- schöne, leichte, freudige Musik
- Ihren Lieblingsduft
- Früchte (saftige, z.b. Lychees, Pfirsich)
- Wein
- Kerzen

SCHRITT 1: bereiten Sie ihr Zimmer vor
ZEIT: nach Bedarf

Stellen Sie einige Kerzen auf und versprühen Sie Ihren Lieblingsduft. Machen Sie Ihr Zimmer schön.

SCHRITT 2: bereiten Sie Ihren Körper vor
ZEIT: nach Bedarf

Nehmen Sie ein Bad oder duschen Sie. Pflegen Sie Ihren Körper mit einer wohlriechenden Creme.

SCHRITT 4: machen Sie Sonden
ZEIT: 10-15 Minuten

Legen Sie sich auf Ihr Bett. Machen Sie als Einstimmung einige positive Sonden in Bezug auf Ihren Körper (siehe auch Übung 4). Auch wenn Sie an Ihrem Körper einiges nicht mögen, so gibt es sicher viele Bereiche, die Ihnen gefallen. Vielleicht sind es die Augen, die Haut, die Beine, der Geruch oder die Hände. Sprechen Sie zu diesen Bereichen und dehnen Sie die Sonden langsam auf andere Bereiche aus. Suchen Sie das positive eines jeden Körperbereiches.

SCHRITT 5: berühren Sie sich selbst
ZEIT: 40-60 Minuten

Berühren Sie Ihren Körper zärtlich. Diese Berührung sollte wie eine Sonde ohne Worte sein, mit der Sie dem Körper die Botschaft geben: 'ich mag dich, so wie du bist, ich liebe dich'. Erforschen Sie mit Liebe und Geduld alle Bereiche des Körpers. Berühren Sie sich selbst so, wie Sie einen Geliebten oder eine Geliebte berühren würden, mit der gleichen Achtung und Liebe.

Erregen Sie sich, berauschen Sie sich an Ihrem Körper. Erregen Sie sich, bis sie kurz vor einem Orgasmus sind, aber lassen Sie es nicht zu einem Orgasmus kommen!

Kurz bevor Sie einen Orgasmus erleben, beenden Sie die Stimulation und legen eine Hand auf Ihr Geschlecht, die andere Hand auf Ihr Herz. Tun Sie jetzt gar nichts, spüren Sie einfach nur, wie die Erregungs-Energie durch Ihren Körper fließt und langsam zum Herz kommt.

Wiederholen Sie diesen Vorgang 3-5 Mal. Genießen Sie zwischendurch die Früchte und den Wein. Erst dann sollten Sie es - sofern sie wollen - zu einem Orgasmus kommen lassen.

SCHRITT 6: Einsicht schaffen

Nachdem Sie sich ausgeruht haben, vielleicht aber auch erst am nächsten Tag, betrachten Sie, wie diese Selbstliebeübung gewirkt hat.

- was ist Ihnen aufgefallen?
- lieben Sie Ihren Körper?
- konnten Sie Ihr Herz in Verbindung mit sexueller Erregung spüren?
- womit haben Sie sich zurückgehalten?
- welchen Hemmungen/Schwierigkeiten sind Sie begegnet?
- was möchten Sie im sexuellen Bereich erforschen?

Im sexuellen Bereich gibt es viele Mißverständnisse. Viele Menschen wissen zum Beispiel nicht, was ein Orgasmus ist. In der öffentlichen Diskussion werden in diesem Zusammenhang immer wieder Frauen genannt. Dabei haben Männer die gleichen Probleme mit Orgasmus, nur daß sie den Samenerguß für einen Orgasmus halten.

Ein wirklicher Orgasmus ist immer auch ein psychischer Orgasmus, er ist an körperliche Entladung nicht gebunden, vielmehr ist er auch ohne Samenerguß oder klitoralen Orgasmus möglich. Ein wirklicher Orgasmus schließt das Herz mit ein. Ein Samenerguß oder auch ein klitoraler Orgasmus aber ist auch ohne Beteiligung des Herzens möglich.

Die Übung der Selbstliebe soll uns daran gewöhnen, lange im Zustand hoher sexueller Erregung zu bleiben, ohne eine schnelle Energieentladung (durch Erguß) herbeizuführen. Sie soll uns zeigen, daß das Herz Zeit braucht, sich der sexuellen Erregung anzuschließen. Wenn wir uns diese Zeit nehmen, erübrigt sich in vielen Fällen auch der Drang und Zwang - vor allem der Männer - zum Erguß. Wir können auf diese Weise Freude und psychische Orgasmen erleben und diese Fähigkeit auch in die Sexualität der Partnerschaft tragen.

Natürlich können Sie diese Übung auch zusammen mit Ihrem Partner machen und sich gegenseitig bis an den Rand des Orgasmus bringen. Legen Sie dann -kurz davor- die eine Hand auf Ihr Herz und die andere auf das Geschlecht Ihres Partners und spüren Sie die Herz-Sex-Verbindung.

Sollte ein Widerstand auftauchen (Schatten), den Sie nicht verstehen, können Sie mit der Übung 7 Klarheit schaffen. Stellen Sie dem Widerstand die Fragen A-F.

Übung 10 - Treffen mit dem Inneren Mann/der Inneren Frau

In dieser tantrischen Übung können Sie Ihrem inneren Gegengeschlecht begegnen. Die Energie des anderen Geschlechts in sich zu entdecken, hilft uns, den Partner zu verstehen und mit dem Wechsel der weiblichen und männlichen Energien mitzufließen. Durch die Erfahrung von innerem Mann/Frau können wir das Gleichgewicht der Kräfte in uns herstellen, was auch Auswirkungen auf Partnerschaft und Sexualität hat. Sie brauchen:
- einen ruhigen Raum
- schöne, beschwingte Musik
- Kerzen, Düfte

SCHRITT 1: bereiten Sie den Raum vor

- Stellen Sie Kerzen auf und schaffen Sie eine Atmosphäre, in der Sie sich wohlfühlen.
- Legen Sie die Musik auf
- entwickeln Sie folgende Phantasie:

SCHRITT 2: Begegnung mit dem anderen Geschlecht
Zeit: 30-40 Minuten

A - wenn Sie eine Frau sind:

Stellen Sie sich in den Raum und bringen Sie Ihre Aufmerksamkeit nach innen. Stellen Sie sich vor, eine Verabredung mit einem Geliebten zu haben. Es ist nur noch wenige Minuten bis zu dieser Verabredung, und Sie freuen sich sehr darauf.

Wie Sie da stehen und warten, bemerken Sie eine magische Veränderung in Ihrem Körper. Sie spüren, wie sich Ihr Körper langsam in den Körper eines Mannes umwandelt. Sie spüren die Muskeln eines Mannes, seine Haut, seine Haltung. Sie riechen den Geruch dieses Mannes, spüren seine Kraft und Geschmeidigkeit.

Sie haben Haare auf dem Körper und einen Penis. *Sie sind zu einem Mann geworden!*

Als sie (mit ihrem inneren Auge) auf das Bett schauen, stellen Sie fest, daß die Geliebte schon eingetroffen ist und sie auf dem Bett erwartet. Sie schauen sie an und stellen fest, daß auf dem Bett die Frau liegt, die Sie in Wirklichkeit sind.

Als der Mann gehen Sie auf diese Frau zu und schauen in ihre Augen. Sie lieben diese Frau sehr. Sie berühren sie zärtlich und legen sich zu ihr. Sie küssen diese Frau und liebkosen sie.

Sie spüren eine starke sexuelle Anziehung zu dieser Frau, Sie beginnen, mit ihr zu schlafen. Sie spüren, was diese Frau will und was ihr gefällt, und sie geben ihr als perfekter Liebhaber genau das. Diese Frau spürt ihre männliche Energie und Kraft, die Kraft, einzudringen, aktiv zu sein und genießt das. Nachdem Sie auf eine Weise miteinander geschlafen haben, die dieser Frau entspricht, ruhen Sie sich zusammen aus.

Nachdem Sie die Ruhe mit dieser Frau genossen haben, spüren Sie, wie die Rückverwandlung Ihres Körpers einsetzt. Sie bekommen wieder den Körper der Frau, die Sie in Wirklichkeit sind.

B - wenn Sie ein Mann sind

Legen Sie sich auf dem Rücken auf das Bett. Sie haben gleich eine Verabredung mit jemandem, den Sie sehr lieben.

Wie Sie auf dem Bett liegen, merken Sie eine magische Veränderung in Ihrem Körper. Sie bekommen langsam den Körper einer Frau. Sie bekommen weiche Haut und weiche, runde Brüste. Sie haben eine Scheide und den Geruch einer Frau. Es ist ein schönes, neues Gefühl für Sie und Sie genießen es. *Sie sind eine Frau geworden!*

Da sehen Sie mit ihrem inneren Auge, wie die Tür aufgeht und jemand auf Sie zukommt. Es ist der Mann, der Sie in Wirklichkeit sind. Sie lieben diesen Mann sehr und heißen ihn auf dem Bett willkommen. Er berührt Sie zärtlich und küßt sie. Sie genießen das. Sie geben sich ihm hin und er beginnt, Sie sexuell zu erregen. Er streichelt Ihre Brüste, und Sie spüren, wie er langsam in Sie eindringt. Sie geben sich ihm hin, seiner Kraft, seinem Geruch, seiner Energie. Sie nehmen ihn in sich auf. Er spürt genau, was sie als

Frau wollen und gibt Ihnen die Zärtlichkeit und Liebe, die Sie begehren. Sie spüren Ihre Fähigkeit zur Hingabe.

Nachdem Sie sich geliebt haben, ruhen Sie sich zusammen aus. Danach merken Sie, wie Ihr Körper sich wieder in Ihren wirklichen Körper, den Körper eines Mannes, zurückverwandelt.

SCHRITT 3: Einsicht schaffen

Betrachten Sie noch einmal die Erlebnisse dieses Ausflugs in die innere Welt. Was haben Sie erlebt?
- wie war es, sich selbst zu lieben?
- haben Sie die Energie des anderen Geschlechts in Ihrem Inneren gespürt?
- kennen Sie diese Energie in dieser Intensität?
- verhalten Sie sich in Ihrer Partnerschaft nach dem Rollenverhalten oder haben sie auch die Kräfte des anderen Geschlechts in sich entwickelt?
- welche Widerstände sind aufgetaucht?
- wovor wollen Sie sich mit diesen Widerständen schützen?

Sie können zu der Inneren Frau oder dem Inneren Mann, ihrem gegengeschlechtlichen inneren Partner, jederzeit in der Art des Dialoges (ähnlich wie beim Inneren Kind, Übung 3) Kontakt aufnehmen.

Wenn Sie ein Mann sind, befragen Sie Ihre innere Frau und umgekehrt, wenn Sie eine Frau sind, befragen Sie Ihren inneren Mann. Versuchen Sie es mit folgenden Fragen:
- räume ich dir in meinem Leben genügend Raum und Platz ein?
- was hast du mir zu meiner Sexualität zu sagen?
- was hast du mir zu mir als Mann/zu mir als Frau zu sagen?

Stellen Sie alle Fragen, die Sie auch an einen Liebespartner stellen wollen, und lassen Sie sich von den Antworten überraschen. Wechseln Sie die Seite und werden Sie der innere Partner, um als dieser zu antworten. Er oder Sie können Ihnen wertvolle Hinweise über Ihr Leben geben, denn der innere Partner hat all das in sich, was wir im äußeren Partner suchen. Er ist eine Stimme der inneren Weisheit, und der Dialog mit ihm ist ein Zugang zu dieser verborgenen Weisheit.

Übung 11 - die Phantasie vom Spiegelsaal

Diese Phantasie ist eine Reise zum Ort der inneren Weisheit, unserem Bewußtsein. Hier können Sie Antworten auf alle Fragen Ihres Lebens bekommen. Hier können Sie aus sich selbst heraus der Berater Ihres Lebens sein. Sie brauchen dafür:
- einen ruhigen Raum
- einen Stuhl
- einen Begleiter oder ein selbstgefertigtes Tonband mit den Anweisungen.

SCHRITT 1: machen Sie die Erweiterung des inneren Raumes (Übung 1)
Zeit: 5 Minuten

SCHRITT 2: die Fahrt zum Spiegelsaal
ZEIT: etwa 20 Minuten

Partner R gibt die Anweisungen:
- *laß in deinem inneren Raum das Bild von einem Weg auftauchen. Du bist auf diesem Weg*
- *wie du nach vorne schaust, siehst du ein festes, großes Haus*
- *du gehst auf das Haus zu und die vier Stufen zum Eingang hinauf, dessen Tür sich vor dir öffnet*
- *du siehst eine Halle, in der ein Stuhl steht, eine Art Thron, der steht für dich dort*
- *du gehst auf diesen Stuhl zu und setzt dich hinein.*

Sie gehen auf den Stuhl zu und setzen sich hinein. Lassen Sie dic Augen geschlossen und folgen Sie den inneren Bildern, die auftauchen.

Anweisung:
- wie du im Stuhl sitzt, wird dir klar, welche Frage du beantwortet haben willst, über was du momentan Klarheit suchst
- wie du darüber nachsinnst, hebt sich ganz langsam der Stuhl in die Höhe und schwebt mit dir in Zeitlupe aufwärts
- er schwebt mit dir durch die Decke, immer höher, durch alle Stockwerke
- schließlich kommst du mit dem Thron in einem großen, hellen Kuppelsaal an, dessen Wände und Decke aus lauter Spiegeln bestehen
- es ist sehr hell und klar hier oben. Genau dir gegenüber befindet sich ein großer Spiegel, in den du hineinschauen kannst
- deine Frage ist dir jetzt ganz klar, du kannst sie in einem Satz ausdrücken
- du weißt, wenn du dem Spiegel die Frage stellst, wird die Antwort in ihm auftauchen. Diese Antwort wird:
- ein Bild sein
- eine Stimme oder
- ein Gefühl.
- Du bist bereit, die Frage zu stellen und die Antwort aufzunehmen, die aus dem Spiegel auftauchen wird. Stell deine Frage.

Sprechen Sie Ihre Frage aus, und betrachten Sie mit der inneren Aufmerksamkeit die Antwort, die ganz von alleine auftaucht. Verändern Sie die Bilder, Stimmen oder Gefühle nicht, akzeptieren Sie, was immer sich Ihnen offenbart.

Anweisung:
- *Nimm die Antwort auf*
- *jetzt bemerkst du, wie der Spiegel langsam zur Seite gleitet und dahinter ein Tresor sichtbar wird. In diesem Tresor liegt ein Gegenstand, ein Geschenk für dich, das du in deine Welt mitnehmen kannst*
- *betrachte diesen Gegenstand. Was ist es?*
- *nimm dies Geschenk an dich*
- *jetzt siehst du, wie der Spiegel wieder auf seinen ursprünglichen Platz gleitet. Du drehst dich um und nimmst wieder in dem Thron Platz*
- *langsam und stetig gleitest du mit dem Thron wieder in die Halle nach unten, durch alle Decken hindurch*
- *wie du unten ankommst, passiert wieder etwas magisches: Du siehst, wie das Geschenk sich aus deinen Händen hebt und auf eine Tür zuschwebt. Auf dieser Tür ist ein Schild, auf dem geschrieben steht: 'mein Alltag'*
- *die Tür öffnet sich und der Gegenstand schwebt langsam in den Raum hinein*

- du beobachtest, was dieser Gegenstand in dem Raum Alltag bewirkt und verändert und wie er das macht. Welche Menschen sind dort und was passiert dort mit dem Gegenstand?
- jetzt kehrt der Gegenstand zu dir zurück, die Tür schließt sich und du stehst auf und gehst durch die Halle zurück auf den Weg
- Reck dich, atme tief durch und komm hierhin zurück.

SCHRITT 3: die Bedeutung finden
Zeit: nach Bedarf

- was war Ihre Frage und was die Antwort, die auftauchte?
- welchen Gegenstand haben Sie als Geschenk bekommen und was hat er in Ihrem Alltag bewirkt?

Diese Reise zur inneren Weisheit gibt Ihnen bessere Ratschläge für Ihr Leben als Ihr bester Freund oder auch Ihr Partner das tun könnten, denn Sie kennen sich selbst am besten. Es kommt nur darauf an, ob Sie den Bildern, Stimmen oder Gefühlen vertrauen. Hier einige Beispiele von Gruppenteilnehmern:

Frage: wie kann ich in meinem Leben unabhängiger werden?
Antwort: ich sehe ein weites Land, eine Art Steppe, durch die ein Mensch wandert. Er ist frei, bewegt sich dorthin, wo er es will.
Geschenk: eine Schere
Wirkung: die Schere schwebt durch den Alltag und schneidet Schnüre und Seile durch, die mich mit vielen Menschen verbinden. Es fühlt sich ungewohnt an, ohne diese Seile zu sein. Es fühlt sich unsicher an, aber es macht mich frei.

Die Botschaft dieser Phantasie ist klar: du wirst unabhängig werden, wenn du die Verbindungen, die Abhängigkeiten, die dich an andere Menschen binden, durchschneidest und das Risiko eingehst, allein und frei dazustehen.

Frage: Wie kann ich bessere Kontakte aufbauen?
Antwort: ich sehe eine Wiese mit Menschen, die machen so eine Art Picknick, sie tanzen und lachen, freuen sich und liegen in der Sonne
Geschenk: ein Kelch
Wirkung: der Kelch schwebt in den Raum, zu den Menschen hin und die trinken daraus. Jeder nimmt einen Schluck, es ist ein schöner Kelch, mit gutem Wein drin.

Die Botschaft dieser Bilder sagt: zeig dich, laß andere an deiner Schönheit teilnehmen, wende dich mehr den schönen Dingen des Lebens zu, tanze, lache, sei verspielt, nimm nicht alles so ernst, geh unter Menschen und genieße mehr.

Frage: wie kann ich mich wehren und gegen Angriffe schützen?
Antwort: ich seh einen Tiger, der durch den Dschungel schleicht, er ist auf Beute aus. Er ist wild und stark, mit mächtigen Pranken und einem riesigen Gebiß. Niemand greift ihn an.
Geschenk: ein Hammer
Wirkung: der Hammer schwebt in den Raum, und die Leute sehen ihn. Sie halten respektvoll Abstand, denn der könnte zuschlagen, wenn ihn jemand reizt. Der Hammer macht mich stark. Ich kann ihn benutzen, wenn es nötig ist.

Diese Bilder sagen: komm mit deiner Kraft raus, zeig deine Krallen und Pranken, hör auf, ein Opfer zu sein und zeig die verborgene Stärke, den Tiger, der in dir steckt.

Was immer Ihre Antwort und Ihr Geschenk ist, finden Sie die Bedeutung für Ihren Alltag und Ihre momentane Lebenssituation. Es gibt keinen besseren Ratgeber als das eigene Selbst, zu dem die Reise in den Spiegelsaal führt.

Jeder hat diese absolute, uneingeschränkte Klarheit und Bewußtheit über sich, aber der Weg dorthin ist oft versperrt. Diesen Weg zu öffnen und gangbar zu machen, damit wir oft und immer wieder Bewußtheit finden können, ist der Sinn der praktischen Übungen.

Natürlich können die 11 Übungen, die ich Ihnen hier vorgestellt habe, meist nur ein Einstieg in den Bereich der Selbsterfahrung sein. Wenn Ihnen die Übungen zu aufwendig erscheinen, weise ich Sie auf das Kassettenprogramm 'Beziehung und Partnerschaft' hin, das im gleichen Verlag erschienen ist.

Wenn Sie Interesse an Therapie und Selbsterfahrung bekommen haben, beachten Sie bitte die Literaturliste am Ende des Buches, die auf gute Methoden und Therapien hinweist. Sie finden dort auch einige Vorschläge zu geeigneter Musik.

Therapie und Selbsterfahrung

Hindernisse zu erkennen und einen Weg finden, sie aufzulösen, erfordert Klarheit und Bewußtheit.

Hätten wir diese Bewußtheit, wären unsere Probleme allerdings gar nicht erst entstanden. Wir brauchen also manchmal Hilfe von außen, Hilfe von anderen Menschen, für die es aus der Distanz des Beobachters einfacher ist, zu sehen, wo es bei uns klemmt. Das können Feunde sein, das kann aber auch eine Selbsterfahrungs-Gruppe oder eine Therapie sein.

Menschen kommen in Selbsterfahrung und machen sich dort etwas bewußt. Das ist der ganze Trick in Therapie und Selbsterfahrung: jemanden dazu bringen, in die Richtung zu schauen, wo die Antwort verborgen liegt. Der Therapeut macht nichts anderes, als einen Stein ins Dunkle zu werfen und dann hofft er, daß wir dem Stein nachschauen. Wenn wir das tun, wird plötzlich ein Bereich hell, einfach durch das Hinsehen. Der Therapeut weiß vorher nicht, was dort verborgen liegt, und er weiß es auch nachher nicht, aber wir wissen es.

So funktioniert auch die innere Weisheit in der Partnerschaft. Alles, was der andere macht oder läßt, ist wie ein Steinwurf in unser Dunkles, denn all das löst etwas in uns aus, bringt eine Lawine in Bewegung. Dann haben wir Gelegenheit, einen Blick darauf zu werfen. Die Eifersucht des Partners löst etwas aus, seine Angst oder Wut, seine Liebe und seine Hingabe, seine Zweifel und Verzweiflung, all das wird zum Auslöser für etwas in uns, all das rückt etwas in unsere Aufmerksamkeit und verhilft uns so zu mehr Bewußtheit.

Selbsterfahrung und Therapie im Zusammenhang von Partnerschaft hat nichts mit 'Kranksein' zu tun. Der Begriff Therapie ist in unserer Gesellschaft negativ besetzt. Zwar laufen wir ständig und wegen jeder Kleinigkeit zum Arzt, der unsere körperlichen Wunden heilen soll, aber für die Heilung unserer psychischen und seelischen Wunden lehnen wir professionelle Hilfe ab. Dies ist um so unnsinniger, als die meisten körperlichen Krankheiten Ausdruck psychischen Ungleichgewichts sind. Im Grunde genommen müßten wir weit weniger zum Arzt laufen, würden wir uns auf eine umfassende Selbsterfahrung einlassen, uns selbst besser kennen und verstehen lernen und dadurch zu natürlicher Selbstregulation finden. Das ist das Ziel von Therapie und Selbsterfahrung: wieder zur natürlichen Selbstregulation zu finden und zu den Quellen der inneren Weisheit zu gelangen.

Selbsterfahrung kann sehr lustvoll sein, aber sie ist kein Spaziergang. Sie ist ein Prozess, der einige Jahre in Anspruch nimmt und uns Schritt für Schritt weiter auf dem Weg nach innen führt, zur Seele, zur eigenen Vollkommenheit. Für mich ist sie ein wirkliches Abenteuer in unserer materiell übersättigten Welt. Es erfordert Mut, eine Reise zum Nordpol oder zum Mond zu unternehmen, aber es erfordert weit mehr Energie und Ausdauer und bringt auch weit mehr Lebendigkeit und Intensität in unser Leben, die Reise nach innen anzutreten.

Selbsterfahrung - einmal begonnen - endet nie, sie ist ein lebenslanges Abenteuer. Das heißt aber nicht, daß wir lebenslang in Therapie und Gruppen gehen müßten. Therapie und Gruppen haben zwei wichtige Aufgaben:

- sie räumen die gröbsten Hindernisse beiseite und machen uns den Einfluß der Vergangenheit auf unser Leben klar
- sie zeigen uns Wege und Möglichkeiten, Probleme zu erkennen und aufzulösen und das Leben so zu gestalten, wie wir es wollen

Therapie und Selbsterfahrung sind Lern- und Übungsfelder. Sie taugen aber nur, soweit sie uns helfen, das Erlernte in den Alltag zu übertragen. Wir können Wege und Methoden erlernen, mit Problemen umzugehen und Bewußtheit zu erlangen, aber wir müssen sie auch im Beziehungs-Alltag anwenden.

Versuchen Sie die praktische Anwendung mit den Übungen, die im Abschnitt 'Beziehungs-Beratung' und im Praxisteil beschrieben sind. Und beachten Sie bitte bei allen praktischen Übungen, daß Ihr inneres Augenmerk in erster Linie auf Sie selbst gerichtet sein sollte, nicht auf Ihren Partner, denn was immer in Ihrer Ehe (Beziehung) für Sie passiert, Sie selbst haben es kreiert. Für die Lösung einer Situation genügt es völlig, wenn ein Partner nicht mehr mitspielt. Wenn Sie Ihr Verhalten ändern, ändert sich auch die ganze Situation.

Therapeuten und Methoden

– **Welche Therapie soll ich machen und welche Therapeuten dafür aussuchen?**

Es ist nicht einfach, die richtige Therapie und den richtigen Therapeuten im richtigen Augenblick zu finden. Schließlich kennen Sie weder den Menschen noch seine Arbeitsweise vorher. Die folgenden Hinweise können Ihnen bei der Wahl helfen:

– **Ein Therapeut kann mit Ihnen nur soweit gehen, wie er mit sich selbst gegangen ist.**

Vertrauen Sie Ihrem gefühlsmäßigen Eindruck. Sollte Ihr Therapeut etwa einen verklemmten Eindruck machen, wäre es nicht ratsam, ihn zur Paar- oder Sexualberatung aufzusuchen. Viele Therapeuten 'decken' sich persönlich nicht mit dem, was sie anderen beibringen wollen. Die besten Ausbildungen erhält ein Therapeut nicht an den Universitäten, die der Entwicklung der modernen Psychologie um etliche Jahre hinterherhinken. Fragen Sie nach Zusatzausbildungen, zum Beispiel in den unten aufgeführten Methoden.

– **Fragen Sie nach der Arbeitsweise und den Methoden.**

Folgende körperorientierte Methoden halte ich für empfehlenswert:

- Transformations-Prozess (Institut für Psychologie und Meditation, Hamburg)
- Hakomi
- Gerda Boyesen Methode (Biodynamische Psychologie)
- Gestalttherapie

- Rebirthing
- Feldenkrais (Bewußtheit duch Körperbewegung)
- beachten Sie auch die Buchliste am Ende.

Natürlich kenne ich nicht sämtliche modernen Therapiemethoden aus eigener Erfahrung. Diese Hinweise erheben keinen Anspruch auf Vollständigkeit. Einige der ganz 'neuen' Methoden wollen jedoch den Eindruck erwecken, Wundermethoden zu sein, durch die man in wenigen Stunden zu Heilung oder gar Erleuchtung gelangen kann. Solche Versprechungen zielen auf unser Inneres Kind ab und wollen die Hoffnungen erwecken, 'die Methode' oder 'der Therapeut' oder 'Heiler' könnten es 'für uns erledigen'.

Diese Wundermethoden kosten viel Geld, aber außer einem einmaligen, vielleicht auch spektakulären Erlebnis bleibt meist nichts übrig. Es gibt keine Wundermethoden, aber es gibt gute Therapien, die den Zusammenhang zum Alltag herstellen können.

– Wahren Sie Kontinuität in Ihrer Selbsterfahrung

Muster und Konditionierungen haben sich über viele Jahre und Jahrzehnte eingegraben und gefestigt. Die Erfahrung zeigt, daß es - je nach Intensität der Selbsterfahrung - einige Jahre dauern kann, diese Muster ganz zu erkennen und aufzulösen. Das ist eigentlich ein kurzer Zeitraum, in dem sich zum Beispiel Abendgruppen mit Wochendengruppen und auch mal einer kombinierten Ferien-Selbsterfahrungsgruppe abwechseln. Machen Sie auch mal Pause von Selbsterfahrung, wenn Sie sich danach fühlen, denn die Dinge brauchen Zeit, sich zu setzen und zu integrieren.

– Gehen Sie von (für Sie) schlechten Therapeuten weg

Manchmal merken Sie erst nach einer Weile, ob ein Therapeut für Sie gut oder schlecht ist. Machen Sie sich klar, daß Selbsterfahrung ein Weg ist, Bewußtheit zu schaffen. Meine Ansicht ist: jeder Therapeut, der Ihnen dabei hilft, ist gut. Jeder Therapeut, der Ihnen Handlungsanweisungen gibt und sich in Ihr Leben einmischt, ist schlecht. Therapie ist eine Funktion von Liebe und der Satz 'Liebe heilt' gilt auch und gerade für Selbsterfahrung.

Therapie, die im Klima von Liebe und Akzeptanz Klarheit schafft, ist gute Therapie.

Buch- und Musikempfehlungen

Gerda Boyesen
'Über den Körper die Seele heilen'
Kösel Verlag
- eine Einführung in die von Gerda Boyesen entwickelte Biodynamische Psychologie, autobiografisch erzählt und leicht und spannend zu lesen.

Weiss/Benz
'Auf den Körper hören'
Kösel Verlag
- eine praktische Einführung in die von Ron Kurtz entwickelte Hakomi-Methode der körperzentrierten Psychotherapie.

Ron Smothermon
'Drehbuch für Meisterschaft im Leben'
Context Verlag, Bielefeld, Postfach 1750
- ein Buch, das sich an den Verstand wendet, ein provozierendes Buch für Leute, die 'ein klares Wort' mögen.

Ron Smothermon
'Drehbuch für Meisterschaft in der Mann/Frau-Beziehung
Context Verlag, Bielefeld, Postfach 1750
- ein Buch, das ein tiefes Verstehen von Konfliktmechanismen in Beziehungen ermöglicht und Wege zur konkreten Transformation aufzeigt.

Robin Norwood
'Wenn Frauen zu sehr lieben'
Rowohlt Verlag
- ein Buch über Beziehungszwänge aus der Sicht der Frau, mit vielen Beispielen.

Michael Mary
'Das Selbst erfahren'
Nordholt-Verlag (erscheint Herbst '88)
- ein Buch, das die Zusammenhänge von westlicher Psychologie und östlicher Spiritualität verdeutlicht. Eine spannende und lebendige Darstellung des SELBST und der Selbsterfahrung.

Musikhinweise

Ein breites Programm schöner Musik für Entspannung und Meditation bietet die:
Meistersinger Musikproduktion, Bamberger Str. 4
8550 Forchheim, Tel. 09191/80808

Andere Musiker, die Sie sich (meist im esoterischen) Fachhandel anhören können:

Mike Rowland, Georg Deuter, Kitaro, Vangelis, Brian Eno, Steven Halpern

Kassetten zum Buch:

Im Nordholt-Verlag sind Kassetten zum Thema 'Beziehung und Partnerschaft' erschienen. Diese Kassetten sind vom Autor besprochen. Sie beinhalten Übungen zu vier wichtigen Bereichen der Partnerschaft:

- Klärung vergangener und unverarbeiteter Erfahrungen
- Vertrauen und Kommunikation
- Zweck der Beziehung (Schattenseiten und Lernschritte)
- Vision von der Zukunft und vom nächsten Schritt dorthin (Qualität der Beziehung).

Sie sind zu beziehen über:

Nordholt-Verlag, Hin erm See 1, 2077 Großensee, Tel: 04154/6495

Informationen über:

Seminare mit Michael Mary
IPM
Institut für Psychologie und Meditation
Hallerstr. 64, 2000 Hamburg 13

Persönliche Notizen

Persönliche Notizen